Frank Stenglein

Krupp – Höhen und Tiefen eines Industrieunternehmens

KLARTEXT

Wir in Nordrhein-Westfalen
Unsere gesammelten Werke
88

Frank Stenglein

Krupp

Höhen und Tiefen eines Industrieunternehmens

Danksagung

Der Autor hat vielen Beteiligten zu danken. Ein besonderer Dank aber gilt dem Leiter des Historischen Archivs Krupp, Dr. Ralf Stremmel, und seiner bis 2003 amtierenden Vorgängerin Dr. Renate Köhne-Lindenlaub für zahlreiche Anregungen, Hinweise und fruchtbare Diskussionen.

Bildnachweis

Historisches Archiv Krupp: Seiten 6/7, 12/13, 22, 25, 28, 32/33, 35, 37, 38, 42, 44, 47, 49, 54, 56, 59, 66/67, 70, 72, 74, 76, 81, 83, 86, 88, 90, 97, 99, 101, 103, 104, 107, 108, 110, 112, 118, 120/21, 123, 126, 129, 131, 135, 129, 141, 143, 150/51, 165, 183, 194, 199, 203, 209, 211, 221, 223, 224/225, 228, 232, 236
Archiv Neue Ruhr Zeitung (NRZ), Lokalredaktion Essen: Seiten 18, 79, 109, 133, 154, 167, 171, 174/175, 181, 190, 205, 217, 220, 242, 245, 247, 252, 256, 258, 260/261, 274
Archiv Westdeutsche Allgemeine Zeitung (WAZ), Lokalredaktion Essen: Seiten 19, 95, 215, 229, 231, 234, 237, 239
Archiv für Kunst und Geschichte (AKG), Berlin: Seiten 196/197, 213
Privatarchiv des Autors: Seiten 114, 157, 206, 266, 268, 272

Dies ist die überarbeitete und erweiterte Fassung der Veröffentlichung »Krupp – Höhen und Tiefen eines Industrieunternehmens«, die 1998 im Econ Verlag München/Düsseldorf erschienen ist.

Umschlagbild: Denkmal von Alfred Krupp an der Marktkirche in Essen. (Foto: Frank Vinken)

Überarbeitete und aktualisierte Neuauflage Februar 2009
Satz und Gestaltung: Klartext Medienwerkstatt GmbH, Essen
Umschlaggestaltung: Marketing und Kommunikation, WAZ Mediengruppe
Druck und Bindung: CPI-Books, Leck

ISBN 978-3-8375-0137-7

www.klartext-verlag.de

Inhalt

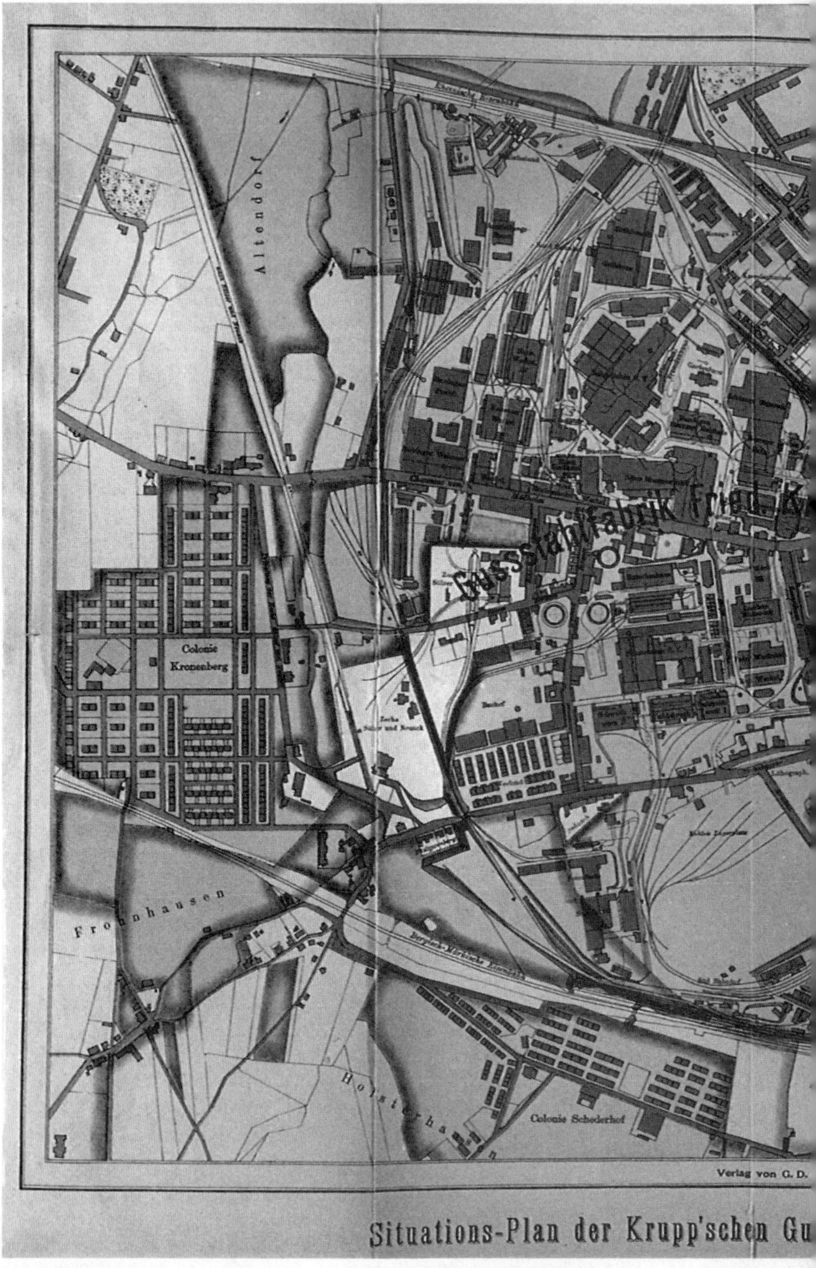
Altendorf
Colonie Kronenberg
Fronhausen
Colonie Schederhof
Verlag von G. D.
Situations-Plan der Krupp'schen Gu

ssstahl-Fabrik und der Stadt Essen.

Die Ausdehnung der Gussstahlfabrik, 1889.
Rechts die noch kaum ihren mittelalterlichen
Grenzen entwachsene Stadt Essen.

Einleitung

Im Bekanntenkreis meiner Eltern gab es einen alten Herrn, der ein halbes Jahrhundert bei »der Firma«, wie er sie nannte, gearbeitet hatte. Er war sehr stolz darauf. Noch in den 1960er Jahren gehörte es zur guten Tradition, dass Alfried Krupp von Bohlen und Halbach die wenigen Goldjubilare nach der offiziellen Feier auf eine Plauderstunde und ein Gläschen Cognac in sein Privathaus lud. Als der Großvater des Autors einmal zu Besuch bei dem Kruppianer war, erzählte der bereitwillig von diesem, wie er fand, wichtigen Ereignis in seinem Leben. Der Großvater, der weder etwas mit Krupp noch dem Ruhrgebiet zu tun hatte, erschien mir gemessen daran überraschend tief beeindruckt: »Sie waren bei Krupp zu Hause? Respekt!«

Eine kleine Episode, die einiges aussagt über ein Unternehmen, das erst in den letzten vier Jahrzehnten den Weg der Normalität einschlug, während es zuvor ein Symbol, eine Legende, ja ein Mythos war. Die in ihrer besonderen Kontinuität rekordverdächtige fast 200-jährige Firmenhistorie ist dafür ein Grund. Ein zweiter, ebenso wichtiger: Kein anderes Wirtschaftsunternehmen ist so eng mit der preußisch-deutschen Geschichte verwoben wie eben Krupp in Essen. Wie unter einem Brennglas haben hier die Triumphe und vor allem die Katastrophen ihren Niederschlag gefunden. Für die Inhaber und Träger des Namens hatte dies zur Folge, dass sie überbordende Bewunderung und ebenso übermäßigen Hass auf sich zogen, dass sie Gegensätze kennen lernten, die in einem Lebensplan für gewöhnlich nicht vorgesehen sind. Der Bogen reicht von den hallenartigen Sälen der Villa Hügel bis in die Enge einer Gefängniszelle.

Wer sich dem Phänomen Krupp und seiner eigenartigen Bindungskraft nähert, stellt schnell fest, wie wenig mit Betriebsstrukturen, Produkten und technischen Leistungen erklärt ist, so wichtig diese auch sind. Entscheidend war aber doch stets das Gefühl, zu einer großen Familie, beinahe einem kleinen Staat zu gehören, eine Aura des Besonderen, von der Firma nach Kräften befördert. Über fünf Generationen, mehr als 150 Jahre lang, stand das jeweilige Familienoberhaupt an der Spitze des Unternehmens, das trotz seiner Größe bis 1967 im persönlichen Besitz blieb. Man mag heute darüber lächeln, aber die legendäre Loyalität vieler Mitarbeiter hing nicht zuletzt mit diesen Eigentümern zusammen, zu denen das Würdevolle und ein wenig Entrückte gehörte, die jedoch nie von oben herab auftraten und die immer selbst zu arbeiten verstanden. Diese unterm Strich glückliche Mischung begründete eine erstaunliche Popularität. Das rührend altmodische Wort »Kruppianer« mag zwar nicht mehr recht in die Zeit passen, doch kann das darin enthaltene Wir-Gefühl auch heute für ein Unternehmen eigentlich nur nützlich sein.

Wer über Krupp schreibt, wird jedenfalls immer beides im Blick haben: Familie und Firma sind nicht zu trennen. Als die Dynastie in gerader Linie an das Ende ihrer Kraft angelangt war, verstand es Berthold Beitz, den Mythos auf seine Person zu übertragen und teilweise am Leben zu halten. Dies ist keine kleine Leistung in einer von immer mehr Nüchternheit und Zahlendenken geprägten Unternehmenslandschaft, deren Logik sich Krupp am Ende nur bei Strafe des Untergangs hätte entziehen können. Beitz folgte den wirtschaftlichen Notwendigkeiten, opferte dafür auch die Selbstständigkeit, verriet aber eben nicht die Tradition. Symbolhaft steht dafür die spektakuläre Rückkehr nach Essen, die der 1999 vereinigte ThyssenKrupp-Konzern voraussichtlich 2010 vollziehen wird. Dann soll die neue Zentrale bezugsfertig sein, die ziemlich genau an der Stelle entsteht, an der fast 200 Jahre zuvor, nämlich 1811, alles begann. Ein guter Zeitpunkt, um dieses Buch in gründlich überarbeiteter und erweiterter Form vorzulegen.

Die Keimzelle: Stammhaus und Schmelzbau nach 1819.

Die Anfänge

Anton Krupp ist eine Händlernatur. Darin ganz ähnlich seinem Vater Arndt, dem ersten aktenkundig belegten Krupp, der 1587 im Verzeichnis der Essener Kaufmannsgilde auftaucht. Anton allerdings, ein Zeitgenosse des Dreißigjährigen Krieges, erweitert das Sortiment um eine Ware, mit der sich umständehalber gutes Geld verdienen lässt: Gewehre. In Essen und Umgebung ist das nichts Besonderes. Lange bevor die Krupps kamen, war das kleine, ansonsten ziemlich unbedeutende Landstädtchen für seine Büchsenfabrikation bekannt. Unwahrscheinlich daher, dass Antons Mitbürger auch nur den geringsten Anstoß an dem Schießgerät nahmen. Anders sahen das später viele Autoren, die sich mit der Familien- und Firmengeschichte beschäftigten, darunter international einflussreiche. Sie wollen hier bereits skrupellose Geschäftemacherei mit Waffen erkennen, den Beginn einer geraden Linie der Unmoral. So wurde und wird schon Anton, der 1661 stirbt, Jahrhunderte nach seinem Tod eingespannt für den Mythos Krupp.

Die Grundlage für den Familienreichtum schafft Arndt, der Einwanderer, der aus den Niederlanden stammt. Dank des Handels mit Wein und Gewürzen, Eisen und Vieh kommt er rasch zu beträchtlichem Wohlstand und investiert die Gewinne zum Teil in Grundstücke. Während einer Pest-Epidemie verlässt er nicht wie so viele andere Essener Hals über Kopf die Stadt, sondern behält die Nerven, nimmt das Risiko einer Ansteckung in Kauf und erwirbt von einigen Flüchtenden zu niedrigen Krisenpreisen ihre Häuser. Im Ergebnis gehören die Krupps schon im 17. Jahrhundert zu jener wohlhabenden Schicht von Kaufleuten, die in Essen lange Zeit das Sagen hat. Sie sind kleinstädtische Honoratioren wie aus dem Bilderbuch: politisch behäbig, der Vetternwirtschaft nicht abgeneigt, aber auch bürgerstolz und bereit, sich für das Gemeinwesen zu engagieren. Und ökonomisch hellwach sind sie erst recht. Untereinander wird in diesem Kreis gern geheiratet – mit dem schönen Effekt, dass die Macht zusammenbleibt. Nicht zufällig ist der einflussreiche Posten des Stadtschreibers, eine Art Verwaltungschef, einmal hundert Jahre lang ununterbrochen im Besitz der Krupps.

Dass die Händlersippe in die noch junge Eisenindustrie investiert und sich dadurch erstmals ein zweites Standbein verschafft, ist das Verdienst einer tatkräftigen und geschäftstüchtigen Frau: Helene Amalie Krupp, geborene Ascherfeld. Die jung verwitwete Großmutter des späteren Firmengründers Friedrich Krupp stammt selbst aus einer angesehenen und wohlhabenden Essener Kaufmannsfamilie. Nach dem Tod ihres Mannes Friedrich-Jodocus Krupp im Jahr 1757 führt sie sehr erfolgreich die Krupp'sche Kolonialwarenhandlung alleine weiter. Die Erträge, die sie unter anderem in umfangreichen Grundbesitz anlegt, sind die Voraussetzung dafür, dass ihr Enkel später finanziell zunächst aus dem Vollen schöpfen kann. Im Jahr 1799 erwirbt Helene Amalie Krupp das zweitälteste Eisenwerk des später so genannten Ruhrgebiets, die Gutehoffnungshütte, gelegen auf heutigem Oberhausener Stadtgebiet. Acht Jahre behält sie das Werk, das schwer gegen die Konkurrenz der benachbarten, in puncto Wasserversorgung günstiger gelegenen St. Antoni Hütte von Gottlieb Jacobi zu kämpfen hat. Ihren kaum 20-jährigen Enkel setzt sie zeitweilig als Betriebsleiter ein, was dem die Möglichkeit gibt, erste Erfahrungen auf einem Gebiet zu sammeln, das ihn nicht mehr loslassen sollte. Obwohl das Engagement nur eine Episode bleibt, so ist doch festzuhalten, dass der Name Krupp schon mit den Anfängen der Ruhrindustrie verwoben ist. Helene Amalie Krupp, diese bemerkenswerte Frau, die 1810 im Alter von 78 Jahren stirbt, hat dafür die Grundlagen geschaffen.

Friedrich verdient sich auf der Gutehoffnungshütte nicht gerade Meriten, wobei die technischen Probleme und die naturgegebenen Standortnachteile allerdings auch nur schwer in den Griff zu bekommen sind. Hinzu kommt, dass ihm sein etwas sprunghaftes Wesen, seine Schwierigkeiten mit konzentrierter, stetiger Arbeit im Wege stehen. Der Spross einer Familie, die inzwischen zu den reichsten der Stadt gehört, hat dennoch seine Qualitäten. Er ist der geborene Visionär, er mag tatsächlich gespürt haben, dass das heraufziehende technisch-industrielle Zeitalter große Chancen bietet. Doch Friedrich ist nicht der Mann, diese Chancen dauerhaft in Taten umzusetzen.

Im November 1811 gründet Friedrich Krupp mit dem ererbten Geld seiner verstorbenen Großmutter, unterstützt zunächst von windigen Mitgesellschaftern, eine Firma, die die »Verfertigung des Englischen Gussstahls« als Geschäftsziel anstrebt. Ein höchst anspruchsvolles und belastbares Produkt, das durch das Umschmelzen von Schmiedeeisen entsteht und das auf dem europäischen Festland wegen Napoleons Handelssperre schmerzlich vermisst wird. Bis dato beherrschen nur die englischen Stahlkocher diese Kunst, die im wesentlichen auf Erfahrungswissen beruht, sind doch die zugrundeliegenden chemischen und physikalischen Vorgänge noch weitgehend unerforscht. Friedrich Krupp will dieses, wie er meint, »Geheimnis des Gussstahls« herausfinden, wobei Geheimnis ein wenig romantisch klingt, denn eigentlich ist das Verfahren ja bekannt. Die Herstellung erfordert jedoch Zeit, Geduld und Scharfsinn nach dem Prinzip »Versuch und Irrtum«.

Auf dem Gelände einer alten Walkmühle in der sumpfigen Emscherniederung, einige Kilometer nördlich der damaligen Essener Altstadt, errichtet Friedrich die erforderlichen Gebäude. Der Standort ist keine gute Wahl. Seine kleine Fabrik kann auf den schlechten Wegen nur mühselig erreicht werden und das Flüsschen namens Berne, dessen Gefälle die Schmiedehämmer antreiben muss, führt oft nicht ausreichend Wasser. Rasch zeigt sich auch, dass Friedrichs Partner in Bezug auf ihre technischen Fertigkeiten bedeutend mehr versprochen haben als sie halten können. Die fälligen Trennungen gehen nicht glatt über die Bühne, sondern erst nach zeit- und kostenintensivem juristischen Streit. Dennoch verbucht der junge Unternehmer, seit 1816 wieder glücklicher Alleininhaber, einige Achtungserfolge, die er allerdings mit der Strapazierung des Familienvermögens sehr teuer erkauft. Münzstempel und Werkzeuge sind seine ersten Produkte.

Immerhin: Das preußische Münzamt in Düsseldorf ist meist zufrieden, und Krupp geht auch dazu über, kleine Mengen Gussstahl an auswärtige Kunden zu verkaufen. Erste wichtige Kontakte werden geknüpft, die später noch seinem Sohn von großem Nutzen sind. Friedrichs Versuche, für die Münzprägung Gussstahlwalzen herzustellen, sind allerdings nicht sehr befriedigend. Neun der vierzehn Exemplare gibt die Behörde wegen Unbrauchbarkeit zurück. So rechtfertigen die erzielten Gewinne eigentlich keine neuen kostspieligen Pläne. Doch Friedrichs hochfliegendes Naturell lässt Abwarten nicht zu. 1818 beginnt er mit dem Bau einer weit größeren Werkshalle für acht Schmelzöfen plus Aufseherhaus, diesmal vor dem westlich gelegenen Essener Stadttor an der alten Landstraße nach Mülheim, wo die Familie seit den Zeiten der Pest Grundstücke besitzt. Die Nähe zur Stadt und zur Zeche Sälzer-Neuack, deren Kohlen Krupp bezieht, ist dabei von Vorteil. Die Schmiede an der Walkmühle muss Krupp jedoch zusätzlich unterhalten, denn am neuen Standort gibt es kein Wasser. Als zwei Jahre später der Bau steht, hat Friedrich nicht nur sein gesamtes Erbe eingesetzt – nach heutigem Geld mehrere Millionen Euro –, sondern hohe, zu hohe Schulden angehäuft.

Die Geschäftigkeit in dieser zeichnerischen Rekonstruktion täuscht: Der erste Schmiedehammer, den Friedrich Krupp an einem kleinen Flüsschen in Betrieb nahm, stand mangels Wasser oft still.

Die Zeit bis zu seinem frühen Tod – er wird nur 39 Jahre alt – bringt nicht den ersehnten Durchbruch, sondern Not und Elend. Friedrich gehen die Kräfte aus, auch weil er nicht von der Doppelbelastung als Fabrikant und als Inhaber zahlreicher städtischer Ämter und Ehrenämter lassen mag. Er erkrankt ernstlich und wird bettlägerig. Sein stattliches Domizil am Essener Flachsmarkt muss er den Gläubigern überlassen, und zuletzt lebt er mit Frau und vier Kindern in dem kleinen Aufseherhaus neben seiner Stahlschmelze, das später als »Stammhaus« in die Krupp'sche Mythensammlung einziehen wird. Es steht, wieder aufgebaut, noch heute.

Friedrich Krupp (1787–1826) nach einem zeitgenössischen Scherenschnitt. Ein Bildnis des Firmengründers ist bis heute nicht bekannt.

War Friedrich nun der Versager, als der er oft dargestellt wurde, der Luftikus und Illusionär, dessen einziges Verdienst es ist, die zunächst kaum überlebensfähige Keimzelle einer Weltfirma geschaffen zu haben? Neuere Forschungen halten dieses Bild für korrekturbedürftig. Der Historiker und Krupp-Kenner Lothar Gall entwirft das Bild eines positiv Besessenen, der zu Gunsten seiner Stahl-Passion alles auf eine Karte setzt – im Unternehmertum der Frühindustrialisierung ein gar nicht seltener und durchaus unentbehrlicher Typus. Denn hier wurde der Boden bereitet für das, was einmal eine Industriegesellschaft heißen sollte. Immerhin gelang es Friedrich, ein Verfahren für die Gussstahl-Herstellung zu entwickeln, auch wenn die Ergebnisse unsicher blieben, eben weil er die komplizierten metallurgischen Zusammenhänge nicht bis ins letzte durchschaute und auch nicht durchschauen konnte. Die aus finanziellen Gründen oft unumgängliche Verwendung unterschiedlicher Erz-Sorten führte zu großen Schwankungen bei den Guss-Qualitäten, während die Kunden begreiflicherweise kontinuierliche Qualität verlangten. Zu Friedrichs Bilanz gehört auch eine schlichte Tatsache: »Es war und blieb stets die

Firma Fried. Krupp«, schreibt Gall. Und zwar bis in die unmittelbare Gegenwart, bis zur Fusion mit Thyssen im Jahr 1999.

Es sind jedenfalls die geschaffenen Grundlagen, auf denen Friedrichs ältester Sohn Alfred aufbauen kann, als er 1826 mit erst 14 Jahren die Leitung der kleinen Fabrik übernimmt, die zunächst im Eigentum seiner Mutter Therese bleibt. Die Krupps sind im Ansehen weit gesunken, dennoch stehen die verwandten und verschwägerten Essener Kaufmannsfamilien dem jungen Unternehmer mit Tat und vor allem Geld zur Seite. Alfred geht mit zäher Verbissenheit und sieben verbliebenen Arbeitern ans Werk. Die Lehre, die er aus den Problemen seines Vaters zieht, ist die, sich realistische Ziele zu setzen – erstaunliche Eigenschaften und Aufgaben für einen 14-Jährigen. Gert von Klass, Chronist der Krupp'schen Firmen- und Familiengeschichte, hat Recht, wenn er von einem Knaben spricht, »der das Jünglingsalter überspringt«, um gleich in der Welt der Erwachsenen zu landen. Lothar Gall weist allerdings darauf hin, dass früher Tod und ebenso frühe Verantwortung der Nachrückenden in jenen Zeiten durchaus nichts Unübliches waren.

Leichtigkeit, Lebensfreude und Lebensgenuss gehörten im 19. Jahrhundert nicht unbedingt zu den Eigenschaften eines Wirtschafts-Bürgertums, das sich auf Basis einer rigiden protestantischen Arbeitsethik dem Schaffen von materiellen Werten verschrieben hatte. Auch Alfred Krupp muss man sich als einen überaus ernsten jungen Mann vorstellen. Da will es versöhnlich erscheinen, dass ein Forscher per Zufall vor einigen Jahren in alten Notariatsakten des Düsseldorfer Hauptstaatsarchivs auf ein gut gehütetes Familien-Geheimnis stieß: Demnach war Alfred bereits mit 17 Jahren Vater eines Sohnes geworden, Frucht einer offenkundig heftigen Affäre mit der Tochter eines Kleinbauern, dessen Hof sich in der Nachbarschaft der Gussstahlfabrik befand. Abgesehen von der anzunehmenden Schande, die der noch unmündige Alfred seiner Mutter und seiner Familie bereitet hatte, kam der geschlossene Vergleich mit der Bauernfamilie Wickenburg-Löbbert recht teuer. Für 300 Taler – dem Jahreseinkommen dreier Arbeiter – verzichtete die 23-jährige Mutter für sich und ihr noch zu gebärendes Kind auf sämtliche jetzigen und künftigen Ansprüche gegenüber der Familie Krupp. Mag es im Nachhinein erscheinen, als wäre Alfred hier billig weggekommen, so war es tatsächlich für die damalige Zeit ein fairer Kontrakt. Der spätere geschäftliche Erfolg war ja nicht einmal in Umrissen absehbar, dem unehelichen Kind wurde also nicht etwa wissentlich ein Millionenerbe vorenthalten. Das amouröse Abenteuer und der unstandesgemäße Fehltritt lassen den jungen Krupp jedenfalls bedeutend menschlicher erscheinen, als er in der mythenreichen, die asketische Arbeitsstrenge betonenden Überlieferung bis dato gezeichnet wurde.

Nicht ohne Folgen bleibt, dass Alfred das tragische, teils auch selbstverschuldete Ende des Vaters so hautnah miterlebt. Der Sohn wird zeit seines Lebens gegenüber dem Firmengründer eine gewisse Distanz wahren. Bei allen Unterschieden ist andererseits offensichtlich, dass er das väterliche Vorbild nicht völlig abschütteln kann. Alfred wird ebenfalls dazu neigen, finanziell sehr große Risiken einzugehen und in Krisensituationen manchmal den Kopf in den Sand zu stecken. Im Gegensatz zum Vater hat er ein wenig gewinnendes Wesen, was die Geschäfte nicht erleichtert. Doch sein Durchstehvermögen, seine technische Besessenheit, der unbedingte, freilich nicht immer einlösbare Qualitätsanspruch und das berühmte Quäntchen Glück lassen die Firma die langen Jahre bis zur Konsolidierung überstehen.

Wunder bringt auch Alfred anfangs nicht zuwege. Werkzeuge für Gerber, Meißel, Feilen und – allerdings verbesserte – Münzwalzen bleiben die Produkte, mit denen sich ein wenig Geld verdienen lässt, wenn auch ungeeignetes Eisen und technische Fehler immer wieder zu Rückschlägen führen. Der junge Krupp geht dazu über, die Walzen komplett herzustellen, statt sie als Rohlinge an die Kunden zu verkaufen, da nachträgliches, unsachgemäßes Drehen, Polieren und Härten die Ware oft unbrauchbar machte. Das erhöht die Qualität. Es reicht dennoch kaum, um die laufenden Kosten zu decken, geschweige denn nennenswerte Gewinne zu erzielen. Der kleine Kundenkreis und die große Konjunkturabhängigkeit lassen eine Kalkulation nur schwer zu.

Nach dem Fall der Zollschranken zwischen den vielen deutschen Staaten im Jahr 1834 ändert sich die Lage allmählich. Alfred und sein zwei Jahre jüngerer Bruder Hermann unternehmen ausgedehnte Geschäftsreisen, vor allem ins Süddeutsche, und kommen mit Aufträgen heim, die sich immerhin auf das Zwei- bis Dreifache des bisherigen Jahresumsatzes belaufen. Unter Goldschmieden, Uhrmachern, Feinmechanikern bekommt der Name Krupp langsam einen guten Klang. Ende des Jahres sind 45 Arbeiter im Betrieb beschäftigt – eine durchaus beachtliche Zahl. Zudem tritt ein wohlhabender Cousin als Gesellschafter der Firma bei. Das Einstiegskapital verschafft Luft und ermöglicht den Kauf der ersten Dampfmaschine. Sie lässt Krupp endlich von den Launen der Berne unabhängig werden und macht die ungünstig gelegene Filiale an der Walkmühle überflüssig.

Alfred, unterstützt von seinem zweiten jüngeren Bruder Friedrich und einem ersten angestellten Reisenden, fährt nun auch in verschiedene europäische Länder, um Kontakte zu knüpfen, Aufträge hereinzuholen und neue technische Verfahren kennen zu lernen. In England, wo man so viel mehr vom Stahl und der in ihm steckenden Möglichkeiten weiß, versucht er, unter falschem Namen den Wissensstand der dortigen Industrie zu ergründen. Er betreibt das, was er zu Hause unter allen Umständen zu verhindern trachtet und mit dem sich zu jener Zeit viele deutsche Ingeni-

Ein typisches Krupp-Produkt der frühen Jahre: Dieses Walzwerk für Silberbleche, 1841 geliefert, wurde nach neunzigjähriger Benutzung von der Firma zurückgekauft.

eure und Unternehmer behelfen: Werksspionage. Über ein Jahr bleibt er Essen fern und lässt die Fabrik unter der Obhut seiner Brüder. Das Reisen weitet zweifellos seinen Horizont, bringt aber zunächst kaum die Spesen ein. Der Zufall will es, dass ungefähr zur selben Zeit ausgerechnet im benachbarten Bochum ein eingewanderter Schwabe namens Jacob Mayer ebenfalls mit gutem Erfolg am Gussstahlproblem herumtüftelt. Es ist der Beginn eines Konkurrenzkampfes, der oft genug mit harten Bandagen geführt wird und bei dem der wenig geschmeidige, übermäßig selbstbewusste Alfred nicht immer eine gute Figur macht.

Krupps größte Probleme sind der Mangel an Wachstumsprodukten und das fehlende Massengeschäft. Die Gussstahlwaren sind sehr teuer und finden nur wenig Abnehmer, was für die Fabrik immer wieder kostspieligen Leerlauf bedeutet. Krupp muss die Bedürfnisse, der er decken will, häufig erst einmal wecken. Fast die gesamten 1840er Jahre bleiben daher geprägt vom Wechselbad zwischen Erfolg und Krise. So wird zum Beispiel die maßgeblich von Alfreds Bruder Hermann konstruierte Löffelwalze ein zukunftsweisendes Produkt, und doch muss parallel auf anderen Feldern immer wieder Lehrgeld gezahlt werden. Besonders verhängnisvoll entwickelt sich ein großes Geschäft mit der Wiener Münze, das Alfred drei Jahre intensiv beschäftigen wird. Krupp hatte sich in punkto Walzgenauigkeit auf Bedingungen eingelassen, die beim damaligen Stand der Technik einfach nicht zu erfüllen waren. Als dies schließlich herauskommt, bleibt er auf erheblichen finanziellen Forderungen sitzen. Die Neigung der Wiener Behörden, den Mann aus dem preußischen Essen in ein ihm ungewohntes Intrigengeflecht zu verwickeln, erschwert die Dinge zusätzlich. Mit Müh und Not erhält Alfred wenigstens einen Teil des ihm zustehenden Geldes, das so gerade reicht, um die wirtschaftlich schwierige Zeit zu überstehen. In Wien, so klagt er später in seiner mitunter melodramatischen Art, habe er buchstäblich graue Haare bekommen. Tatsächlich hing das Weiterbestehen der Firma an einem seidenen Faden. Und doch festigt das schließlich zufriedenstellend arbeitende Walzwerk seinen Ruf als guter Fabrikant und bereitet den Boden für weitere Geschäfte.

Müsste die im großen Stil betriebene Gussstahlproduktion nicht im Interesse des Staates liegen? Alfred Krupp meint ja und geht – wie übrigens schon sein Vater – die preußischen Behörden und den König um finanzielle Hilfe an. Ungewöhnlich ist dieses Anliegen keineswegs, denn manch anderer Betrieb erfreut sich nennenswerter Unterstützung durch die preußische Gewerbeförderung, die allerdings bereits geraume Zeit einem Paradigmenwechsel unterliegt. Die preußischen Handelsminister verfechten zunehmend weniger das Konzept des Merkantilismus, also der geschützten und teilweise gelenkten inländischen Märkte. Vielmehr hatte sich auch in Berlin die Idee des Freihandels durchgesetzt, theoretisch fundiert vom britischen Freiheits-Philosophen Adam Smith, praktisch erwiesen durch den Erfolg der strikt marktwirtschaftlich agierenden englischen Industrie. Die zentralen Grundsätze: Konkurrenz ist in der volkswirtschaftlichen Gesamtrechnung am Ende immer von Vorteil; staatliche Interventionen, die über die reine Rahmengesetzgebung hinausgehen, kosten nicht nur Produktivität, sie sind auch moralisch unfair, weil sie den Wettbewerb verzerren und im Ergebnis leistungshemmend wirken. Der Konflikt zwischen Merkantilisten und Freihändlern ist eine Grundkonstante der Ökonomie und ist uns bis heute in der Globalisierungs- und Neoliberalismus-Debatte vertraut.

Krupp gehörte gewiss nicht zu jenen, die dem liberalen Gedankengut anhingen, er machte daraus allerdings auch nie ein Hehl. In Sonntagsreden den freien Markt zu propagieren, im Hinterzimmer aber den schützenden Staat zu reklamieren, war nicht Stil des Hauses. Alfred hat gerade seine Firma mit ihrer speziellen Produktpalette stets vom Freihändlertum ausnehmen wollen, eine besondere Stellung gefordert und diese dank der später sehr guten Kontakte zur Staatsspitze auch oft genug erhalten. Nicht Kapitalismus, sondern ein fast feudales Verhältnis zum Staat war sein Ziel: Protektion gegen exklusive, mindestens bevorzugte Belieferung. Auf diese Besonderheit, mit der Krupp quer zum Zeitgeist des Unternehmertums lag, wird noch vielfach zurückzukommen sein. Die mit der Vorstellung des »besonderen Etablissements« verbundene Gemeinwohl-Philosophie begründet einen Teil der Firmenlegende, wird das Unternehmen aber auch gelegentlich in schwieriges Fahrwasser führen. Dass die über Jahrzehnte sorgfältig gepflegte Nähe zum Staat einmal verhängnisvolle Konsequenzen haben und seinem Urenkel Prozess und Haftstrafe eintragen würde, war für Alfred Krupp selbstverständlich weder abzusehen noch auch nur vorstellbar.

Ein Missverständnis wäre es nun allerdings, die Staatsnähe mit einer Neigung zum Politischen zu verwechseln. »Wir haben keine Zeit für Politik, Lectüre und dergleichen«, befindet schon der junge Alfred. In diesem Punkt ist er der frühe Repräsentant einer Zeit, die das Militärisch-Monarchische und später auch das Technisch-Ökonomische verabsolutieren, die Welt der politischen Auseinandersetzung hingegen ablehnen, ja verachten wird. Dazu will passen, dass mit Alfred auch die jahrhundertealte Tradition der Familie Krupp beendet ist, sich neben den Geschäften auch den städtischen Angelegenheiten zu widmen.

Deutlich wird dieses betont Unpolitische bei der gescheiterten, vornehmlich vom Bürgertum getragenen Revolution von 1848, als auch in Essen eine allerdings sehr gemäßigte Unruhe herrscht. Alfred interessiert es überhaupt nicht, dass seine Klasse, die Großbürger und Unternehmer, an die Tore der Macht klopfen. Er schärft vielmehr seinen Leuten ein, »Aufsässigkeit« habe die sofortige Entlassung zur Folge, und er scheut sich nicht, dies wahr zu machen. Dass es einen alten, verdienten Schmied trifft, den er schließlich hinauswirft, ist ihm ganz gleichgültig. Ein unschöner Zug in seinem Wesen, der schon früh ausgeprägt ist. Er allein will das Sagen haben, weit über das Geschäftliche hinaus.

Alfred Krupp (1812–1887) wohl mit Mitte dreißig. Das älteste bekannte Bild.

Das ökonomische Krisenjahr 1847/48 zeigt aber auch, dass Krupp eben nichts mit jenem finsteren Prototyp des Kapitalisten gemein hat, der es sich auf Kosten anderer gutgehen lässt. Sein ganzer Stolz ist die Gewissheit, selbst am härtesten zu schuften. Und obwohl er eine Reihe von Arbeitern mangels Aufträgen entlässt, behält Alfred doch mehr als er eigentlich braucht. Um die Löhne bezahlen zu können, lässt er kurzerhand das letzte Familiensilber einschmelzen, ein Opfer, das gehörig Eindruck macht. Dann kommt die Wende. Ein Auftrag aus Russland, Maschinen für eine ganze Löffelfabrik zu liefern, bringt die Rettung aus existenzgefährdender Geldnot.

Noch im selben Jahr 1848 wird Alfred Krupp durch einen Kaufvertrag mit seiner Mutter alleiniger Eigentümer des inzwischen recht respektablen Werkes, wobei ihm sein Freund Fritz Sölling als stiller Teilhaber zur Seite steht. Seine Brüder Hermann und Friedrich, die in kaufmännischer und vor allem technischer Hinsicht ebenfalls ihre Talente haben, scheiden aus dem Betrieb aus, während Schwester Ida dem ältesten Bruder den Haushalt führt. Man kann nicht behaupten, dass es bei der Teilung des Erbes übermäßig gerecht zugegangen ist. Alfred versteht auch hier, seinen Willen durchzusetzen. Hermann übernimmt die Teilhaberschaft einer Besteckfabrik in Berndorf bei Wien, an deren Gründung Alfred beteiligt war. Ein Unternehmen, das nach einigen Anfangsschwierigkeiten floriert, allerdings immer in mittelständischer Größenordnung verbleibt. 1938, nach dem Anschluss Österreichs an das nationalsozialistische Deutschland, wird Krupp-Berndorf sogar für kurze Zeit von einem Mitglied der Essener Krupp-Familie geleitet. Alfreds jüngster Bruder Friedrich, zeitlebens ein Sonderling, zieht sich als Privatier nach Bonn zurück und erhält eine lebenslange Rente zugesprochen.

Die Trennung erscheint folgerichtig, denn für »Teamwork« wäre Alfred auf Dauer zweifellos nicht der richtige Mann gewesen. Im alltäglichen Umgang ist er schwierig. Seine Neigung zu Misstrauen und Heimlichkeit, seine skurrilen Marotten und hypochondrischen Anwandlungen sind Legende geworden und dienen später manchem Publizisten sogar als Ansatzpunkte, ihn und seine Nachkommen posthum mit psychoanalytischen Mutmaßungen zu traktieren. Alfred selbst hat die ihn quälenden Gedanken um seinen Werkschutzmann niedergeschrieben, die als Beispiel dienen mögen. Er traut auch diesem Mitarbeiter nie so recht über den Weg. »Ich denke, man müsste wohl einen zweiten haben, der den ersten kontrollierte, und einen dritten, der auf den zweiten aufpasst.«

Wer will, mag in solchen Zitaten Krankhaftes entdecken, aber dies ist nur die Kehrseite eines Menschen mit genialen Zügen, der nicht nur »ein echtes Kind des industriellen Zeitalters« ist, wie es Gert von Klass ausdrückte. Es scheint vielmehr, als wäre er seiner Zeit voraus gewesen. Das nicht einmal deshalb, weil er persönlich ein so großartiger Erfinder ist (da gibt es bessere), sondern weil er für Anstöße sorgt, das spezielle Klima schafft, in dessen Rahmen die künftigen Erfolge möglich sind. Eine Unternehmensphilosophie, deren Merkmal jene seltsam anmutende Mischung aus vorausschauender Modernität und altväterlicher Moral ist.

Bei all seinen unangenehmen Eigenschaften hat es Alfred Krupp schon sehr früh verstanden, den Arbeitern die Begeisterung für eine Idee und die Freude am Erfolg zu vermitteln. Um es modern zu sagen: er motiviert. Aber er diszipliniert auch, manchmal mit drakonischen Mitteln. Alle Unternehmen in der frühen Industrialisierungsphase stehen vor dem Problem, die meist ungelernten, aus bäuerlichen Schichten stammenden Arbeiter an geregelte Zeiten und genau aufeinander abgestimmte Arbeitsgänge zu gewöhnen. Für Krupp mit seiner anspruchsvollen und aufwändigen Tiegelstahlproduktion gilt dies besonders. Ein Höchstmaß an Disziplin ist dafür unerlässlich und das erzwingt Alfred mit strengen Reglements. Das erste stammt schon aus den Jahren 1837/38. Nicht selten sind diese Ansammlungen von Vorschriften und Strafandrohungen später kritisiert worden. Die Frage ist allerdings: Konnte ein Betrieb in der Frühindustrialisierung anders überhaupt arbeiten? Wie Else Beitz in ihrem Buch über Industriepädagogik bei Krupp darlegt, gab es damals noch keine handwerklich und mental reife Industriearbeiterschaft. Krupp muss seine Leute, die meist aus der Landwirtschaft, zum Teil auch aus dem Handwerk kommen, erst ausbilden. Dies geschieht im Geist einer patriarchalischen Zeit, der er allerdings die Ausweitung des sozialen Gedankens hinzuzufügen versteht.

Diese soziale, fürsorgliche Ausrichtung des Unternehmens, ist begreiflicherweise von der Firma Krupp und ihren Bewunderern stets hervorgehoben worden. In der Tat ist es bemerkenswert, wie früh Alfred Krupp erkennt, dass die »Peitsche« der strikten Fabrikdisziplin und das »Zucker-

Bertha Krupp, geb. Eichhoff (1831–1888). Das Gemälde soll um die Zeit ihrer Heirat (1853) entstanden sein.

brot« der sozialen Sicherheit zusammengehören, wenn das Arbeitsergebnis stimmen soll. Wohlgemerkt: Es geht nicht darum, den Arbeitern einklagbare Rechte oder gar Mitbestimmung zu verschaffen, sondern um die freiwillige Gewährung von Leistungen, basierend auf der klugen Verantwortung des Unternehmers. »Sie sollen einen außergewöhnlich guten Lohn im

Vergleich gegen andere Arbeiter an demselben Orte verdienen, sie sollen an die Fabrik gekettet sein durch Neigung und Interesse«, schreibt er schon 1844 in einem Brief.

Aus solchen Zeilen spricht nicht nur der Taktiker, wie immer wieder behauptet wurde. Alfred Krupp hat der Arbeit immer einen tiefen sittlichen, beinahe religiösen Wert beigemessen, wie es dem protestantisch geprägten Stadt- und Industriebürgertum generell nicht fremd war. Der Gedanke, dass Arbeit nur den materiellen Lebensstandard sichert und ansonsten möglichst zu vermeiden ist, wäre ihm zutiefst fremd gewesen. Ein Denken, das sich auf viele seiner Arbeiter überträgt. Bei Krupp lässt sich der Übergang vom Handlanger zum qualifizierten Facharbeiter, den seine Fähigkeiten mit Stolz und Selbstwertgefühl ausstatten, besonders gut besichtigen. Andererseits hat es nicht an Versuchen gemangelt, diesen Krupp'schen Geist einer solidarischen, verschworenen Fabrikgemeinschaft zu problematisieren, ja sogar für die deutschen Katastrophen des 20. Jahrhunderts mitverantwortlich zu machen.

Alfred Krupp wären solche Vorwürfe, hätte er denn je von ihnen erfahren, absurd erschienen. Produzieren und – modern gesprochen – Arbeitsplätze schaffen, das ist seine Moral, sein Lebenssinn. Und damit kann er nun bald im größeren Stil beginnen. Nachdem sich der Pulverdampf der gescheiterten 48er-Revolution verflüchtigt hat, erlebt die Wirtschaft Europas einen enormen Aufschwung, initiiert und lange getragen durch die Entwicklung der Eisenbahn, die mit Macht das Gesicht der Städte und Landschaften verändern wird. Krupp wiederum ist es, der für die Probleme der Eisenbahngesellschaften innovative Lösungen anzubieten hat: zunächst Federn und Achsen aus Gussstahl, die nicht mehr brechen und damit die Unfallhäufigkeit senken. 1849 erhält die Firma einen ersten Großauftrag der Köln-Mindener Eisenbahn, deren Gleise einige Kilometer nördlich der Fabrik vorbeiführen. Für Waggons und Lokomotiven sind fast 3.000 Federn und mehr als 300 Achsen zu liefern. Ein Geschäft, das die Erweiterung der Fabrik mit geliehenem Geld zur Voraussetzung hat.

Zum Entsetzen seines Partners Sölling nimmt Alfred ohne großes Zögern beträchtliche Kredite auf – voll Vertrauen darauf, dass sich die Investitionen rechnen werden. Geld ist für den Vollblutunternehmer nur

Mittel zum Zweck, zeit seines Lebens wird ihm die vorsichtig wägende Art von Bankmenschen und weniger mutigen Kaufleuten verachtungswürdig bleiben. »Geld verloren – wenig verloren, Ehre verloren – viel verloren, Mut verloren – alles verloren« – einer der Sinnsprüche aus Alfreds eigener Feder, hier in Anlehnung an Goethe formuliert. Prägnanter lässt sich das ausgesprochen lässige Verhältnis des Firmenchefs zum Pekuniären, seine »souveräne Verachtung des Geld« (Gert von Klass) schwerlich beschreiben. Noch als das Unternehmen längst etabliert ist, eilen die mutigen, oft visionären Pläne Alfreds dem verfügbaren Betriebskapitel weit voraus. Den naheliegenden, schon von Sölling ins Gespräch gebrachten Ausweg, nämlich Krupp in eine Aktiengesellschaft umzuwandeln, lehnt der Firmenchef brüsk ab. Er will ohne Wenn und Aber Herr im Haus bleiben, will klare Verantwortlichkeiten und scheut die Anonymität, die eine Kapitalgesellschaft zwangsläufig mit sich bringen würde.

In seinen Wachstumserwartungen sollte Krupp sich nicht täuschen: 1850 gibt es schon 5.800 Kilometer Schienen in Deutschland. Und das Geschäft mit der Eisenbahn, das ein weltweites werden wird, hat gerade erst begonnen.

Die Lehr- und Wanderjahre gehen zu Ende, und die Firma hat Tritt gefasst. Mit dem Gespür für das, was einmal Öffentlichkeitsarbeit heißen wird, wird Alfred Krupp später die Pionierzeit verklären und den Mythos Krupp begründen. Etwa mit einem zentralen Satz wie diesem, der auch ein schönes Beispiel für seine Sprachmächtigkeit ist: »Aus dem kleinen Keim der Fabrik, wo Rohmaterial *en detail* gekauft wurde, wo ich Prokurist, Korrespondent, Kassierer, Schmied, Schmelzer, Koksklopfer und Nachtwächter beim Zementofen und sonst noch viel dergleichen war, wo ein Gaul sämtliche Transporte besorgte, wo zehn Jahre später das Wasser zur errichteten Dampfmaschine in Ringeln aus dem Teich getragen wurde in den leergepumpten Brunnen, weil eine Röhrenanlage zu teuer war, ist das jetzige Werk hervorgegangen.«

Das Tiegelstahlwerk im Jahr 1902.
In Tiegeln aus Ton transportierten die Arbeiter den besonders hochwertigen Stahl in einem genau abgestimmten Rhythmus zur Gussform.

Durchbruch und Aufstieg

Schon um 1836 hat Alfred Krupp begonnen, sich mit der Frage zu beschäftigen, wie man Gewehrläufe aus Gussstahl herstellen könnte. Es bedarf dazu keiner besonders kriegslüsternen oder menschenverachtenden Gesinnung. Das technische Zeitalter ist noch jung und ganz unbefangen, und die Frage, ob ein Produkt »moralisch vertretbar« ist oder nicht, stellt sich weder Alfred noch anderen seines Schlags.

Als es nach Jahren gelingt, ein brauchbares Rohr zu schmieden, macht Alfred Krupp eine Erfahrung, die ihn noch lange begleiten wird: Das Interesse ist gering. Das ändert sich auch nicht, als er 1847 die erste

Das »Gartenhaus«, Wohnsitz der Familie von 1861 bis 1864. Dahinter das Gebäude des Dampfhammers »Fritz«.

Kanone mit einem gussstählernen Innenrohr, der so genannten Seele, ins preußische Kriegsministerium nach Berlin schickt. Zwei Jahre lang verstaubt das Stück auf einem Speicher in der Festung Spandau, bevor es schließlich auf dem Tegeler Schießplatz ausprobiert wird. Die Ergebnisse sind sehr vielversprechend, doch der Militärapparat ist eben nicht nur politisch konservativ, sondern auch auf technischem Gebiet. Die Herren schwören auf die weichere Bronze und das sprödere Gusseisen. Motto: Das haben wir doch immer so gehalten. Erschwerend hinzu kommt der im Vergleich weit höhere Preis für Krupps Geschütz, der im sparsamen Preußen abschrecken muss.

Zur selben Zeit wie Alfred Krupp experimentiert auch Jacob Mayer mit Kanonen aus Gussstahl. Der Mitbegründer des späteren Bochumer Vereins für Gussstahlfabrikation ist in technischer Hinsicht mindestens ebenbürtig, jedoch scheinen ihn die Widerstände so entnervt zu haben, dass er den Geschützbau nur noch mit halber Kraft betreibt, schließlich für Jahrzehnte ganz drangibt. Nicht so Alfred Krupp, der zumindest ahnt, dass der neue Werkstoff die Waffentechnik auf Dauer revolutionieren muss. Mit der ihm eigenen zähen Verbissenheit arbeitet er weiter. Schließlich präsentiert er auf der Weltausstellung 1851 in London eine neue, unter einem Baldachin hübsch drapierte Gussstahlkanone, die am Krupp-Stand für enormen Andrang sorgt. Die Zeiten sind noch arglos, einen Kriegshetzer schimpft man Alfred Krupp zunächst nicht, wenn er auch in einer Londoner Zeitung erstmals mit dem »preußischen Militarismus« in Verbindung gebracht wird. In Krupps Augen ist dies nicht Kritik, sondern Teil des Kalküls.

Noch mehr Aufsehen erregt ein mehr als zwei Tonnen schwerer Gussstahlblock, der die höchste Auszeichnung der Ausstellung erhält: die »Council Medal«. Es bedurfte für dieses Stück der präzisen Zusammenarbeit vieler hundert Arbeiter, die den geschmolzenen Stahl zusammen mit einer Reihe genau bemessener Zutaten zunächst in kleinen, luftdicht verschlossenen tönernen Tiegeln bei hohen Temperaturen umschmelzen mussten. Dann galt es, die Tiegel mit dem 2000 Grad heißen Stahl mit Handwerkszeugen aus den Schmelzöfen zu heben und in möglichst ununterbrochener Folge in die Form zu gießen. Jede Störung, jede Verzögerung bei dieser anstrengenden, unfallträchtigen Arbeit kann das gesamte Produkt verderben. Je größer die Blöcke geplant sind – und sie werden noch um ein Vielfaches größer als das Schauobjekt in London –, desto mehr Arbeiter müssen wie ein Uhrwerk zusammenwirken. Die Techniker unter den Messebesuchern wissen, welche Leistung ein solches Stück Stahl darstellt, und sie sparen daher nicht mit Bewunderung.

Gute Geschäfte sind mit der neuen Waffe vorerst nicht zu machen. Die vielleicht naheliegende Vermutung, Generäle und Kriegsminister aller Länder hätten sich um die Kanone gerissen, geht fehl. Man ist in Frankreich oder England in technischer Hinsicht eben keinen Deut weniger konservativ als in Preußen. So bleibt der europäischen Welt, deren Staaten, in Allianzen aufgeteilt, sich gegenseitig belauern, die neue Artillerie noch eine Weile erspart. Dennoch kann Krupp zufrieden sein.

Ausstellungsstand der Gussstahlfabrik auf der 1876 stattfindenden Weltausstellung in Philadelphia.

Die Londoner Industriemesse macht den Namen der Firma aus dem politisch und wirtschaftlich noch immer zweitrangigen Preußen erstmals einem breiten internationalen Publikum bekannt. Und Krupp wird die Weltausstellungen, dieses wunderbare Werbe-Instrument, weiterhin und viel konsequenter als andere zu nutzen verstehen. So etwa 1855 in Paris, als ein noch weit größerer Gussstahlblock – man möchte sagen: wie bestellt – durch den hölzernen Hallenboden bricht. Krupp ist natürlich daraufhin Gesprächsthema. »Das eindrucksvolle Bild einer zerstörerischen Gewalt« habe dieser Zwischenfall in der Öffentlichkeit erzeugt, schreibt später der amerikanische Journalist Norbert Mühlen. Der Krupp-Legende ist ein solcher Unfall jedenfalls allemal förderlich.

Die Basis des Erfolgs: der nahtlose Eisenbahnradreifen, hier für eine Dampflokomotive. Bis 1912 wurden davon 2,7 Millionen Stück hergestellt.

Die Pariser Ausstellung führt allerdings auch aller Welt vor Augen, wie kleingeistig und eifersüchtig Alfred Krupp sein kann, wenn er seine Einzigartigkeit in Gefahr sieht. Seit zwei Jahrzehnten schwelt zu dieser Zeit bereits der Konflikt mit dem Konkurrenten in der Nachbarschaft, dem Bochumer Verein. Dessen technischer Leiter Jacob Mayer hatte einen Weg gefunden, um den zähflüssigen Stahl in Formen zu gießen, eine wichtige Erfindung, die bei bestimmten Werkstücken das Walzen und Schmieden entbehrlich macht – für Alfred eine bittere Pille, hätte doch »Bochum« somit bewiesen, dass es »Essen« auch einmal überlegen ist. Mayer zeigt in Paris erstmals seine später weltberühmten Kirchenglocken aus Gussstahl, von denen Alfred Krupp hartnäckig und mit großem publizistischen Tamtam behauptet, sie seien lediglich aus Gusseisen. Er besteht darauf, eine der Glocken zu zerschlagen – und siehe da: es ist Stahl. Ein Desaster für Krupps Image, denn die Welt hat noch zu keiner Zeit schlechte Verlierer geliebt. »Wir haben viel von dem hohen Standpunkt verloren, den man dem Schöpfer der Fabrik anerkennend eingeräumt«, seufzt der Freund und stille Gesellschafter Fritz Sölling, einer der wenigen, die Alfred Krupp bisweilen die Leviten lasen und lesen durften.

Eine Episode, die indes nichts an Krupps Vorsprung auf vielen Feldern ändert. Ein Vorsprung, der auch damit zu erklären ist, dass Krupp als klassischer Eigentümer-Unternehmer seinem Instinkt folgen und schneller riskante Entscheidungen treffen kann, ohne auf Aktionäre Rücksicht nehmen zu müssen. Das zeigt sich besonders in der Geschützsparte. Warum hat Krupp mit dem Bau von Kanonen begonnen und trotz mancher Zweifel daran festgehalten, wo es doch auf absehbare Zeit damit nichts zu verdienen gibt? Die Historikerin Barbara Wolbring weist vordergründige, dämonisierende Erklärungsmuster zurück. Sie sieht bei Alfred eine Mischung aus technischer Neugier, Hoffnung auf künftige Aufträge und echtem Patriotismus am Werk, wenngleich letzterer nie soweit ging, andere Staaten von Lieferungen auszuschließen. Entscheidend aber ist: Krupp erkennt genau, dass die Rüstung seinem Unternehmen zu der von ihm ersehnten Staatsnähe verhelfen könnte. Wäre er als »Hoflieferant« der Armee einmal etabliert, so würde man ihm auch auf anderen Geschäftsfeldern Konzessionen und spezielle Wünsche nicht verweigern können. Wie Recht Alfred Krupp damit hatte, zeigte sich schon bald.

Geld verdienen muss die Firma vorerst jedenfalls mit den ganz und gar friedlichen Produkten des Eisenbahn-Bedarfs. Vom Siegeszug des neuen Transportssystems war schon die Rede – allerdings kämpft die Eisenbahn noch mit den Tücken der Technik. So kommt es immer wieder zu schweren Unfällen, weil in voller Fahrt die nur zusammengeschweißten Radkränze an der Nahtstelle brechen. Um 1850 beginnt Alfred Krupp mit Experimenten, die – sollten sie zum Erfolg führen – dieses Problem ein für allemal lösen würden. Nach Plänen, die er selbst zeichnet, gelingt schließlich die wahrhaft bahnbrechende Erfindung des nahtlos geschmiedeten und anschließend gewalzten Gussstahlradreifens. Das Königliche Patentamt nimmt das Verfahren 1853 an und schützt es damit zunächst für acht Jahre weltweit vor Nachahmern – eine Lizenz zum Gelddrucken.

Geklagt wird allerdings über den verhältnismäßig hohen Preis, den Krupp verlangt und meist auch bekommt. Bald nämlich kann es sich keine wichtige Eisenbahngesellschaft mehr leisten, auf die Krupp'schen Räder zu verzichten, würde dies doch bedeuten, die Fahrgäste größerer Gefahr als nötig auszusetzen. Gegen den Widerstand des liberalen, am Freihandel interessierten preußischen Handelsministers August von der Heydt gelingt es Alfred im Jahr 1860, den Prinzregenten und späteren preußischen König Wilhelm I. für eine siebenjährige Verlängerung des Patents zu gewinnen. Sein Argument: Nur hohe Gewinne gestatten es, die kostspielige, riskante und zunächst wenig gewinnbringende Kanonenproduktion aufrecht zu erhalten, von deren Qualität und Notwendigkeit zumindest der König als Krupps wichtigster Fürsprecher inzwischen überzeugt ist.

Es sollte nicht der letzte Konflikt dieser Art bleiben. Die längst traditionelle Krupp-kritische Haltung in den Berliner Ministerien und Behörden rührt nicht zuletzt daher, dass Alfred Krupp unter Hinweis auf seine Sonderstellung von geordneten Vergaberichtlinien, Konkurrenz und gleichem Recht für alle nichts hält. In den Augen vieler preußischer Beamter ist er das Musterbeispiel des allein auf seinen Monopol-Vorteil bedachten Unternehmers, eines Typus', den sie schon aus übergeordneter Staatsräson, aber auch auf Basis der herrschenden liberalen Wirtschaftsphilosophie ablehnen und dem sie ihre Unparteilichkeit und strikte Legalität bei der Auftragsvergabe entgegenhalten. Krupp sieht nicht, dass seine mitunter allzu forsche Erwartungshaltung die Konflikte anheizt, »sondern vermutete stets persönliche Missgunst als alleinigen Grund«, schreibt Barbara Wolbring.

Der Ruf, der dem Unternehmen beim Eisenbahnmaterial zuwächst, bleibt im Übrigen auch nach dem endgültigen Auslaufen des Bandagen-Monopols erhalten. »Für Ihre Sicherheit werden auf dem ganzen Bahnnetz der Canadian Pacific Railroad ausschließlich Radkränze aus Krupp'schem Gussstahl verwendet«, wirbt später beispielsweise die kanadische Eisenbahn.

Die Gleichsetzung von Firma und Qualitätsprodukt ist geschafft, auch und gerade dank der geschickten öffentlichkeitswirksamen Auftritte bei den Weltausstellungen.

Zu Recht wohl sieht Alfred Krupp selbst die nahtlosen Eisenbahnradreifen als seine wichtigste Erfindung an. Folgerichtig werden sie in Form dreier aufeinandergelegter Ringe 1875 zum Firmen- und Markenzeichen bestimmt. Das Design, das noch nicht so heißt, ist so gut und zeitlos, die schlichte Ästhetik so bestechend, dass es alle Moden überlebt. Noch heute sind die Drei Ringe das Signet der Alfried Krupp von Bohlen und Halbach-Stiftung und auch ein Bestandteil des Firmenzeichens des ThyssenKrupp-Konzerns. Manchem Krupp-Gegner erschien die Eisenbahnrad-Symbolik allerdings entschieden zu harmlos. Treffender, so meinten sie, wäre es, von den Mündungen dreier Kanonen zu sprechen.

Das Rüstungsgeschäft bleibt indes schwierig – und das, obwohl die Gussstahlrohre bei den meisten Schießversuchen einen ausgezeichneten Eindruck hinterlassen. Alfred wirbt, reicht Eingaben ein, versucht Kontakte zu knüpfen in die Ministerien. Doch das Beharrungsvermögen der preußischen Militärs ist selbst für seine Willenskraft um einiges zu groß. »Diese Armee war ein versteinertes Ungetüm, der letzte Hort aristokratischer Tugenden in einer sich schnell wandelnden Welt«, schreibt der Militärhistoriker Michael Geyer. Dazu gehört auch, dass staatliche Heereswerkstätten absoluten Vorrang vor den skeptisch beäugten Privatunternehmern genießen. 1859 zwingt dann der Krupp gar nicht sehr wohlgesinnte Kriegsminister Albrecht von Roon sowohl technisch als auch organisatorisch Bewegung in die Armee und sorgt so für das Aufweichen verkrusteter Strukturen. Trotz der persönlichen Antipathien ist es kein Zufall, dass Krupp genau in diesem Jahr den entscheidenden – mancher wird sagen: verhängnisvollen – Auftrag erhält: Auf persönliche Intervention Wilhelm I. bestellt Preußen in Essen dreihundert vorgearbeitete Rohrblöcke für Geschütze. Den endgültigen Durchbruch in der Rüstungssparte bringt einige Jahre später ein russischer Großauftrag, der sehr nutzbringende artilleristische Experimente und den Bau eines ersten Schießplatzes neben der Fabrik möglich macht.

Bis dahin hatte Krupp überhaupt erst eine nennenswerte Waffen-Bestellung ins Haus bekommen – kurioserweise aus Ägypten, das 1856 exakt 36 Kanonen ordert. Nun aber sind Alfreds Überlegungen hinfällig, die verlustträchtige Kanonensparte einfach zu schließen. »Dieselbe ist an und für sich nicht besonders lohnend und in der Weise, wie ich sie bisher betrieben, indem ich auf Lieferung einiger Probestücke beschränkt blieb, gar unvorteilhaft und störend«, schreibt er noch 1859 an seinen Pariser Vertreter. Schließlich floriere die Fabrik auch ohne Waffenbau. 1857 stehen erstmals mehr als 1000 Arbeiter auf der Lohnliste, und die wenigsten beschäftigen sich mit der Konstruktion und dem Schmieden von Geschützen. Ganze 2,5 Prozent vom Gesamtumsatz entfallen in diesem Jahr auf Kriegsmaterial

Mehr nebenbei macht Alfred Krupp im Alter von 41 Jahren eine neue Entdeckung: »Wo ich glaubte, ein Stück Gussstahl sitzen zu haben, ist ein Herz.« Diese Stilisierung stimmt nicht ganz, wie wir wissen, denn schon in der Vergangenheit gab es zumindest jene folgenreiche Jugend-Affäre mit der Tochter eines Kleinbauern, die aber selbstverständlich als Ehegattin niemals in Frage gekommen wäre. Nun geht es standesgemäßer zu. Seine Auserwählte heißt Bertha Eichhoff, ist 20 Jahre jung und stammt aus gutem Kölner Hause. Zwischen dem Kennenlernen und der Heirat im Mai 1853 vergeht gerade ein Monat. Auch in Herzensdingen, so scheint es, will der ewig Rastlose keine

Um 1869: Alfred und Bertha Krupp mit Sohn Friedrich Alfred, geb. 1854.

Zeit verlieren. Auf die kurze Aufwallung folgt dann allerdings ein eher unglücklicher Ehealltag, denn die Liebe zum Gussstahl erweist sich bei Alfred erwartungsgemäß als bedeutend stärker. Bezeichnend jene Episode, die immer wieder gern kolportiert wird: Die Bitte seiner Frau, doch einmal gemeinsam ein Konzert zu besuchen, soll Alfred ablehnend mit den Worten quittiert haben: »Ich habe dafür zu sorgen, dass meine Schornsteine unter Dampf bleiben. Wenn morgen meine Hämmer wieder gehen, habe ich mehr Musik, als wenn alle Geigen der Welt spielen.«

Das sind Sätze, die durchaus zu ihm passen. Der ewige Rauch aus den Schloten und das Dröhnen der Schmiedehämmer, von denen Alfred so schwärmt, zermürben jedoch die ohnehin alles andere als robuste Gesundheit seiner Frau und seines ebenfalls kränkelnden Sohnes Friedrich Alfred, der am 17. Februar 1854 geboren wird. Noch immer lebt die kleine Familie mitten in der Fabrik höchst bescheiden in einem einfachen, zweistöckigen Haus neben dem Aufsehergebäude, das dem finanziell bedrängten Firmengründer Friedrich einst als Zuflucht diente. Alfred sieht ein, dass diese Wohnsituation weder angemessen noch gesundheitsfördernd ist.

Er baut daher ein neues Domizil mitten auf dem Betriebsgelände, das wegen der großen verglasten Gewächshäuser und der gepflegten Beete wie eine Mischung aus Villa und Gärtnerei anmutet und deshalb Gartenhaus genannt wird. Von Dauer ist diese Lösung nicht. Kaum ist das Haus 1861 fertig, wird es vom Wachstum der Gussstahlfabrik wieder eingeholt. Besonders der neue riesige Schmiedehammer, den Krupp nach dem Rufnamen seines Sohnes »Fritz« getauft hat, macht Bertha das Leben zur Qual. Da das Gebäude, in dem Fritz seine Arbeit verrichtet, unglücklicherweise nur wenige hundert Meter neben dem Gartenhaus steht, hält das rhythmische Fallen des 50-Tonnen-Hammers die Wohnung in beständiger Erschütterung und lässt die Gläser im Schrank klirren. Leicht vorstellbar, dass die Nerven auch weniger empfindlicher Naturen hier kapituliert hätten.

So mancher Arbeiter lebt damals idyllischer – also fern der Fabrik – als der Fabrikant und seine technischen Leiter. Je wichtiger der Mitarbeiter, desto rascher muss er im Fall des Falles vor Ort sein können. Und wer wäre wichtiger gewesen als Alfred selbst? So ist zu verstehen, weshalb er sich zunächst nicht dazu entschließen kann, die enge Nachbarschaft zum Werk aufzugeben. Ende 1863 aber beginnt Krupp systematisch mit dem Kauf großer Ländereien auf den Ruhrhöhen bei Bredeney, damals dünn besiedeltes Bauernland, heute der mit Abstand vornehmste Essener Stadtteil. In seinem Kopf und in eigenhändig erstellten Skizzen entsteht nicht einfach nur ein großzügiges Domizil, wie es sich jeder erfolgreiche Unternehmer seit jeher zu bauen pflegt. Die Villa Hügel, wie immer man sie auch unter ästhetischen Gesichtspunkten beurteilen mag, ist viel mehr. Alfreds technokratischer Impetus, nicht frei von Größenwahn, lässt sich hier besonders gut besichtigen. »Krupp baut sich auf der Höhe seines Daseins gleichsam noch einmal selbst«, schreibt zutreffend Gert von Klass.

Dass Alfred Krupp diese Höhe seines Daseins annähernd erreicht sieht, dafür hat die lang anhaltende Wachstumsphase gesorgt, die 1850 begann und Anfang der 1860er Jahre noch einmal deutlich an Tempo zulegte. Während Krupp bis Ende der 1840er Jahre unter Wachstums-

Der Hammer »Fritz« bei der Arbeit.
Er galt zu seiner Zeit als technisches Wunderwerk.

gesichtspunkten die falschen, nämlich langlebige Produkte für einen kleinen Markt herstellte, zielen der Eisenbahnbedarf und später die Waffen auf Masse und Expansion. Mit einer riskanten, manchmal halsbrecherischen Finanzierung schafft Krupp dafür die Voraussetzungen, wie der Volkswirt Jürgen Lindenlaub jüngst in einer grundlegenden Arbeit darlegte. Bis 1861 behilft sich Alfred, der den Banken geradezu feindselig misstraut, mit stillen Gesellschaftern aus den Kreisen der ihm lange bekannten Essener Kaufmanns-Dynastien und übrigens auch mit nicht unerheblichen Darlehen der eigenen Mitarbeiter. Dazu verschafft er sich kurzfristige Bankkredite, die den Geldinstituten nicht die Möglichkeit bieten, maßgeblichen Einfluss zu nehmen und etwa mit, wie er meint, grundloser Bedenkenträgerei seinen Expansionsdrang zu hemmen. Allerdings müssen die Geschäfte schnell ertragreich sein, um diese Kredite pünktlich ablösen zu können, was nicht immer gelingt.

Krupp ist in dieser Zeit der klassische Unternehmer, der hohe Investitionsrisiken im Vorgriff auf erwartete, aber eben keineswegs sichere Nachfrage eingeht. Dies fordert ihm ein Höchstmaß an Gespür, Arbeitsdisziplin und auch persönlichem Maßhalten ab. Trotz seines durchaus großbürgerlichen Lebensstils, für den später die Villa Hügel augenfällig steht, ist Krupp im Vergleich mit Kapitalgesellschaften wie dem Bochumer Verein eher zurückhaltend, wenn es um Ausschüttungen und Gewinnentnahmen für seine persönlichen Zwecke geht. »Es warten keine Aktionärs auf die Dividende …«, wie er es selbst einmal skizziert. Hier ist aber auch ein Grund zu suchen, weshalb es Alfred Krupp stets mehr als andere zur Bildung von Monopolen mit entsprechend hohen Gewinnen drängte: Er braucht dieses Geld, um seine Art zu wirtschaften finanzieren zu können. Krupp kann so – und wohl nur so – eine Personengesellschaft bleiben, die für gewöhnlich nur im mittelständischen und das heißt kleineren Rahmen anzutreffen ist.

Als erster Stahlindustrieller auf dem europäischen Festland betreibt Krupp ein Werk, das im Dauerbetrieb nach der neuen Technik des englischen Ingenieurs Henry Bessemer arbeitet. Bei gleichem Zeitaufwand gegenüber dem Tiegelstahl liefert diese Neuerung die siebzigfache Menge guten Massenstahls, der etwa für Eisenbahnschienen völlig ausreicht. Krupp exportiert sie in steigenden Mengen in die ganze Welt, beispielsweise wird die abenteuerliche Erschließung Nordamerikas zu einem Teil auf Gleisen »made in Essen« erfolgen.

Und nun tragen auch die Kanonen erheblich zum rasanten Wachstum der Fabrik bei. Krupp liefert an jeden, der will – mit Ausnahme Frankreichs. Doch ist der Erzfeind Preußens und später des Deutschen Reiches auf die Kanonen aus Essen dank einer eigenen Rüstungsindustrie im burgundischen Le Creusot ohnehin nicht angewiesen. Im Durchschnitt der 1860er Jahre ist bei Krupp der Anteil der Rüstung am Umsatz auf rund 25 Prozent gewachsen. Mehr und mehr bringt die Weltöffentlichkeit den Namen Krupp nun mit qualitativ hochwertigen Geschützen in Verbindung. Alfred ist dies ganz recht, garantiert der Nimbus doch schöne Absatzchancen. Als eine Zeitung ihn 1864 im Zusammenhang mit dem russischen Großauftrag »Kanonenkönig« nennt, nimmt er dies nicht ohne Stolz zur Kenntnis.

Der Boom verleiht dem Wachstum der Firma und mit ihr der Stadt Essen enorme Dynamik. Finden 1861 rund 2.000 Arbeiter bei Krupp ihr Auskommen, sind es 1863 4.000 und 1865 bereits 8.000. Alfred selbst weist seiner Firma den Weg zum vertikalen Unternehmen, zum Konzern. Mit dem Kauf von Eisengruben und einem Hochofenwerk, mit dem Pachten zweier Essener Zechen verschafft sich Krupp eine eigene Rohstoffgrundlage. All dies ist allerdings nicht allein mit den wenn auch hohen Erträgen zu finanzieren. In Gelddingen wie immer unbekümmert und zukunftsfroh, nimmt er Millionensummen auf.

Mit seiner Praxisverliebtheit und der gelegentlichen Arroganz des Autodidakten wird Alfred Krupp Fachleuten mit wissenschaftlichem Hintergrund ebenso misstrauen wie Bankmenschen. Er wittert hier stets eindimensionales Denken, das ihm als Strategen der großen Zusammenhänge herzlich zuwider ist. Er weiß oder ahnt aber, dass der Fortschritt der Technik neue Wege erforderlich macht. Als einer der ersten Industriellen gründet er schon 1863 eine so genannte »Probieranstalt« – ein Laboratorium unter Leitung eines Chemikers, in dem die Möglichkeiten, die in Stahl und Eisen noch unerkannt schlummern, im Experiment untersucht werden sollen. Vielleicht hängt diese weitsichtige Investition auch mit einem Fehler zusammen, der genau um diese Zeit in der Kanonen-Sparte beinahe den mittlerweile gefestigten guten Ruf Krupp'scher Qualitätsarbeit zunichte macht. Weil Krupp dazu übergegangen war, für die Herstellung von Geschützrohren den dafür ungeeigneten billigen Bessermerstahl statt den hochbelastbaren Tiegelstahl zu verwenden, halten einige seiner Rohre im preußisch-österreichischen Krieg von 1866 nicht Stand und bersten. Ein Vorfall, auf den Gegner und Neider nur gewartet haben. Durch die sofortige Bereitschaft, die minderwertigen Geschütze kostenlos auszutauschen, ist die Angelegenheit mühsam in den Griff zu kriegen. Den Sieg Preußens gefährdet es nicht.

Ein aufregendes Jahrzehnt voll schwieriger Entscheidungen geht zu Ende. Es brachte staunenswerte Erfolge, ein Umsatzwachstum von bis zu 80 Prozent pro Jahr, es führt Alfred Krupp aber auch die Grenzen seiner geistigen und körperlichen Leistungsfähigkeit vor Augen. Nach dem Kanonen-Debakel flieht er mit seiner Familie in die Kurorte Europas, hält sich zunächst längere Zeit in Nizza, schließlich im englischen Seebad Torquay auf. Jahrelang lässt er sich in Essen nur unregelmäßig blicken und überlässt die Leitung der Fabrik seiner 1862 eingesetzten Geschäfts-

Das Stammhaus ist gegen Ende des 19. Jahrhunderts längst umgeben von Schienen und Werkshallen. Als Ikone der Krupp-Geschichte wird es aber bereits bewusst erhalten und gepflegt.

leitung, der Prokura; allerdings nicht, ohne den Herren auf kleinen Zetteln und langen Briefen einen steten Strom von Anweisungen zukommen zu lassen. In Nizza erleidet Alfred, mittlerweile 55 Jahre alt, einen Zusammenbruch, der zur Zäsur in seinem Leben wird. Nun beginnt sein langes, von vielen echten und eingebildeten Sorgen begleitetes Alter. In Südfrankreich, schreibt der frühere Krupp-Archivleiter Ernst Schröder, habe der immer ernst dreinblickende Unternehmer von anderen Kurgästen einen bezeichnenden Namen erhalten: »Der steinerne Gast«.

Zu Hause in Essen ist Alfred Krupp mit seiner Familie bereits vor der Flucht ins Ausland auf das neugekaufte Hügel-Gelände hoch über dem Ruhrtal gezogen, allerdings zunächst nur in einen umgebauten Gutshof, der später abgerissen wird. 1869 gibt er schließlich von Nizza aus die Anweisung, mit dem Bau der Villa Hügel zu beginnen. Ein über alle Maßen reicher Industrieller baut sich ein Haus – das sollte eigentlich kein Problem sein. Doch die Dinge entwickeln sich zu einem Drama eigener Art, einem sehr kostspieligen noch dazu. Denn Alfred vertritt bis in die Baudetails hinein die Auffassung, dass es beim Hügel-Projekt nur einen wahren Baumeister gibt: ihn selbst. Die ehrgeizigen, durchaus renommierten und nicht uneitlen Architekten, die er sich in Berlin gesucht hat, treibt dies erst zu Wutausbrüchen, dann in die Resignation. Ein wechselseitiges Missverständnis: Alfred hatte Dienstleister gerufen, doch Künstler waren gekommen. Die historisierende Fassade täuscht darüber hinweg, dass der Fabrikherr sein Haus in einer Art vorweggenommener Moderne als »Wohnmaschine« versteht, als rein technisches Produkt, als Betriebsteil für Repräsentation und Wohnen. Besonders wichtig ist ihm eine optimale Klimatisierung, da er sich »wie viele seiner Zeitgenossen sehr vor Infektionen und Seuchen fürchtet«, wie Renate Köhne-Lindenlaub schreibt. Für die damaligen Architekten aber sind dies technische Neuerungen, die sie weder beherrschen noch auch nur sonderlich wichtig finden. Sie sind es ihrer Standesehre schuldig, sich vor allem mit Proportionen, Fassadengestaltung, Achsensymmetrie und anderen ästhetischen Fragen zu befassen.

Immer wieder regiert Krupp in die Baustelle hinein, verlangt hier Änderungen, dort eine Beschleunigung der Arbeiten. Als der durch den früheren Kohleabbau vorgeschädigte Baugrund an Weihnachten 1870 nachgibt und ein Teil des Rohbaus um 20 Zentimeter absinkt, enthebt ein restlos erboster Alfred Krupp den Bauleiter seines Amtes und beruft über Nacht einen neuen. So tief sitzt der gegenseitige Groll, dass sogar die beteiligten leitenden Mitarbeiter des Krupp'schen Baubüros es wagen, ihrem obersten Chef die Stirn zu bieten.

Ein bis dato undenkbarer Vorgang. Nur die unmäßige, von Alfred Krupp verlangte Eile habe zum Desaster geführt, klagen sie. Der Fabrikherr, von der Kritik zunächst nicht unbeeindruckt, versteift sich dann aber wie so oft darauf, die Schuld bei anderen zu suchen und »künftig gar keinen Eigensinn zu dulden«. Denn: »Was nicht biegt, soll brechen.« Den Problemen ist mit derlei Kraftmeierei selbstverständlich nicht beizukommen. Kaum ist der Einzug am 10. Januar 1873 über die Bühne gegangen, zeigt sich, dass das Herzstück der Hügel-Technik, die aufwändige

Die Villa Hügel im Bau (November 1870).
Auf dem Dach Alfred Krupp (mit angewinkeltem Bein).

Frischluftventilation, nicht funktioniert. »In der Halle oben und in den übrigen Corridors genießen wir nach Tische nochmals den ganzen Duft der Küche«, bemerkt Alfred in einem Anflug sarkastischen Humors.

Es bleibt nicht der einzige Mangel. Oft bleiben die riesigen Räume einfach kalt, in einigen zieht es fürchterlich. Doch Krupp will und kann wohl auch nicht erkennen, dass sein zwar zeitgenössisch typischer, jedoch selbst für die Verhältnisse der Gründerzeit übersteigerter Glaube an die Allmacht der Technik entscheidend zum Desaster beiträgt. Sein Verhältnis zum Architektenstand ist jedenfalls irreparabel zerstört. Er schimpft sie »Verschwender«, weil nun auch langsam herauskommt, wie teuer das Haus am Ende wirklich werden wird. Seufzend bemerkt der amtierende Bauleiter, an Alfred gewandt, »dass es in Deutschland vielleicht keinen Bauherrn geben wird, welcher so schwer zufrieden zu stellen ist wie Sie«. Man ist geneigt, dem Mann dies ohne weiteres zu glauben.

So seltsam es heute klingen mag, da doch jeder dem beeindruckenden Bau abseits seiner zweifelhaften künstlerischen Qualitäten eine gewisse Bewunderung nicht versagen wird: Die Villa Hügel bleibt für Alfreds technische Hybris die größte Niederlage. »Der von ihm selbst ins Leben gerufene, gewaltige Apparat einer Wohnmaschine ließ sich nicht unter Kontrolle bringen«, resümiert der Architekturhistoriker Fritz Neumeyer. Bis zu seinem Tod wird sich Alfred Krupp mit seinem für die Ewigkeit gedachten Haus nicht aussöhnen. Immerhin gelingt es später – nach allerdings erheblichen Umbauten – die gröbsten Fehler zu beheben. Die Gesamtbaukosten, das überrascht nicht, waren erheblich und betrugen nach neuesten Berechnungen rund 5,7 Millionen Mark damaligen Geldes. Das entsprach immerhin einem Viertel des während der Bauzeit erzielten Firmengewinns.

Kurz vor der Fertigstellung des Hügel-Ensembles lässt Alfred Krupp mit sicherem Gespür für Symbole und Selbstinszenierungen das inzwischen arg verfallene Stammhaus bis in die Details instand setzen. Die große Villa, vielleicht die größte, die sich je ein Unternehmer baute, und das zwischen den Werkshallen eingeklemmte, inzwischen rührend verloren wirkende Fachwerkhäuschen – zwei Pole eines Menschen, der auf dem Zenit seiner Lebensleistung angekommen ist. »Das kleine Haus soll gar keine geschäftliche Bestimmung haben«, schreibt er 1872 an die Prokura. Vielmehr solle es dem »Zaghaften Mut geben und ihm Beharrlichkeit einflößen. Es möge warnen, das Geringste zu verachten und vor Hochmut bewahren.« Hier wirkt wieder jener pädagogische Impetus, ohne den Alfred Krupp nicht zu denken wäre. Aber es geht ihm auch wie so oft um einen sozialpolitischen Zweck: Im augenfälligen Hinweis auf seine kleinen Anfänge als Fabrikherr sieht der längst reich gewordene Unternehmer ein probates Mittel gegen den Neid und die antikapitalistischen Ideen, die sozialistische und auch sozialkatholische Agitatoren unter seinen Arbeitern zu verbreiten bestrebt sind. Der erste große Bergarbeiter-Streik, der 1872 viele Bergwerke lahm legt und auf Krupps Zechen überzugreifen droht, motiviert ihn zu einer sozialpolitischen Offensive in Wort und Tat. Alfred beschwört in jenen Monaten die alte Fabrikgemeinschaft, die dem mittelalterlichen Lehnswesen ähnliche Verbindung, die er stets gepflegt hat: Treue gegen Treue.

Mit dem Stammhaus soll »sicherheitshalber« zusätzlich ein altes frühbürgerliches Ideal in Erinnerung gerufen werden, das dem statischen Bild des Lehnswesens allerdings widerspricht und das zu Krupp deshalb nicht passen will: Es ist das Ideal vom Aufstieg aus eigener Kraft, den er, Alfred, geschafft habe, der grundsätzlich aber jedem offen stehe, auch jedem Arbeiter – Talent und Fleiß, Risikofreude und Disziplin vorausgesetzt. Doch Krupps Forderung an seine Arbeiter geht in Wahrheit in eine Richtung, in der Aufstieg und Emanzipation allenfalls in eng begrenzten Ausnahmefällen vorgesehen ist. Sie lautet: Jeder bleibe an seinem Platz, dort ist das größte Glück zu erlangen, nicht im Streben und Sehnen über die eigene Klasse hinaus. Mit seiner Sozialpolitik, analysiert die Historikerin Barbara Wolbring, will Krupp das Los der Arbeiter durchaus ehrlichen Herzens verbessern, jedoch im Tausch gegen ihr Versprechen, politisch Ruhe und Frieden zu halten. Alfred Krupp sieht sich als Gutsherr, ja als Staatsoberhaupt, der kraft dieser Funktion – im Einklang mit den Regierungsidealen seiner Zeit – den ganzen Menschen in den Blick nimmt und auch außerhalb der Werkstore Wohlverhalten einklagen darf. Der fürsten-ähnliche Paternalismus ist durchaus keine Krupp'sche Spezialität, hat aber bei Krupp vielleicht seine umfassendste Ausprägung erhalten.

Mit dem Mythos vom »kleinen Hause und den großen Sorgen darin« möchte Alfred auch ein gutes Stück seiner eigenen Familiengeschichte dem Vergessen überantworten: seine durchaus privilegierte und für das Unternehmen mehrfach existenziell wichtige Herkunft aus dem Essener Patriziat. Insofern enthält das sentimentale Wort vom »Stammhaus« auch faktisch nur eine Halbwahrheit. Es war Zuflucht in der Krise, und diente dann tatsächlich lange Zeit als Wohnung, war aber keineswegs die ursprüngliche Hausstelle der Familie Krupp. Die lag, wie vor allem die verwandten und befreundeten Bürger-Familien niemals vergaßen, auf einem stattlichen Eckhaus-Grundstück an einem der zentralen Plätze der Essener Altstadt.

Doch Alfred Krupps Rechnung geht auf: Das Stammhaus wird gezielt und mit Erfolg zur Ikone erhoben, verewigt auf unzähligen Zeichnungen, Postkarten, Fotos, Urkunden, und ist noch in den 1960er Jahren auf dem Titelkopf der Werkszeitschrift abgebildet. Es wird einer der wichtigsten Ankerpunkte für den Mythos Krupp.

Während Krupp in den 1860er Jahren noch um die Anerkennung der Gussstahlgeschütze zu kämpfen hat, bringt das neue Jahrzehnt ein Ereignis, das die Bedenkenträger in der Militärbürokratie zurückdrängt. Im Krieg gegen Frankreich 1870/71 sind es die Kanonen aus Essen, die den Ausschlag zu Gunsten der preußischen Armee geben und denen sich die Bronzegeschütze des französischen Kaisers Napoleon III. nicht gewachsen zeigen. Beginn einer Entwicklung, an deren Ende die Firma als »vaterländisches Institut« dasteht, als nahezu ungefährdeter Monopol-Lieferant. So hat es Alfred Krupp immer gewollt, und Kanonen sind nun auch zweifellos seine Passion geworden. Er lässt sich von der patriotischen Woge mitreißen, stellt sogar eigene waffentechnische Überlegungen an und befiehlt der Prokura die Entwicklung neuer Rohre, ohne dass es aus Berlin dafür einen Auftrag gegeben hätte. Das pikierte Kriegsministerium mag zwar nach wie vor keine selbstständig denkenden Industriellen, und das Handelsministerium versucht fast verzweifelt, zwecks Kostensenkung auch den Konkurrenten Bochumer Verein ins Spiel zu bringen. Doch hat Krupp beim Geschützbau nicht nur bei der Qualität, sondern auch in puncto Liefergeschwindigkeit nun uneinholbar die Nase vorn.

Noch weitere zehn Jahre sollte der Kampf gegen die Altpreußen im Militärapparat dauern, den auch der technischen Neuerungen aufgeschlossene Kaiser Wilhelm I. nicht mit einem Handstreich zu Krupps

Gunsten entscheiden kann. Erst dann hat das Resümee des Historikers Walter Görlitz eine gewisse Berechtigung: »Neben Clausewitz als Philosoph wurde Krupp als Rüstungsindustrieller einer der Väter des modernen Krieges.«

In der öffentlichen Meinung Europas setzt sich diese Anschauung fest. Der Sieg im Krieg gegen Frankreich, der das Nachbarland empfindlich schwächt, gleichzeitig Deutschlands Einigung und Aufstieg zur Großmacht zur Folge hat, dieser Sieg ist für Krupp ein zweischneidiges Schwert. Der Weg zur Ausweitung der Rüstungssparte und damit zu erheblichen neuen Einnahmequellen ist zwar geebnet. Doch Alfred Krupp, der in einer Mischung aus Naivität und Geschick am unpolitischen Charakter seines Lebenswerks festhält, will nicht wahrhaben, dass seine Firma mit jeder neuen Kanonenwerkstatt, mit jedem Besuch des Hohenzollern-Kaisers, mit jedem Beweis neuerlicher Staatsnähe stärker zum Politikum wird. Dieser Staat ist ja alles andere als unumstritten, wenn auch das Wirtschaftsbürgertum mit ihm und seinen Repräsentanten je länger je mehr seinen Frieden schloss. Es bleibt aber eben jener Staat, der eine angemessene Partizipation seiner Bürger verhindert und der sich mit der Macht seiner adeligen und agrarischen Traditions-Eliten gesellschaftspolitischen Änderungen entgegenstemmt. In seiner tiefen Abneigung gegenüber dem Adel leistet sich Alfred Krupp Restbestände einer kämpferischen Bürgerlichkeit, doch bleiben sie folgenlos und er selbst seinen starren, ständestaatlichen Mustern verbunden. Entgegen marxistisch motivierter Legenden wird kein Krupp jemals versuchen, aktiv politische Zustände zu verändern. Immer wird es darum gehen, zumeist gerade demütig Nutzen und Vorteile aus dem Gegebenen, dem Alten zu ziehen – durchaus mit den Mitteln des technischen und sozialpolitischen Fortschritts. Es ist ein Paradox, ein Dampfkessel, der früher oder später zu explodieren droht: Alles soll sich ändern, damit alles bleiben kann wie es ist. Der Historiker Lothar Gall bilanziert es so: »Dass sein Platz auch politisch auf der Seite der dynamischeren, wirklich nach vorn drängenden Kräfte innerhalb der Gesellschaft gewesen sein müsse (…) hat er entschieden bestritten – mit weit reichenden Folgen für die Zukunft seiner Schöpfung.« Nur: Wäre das noch Alfred Krupp gewesen? Hätte er ohne den politischen Autismus die Kraft für ein solch erstaun-

Diese Herren scheinen sich ihrer speziellen Fähigkeiten bewusst zu sein: Blick in das Konstruktionsbüro für Kanonen im Jahr 1889, als diese Sparte am Beginn eines enormen Aufschwungs stand.

liches Lebenswerk besessen, das auf der von ihm geschaffenen Basis und trotz aller Rückschläge nun bald 200 Jahre Bestand hat?

Krupp versteht sich als Patriot, obwohl er darauf pocht, die Geschütze im Prinzip an jeden zu liefern, der will und bezahlen kann. Beim »Erbfeind« Frankreich hält sich die Firma zurück, doch Russland beispielsweise gehört zu seinen besten Kunden. Ohne Export, so argumentiert er, rechneten sich die enormen Investitionen für die neuen Kanonenwerkstätten nicht, von denen das Deutsche Reich ja zu allererst und jedenfalls vor allen anderen profitiert »Von Preußen alleine können wir nicht leben«, lässt er den Kaiser und König Wilhelm I. einmal unverblümt wissen.

Das erscheint vom Standpunkt des Kaufmanns aus plausibel, und die Berliner Militärbehörden nehmen es hin, wenn auch manchmal zähneknirschend. Doch es ändert nichts daran, dass gerade die Bereitschaft, mit jedem ins Geschäft zu kommen, den moralischen Ruf der Firma bei einer zusehends kritischeren und nationaler denkenden Öffentlichkeit unterminiert. Wer heute noch Freund ist, kann bei rasch wechselnden Allianzen morgen schon Feind sein. So ist es ohne weiteres möglich – und geschieht später auch –, dass sich Soldaten verschiedener Nationen gegenseitig mit Krupp'schem Kriegsmaterial umbringen. Eine Vorstellung, die jeden Moralisten auf den Plan rufen muss. Krupp zieht sich auf die Rolle des »unpolitischen« Lieferanten zurück, der nicht dafür verantwortlich zu machen sei, was die Käufer mit seinen Produkten anstellen.

Die pazifistische Moral ist Alfreds Sache nicht. Er hat eine andere, und der widmet er sich in den 1870er Jahren mit viel Elan. Ausgehend von einem eher pessimistischen Menschenbild, begegnet er zumal den Arbeitern mit nie erlahmendem Misstrauen. Man kann, so sein Credo, ihre menschlichen Schwächen jedoch mildern, wenn man sie väterlich streng und gleichzeitig fürsorglich bei der Hand nimmt. »Der Arbeiter soll sich ordentlich kleiden, er soll ordentlich wohnen und sich ordentlich ernähren – ganz einfach Akte der Nützlichkeit und der Nächstenliebe.« Verschiedene Hilfskassen für die ärgsten Unglücksfälle des Lebens gibt es bei Krupp bereits seit den 1830er Jahren. Ab 1858 übernimmt Alfred Krupp die Hälfte der Beiträge zur betrieblichen Krankenversicherung. »Damit eilt er auch in dieser Beziehung der staatlichen Gesetzgebung um ein Menschenalter voraus«, stellt Lothar Gall fest. Die Firma ist in mancher Hinsicht Vorbild für die später von Reichskanzler Bismarck durchgesetzten Anfänge des Sozialstaats, wobei die Leistungen bedeutend geringer sind als die bei Krupp. Das gilt vor allem für die Rentenkasse, zu der die Firma ebenfalls die Hälfte beisteuert. Es gibt allerdings einen entscheiden Unterschied: Während die staatlichen Sozialkassen einen einklagbaren Anspruch begründen, haben die firmeneigenen einen gewollten Konstruktionsfehler: Wer ausscheidet oder aus disziplinarischen Gründen entlassen wird, verliert alle Ansprüche, mag er auch viele Jahre brav seine Beiträge entrichtet haben. Für die Arbeiter ist dies ein starker Anreiz, der Firma treu zu bleiben und oppositionelle Regungen – sofern vorhanden – zu unterdrücken, was auch Sinn der Sache ist. Nach der Jahrhundertwende erzwingen allerdings verschiedene Gerichtsverfahren, in denen Krupp unterliegen wird, eine Änderung.

Als Alfred registriert, dass seine Arbeiter von den vielen Krämern rund um die Gussstahlfabrik durch das übliche Anschreibenlassen in finanzielle Abhängigkeit gebracht und bei der Gelegenheit noch mit Schnaps versorgt werden, freundet er sich mit dem Gedanken an, firmeneigene Einkaufsläden zu gründen. Die Aussicht, »sittlich« auf seine Leute einzuwirken und noch dazu Steuern sparen zu können, lässt ihn die anfängliche Scheu vor der fremden Sprache ablegen. Der »Consum«, gegründet 1868, offeriert auf Selbstkostenbasis und gegen strikte Barzahlung Lebensmittel, die um 15 bis 25 Prozent billiger zu haben sind als in den privaten Läden. Dem voraus ging bereits 1858 die Eröffnung einer eigenen Bäckerei und 1865 die Gründung eines zunächst genossenschaftlich organisierten Arbeiter-Konsumvereins, der von der Firma übernommen

Mittags am Werkstor I an der Altendorfer Straße, 1897.
Frauen bringen ihren Männern das Mittagessen.

wurde. Da die Geschäfte ausschließlich Werksangehörigen offen stehen, ist dies ganz nebenbei ein weiterer Beitrag, um die unwirtschaftliche Personalfluktuation in den Werken einzudämmen.

Das stärkste Argument, bei der Firma zu bleiben, schafft Krupp mit dem Wohnungsbau. Die noch kleine Siedlung Westend entsteht bereits Anfang der 1860er Jahre. Den Bedarf decken die wenigen Dutzend Häuser jedoch bei weitem nicht, das Wachstum der Gussstahlfabrik lässt den Essener Wohnungsmarkt in jenen Jahren fast kollabieren. Kamen im Jahr 1840 auf ein Wohnhaus in der Krupp-Stadt im Schnitt 7,5 Bewohner, so nimmt das gleiche Haus 1871 schon 15,5 Menschen auf. In der wiederum vom Eisenbahnbau gestützten Hochkonjunktur der Gründerzeit, noch befördert durch die französischen Milliarden-Reparationen, stampft Alfred Krupp bis 1874 mehr als 2.500 Wohnungen aus dem Boden, darunter in der Nähe der Fabrik auf freiem Feld eine große geschlossene Siedlung, die nach dem vormaligen Grundbesitzer, einem Bauern Krone, den Namen Kronenberg erhält. Es ist dies ein Bauprojekt, »wie sie sonst Gemeinde und Staat leisteten«, stellt Gall fest, »und in der Tat sah Alfred Krupp seine Aufgabe längst in solchen Dimensionen«. Trotz vergleichsweise niedriger Mieten und der grundsoliden Bauweise ist die Zahl der Bewerber zunächst dennoch nicht sonderlich hoch. Zum einen fällt die Fertigstellung in eine Zeit der Krise und des Personalabbaus, zum anderen fürchten die Arbeiter nicht ganz zu Unrecht, dass ihnen Kontrolle rund um die Uhr blühen könnte – erst im Betrieb, dann zu Hause. Der Staat im Staate, den Krupp erklärtermaßen anstrebt, nimmt inzwischen auf jeder Ebene Formen an, sei es bei den Bauten, sei es bei den »Gesetzen«.

Weil sich auch das öffentliche Schulwesen mit der großen Kinderzahl überfordert zeigt, baut Krupp eigene Schulgebäude, stellt eigene Lehrer ein und ermöglicht den Kindern seiner Beschäftigten so unentgeltlich Schulunterricht. Die übliche Trennung der Konfessionen schon in der Schule ist Alfred Krupp zuwider, wie alles, was in der Gesellschaft auseinanderzudriften droht. Das interessante, damals geradezu revolutionäre Experiment, katholische und evangelische Kinder gemeinsam zu unterrichten, kommt indes zu früh. Eine Weile funktioniert es, dann aber muss vor dem Druck der Zeitverhältnisse kapituliert werden. Der von Reichskanzler Bismarck verschärfte Kulturkampf zwischen dem protestantisch dominierten Staat und dem Machtanspruch der katholischen Kirche lässt keine andere Wahl.

Die eigene Infrastruktur führt dazu, dass in den Siedlungen, Kolonien genannt, ein ausgeprägtes Eigenleben herrscht, das Krupp ganz recht ist und das er systematisch verstärkt. Bis 1901 hätten »Fremde« den Kronenberg nicht einmal betreten dürfen, berichtet später ein alter Kruppianer in der Werkszeitung. Ein Dorn im Auge sind Alfred die öffentlichen Kneipen, in denen er Aufwiegler wittert, die seinen Arbeitern das ihm herzlich verhasste sozialistische Gedankengut einflößen könnten. »Nach getaner Arbeit verbleibt im Kreise der Eurigen und sinnt über Haushalt und Erziehung. Das sei Eure Politik, dabei werdet Ihr frohe Stunden verleben«, heißt es einmal in einer »Ansprache an meine Werksangehörigen«. Immerhin ist Alfred realistisch genug, um zu akzeptieren, dass der Mensch nun einmal Geselligkeit und Zerstreuung außerhalb der eigenen vier Wände sucht. Also lässt er – mutmaßlich zunächst gegen innere Widerstände – in den Siedlungen firmeneigene »Bierhallen« errichten, da dies, wie er meint, »mehr Schutz gegen Unordnungen bietet als wenn die Leute sonst herumlaufen«.

Alfred Krupp will die Dinge um jeden Preis in der Hand behalten. Selbsthilfe, etwa auf Basis des Genossenschaftsgedankens, ist ihm als Unruhefaktor und Störung der Hierarchie zutiefst suspekt. Und wozu braucht es die Sozialdemokratie, wozu Gewerkschaften, da er doch »ohne genügend Arbeit zu haben, dennoch die Leute behält, um ihnen ihr Brot zu erhalten«, schreibt er in einem Brief an die Prokura. Grimmig heißt es weiter: »Ich bitte ohne Rücksicht auf Entbehrlichkeit den geschicktesten, besten Arbeiter oder Meister so rasch wie immer tunlich zu entfernen, der nur Miene macht, opponieren zu wollen oder einem derartigen Verband anzugehören.« Ein Fazit seines Menschenbildes zeigt sich im folgenden Satz: »Sittlichkeit, verschwistert mit Ordnung und Treue wirkt segensreich. Klugheit ist kein Ausgleich, sondern ohne Moralität nur gefährlicher als mittelmäßige Intelligenz.«

Klare Worte, die eines deutlich machen: Das gesellschaftlich Autoritäre und das fürsorglich Patriarchalische gehören in der Vorstellungswelt dieses Menschen untrennbar zusammen. In einem wütenden Schreiben fordert er die Prokura sogar auf, ein Spitzelsystem zu installieren. Soweit kommt es zum Glück nicht. Die Leitenden verstehen es inzwischen, manch unsinnige Anregung zu verhindern, indem sie sie ganz einfach ignorieren, was dann allerdings oft neuen Zorn provoziert. Lothar Gall spricht vom »Geist der Unbedingtheit«, der Alfred kennzeichnet, von der Fähigkeit zur Hingabe mit einem Ernst und einer Verbissenheit, die auch als mehr oder weniger bewusste Abgrenzung zum Vater verstanden werden kann. Dessen Leichtigkeit des Seins ist für Alfred nur als Negativ-Folie zu begreifen, wenngleich er, wie Gall vermutet, Menschen mit solchen Eigenschaften »zugleich doch wohl auch etwas beneidete«.

Andererseits wäre es falsch, sich Alfred Krupp als durchgängigen Griesgram vorzustellen. Bewunderer wie Gegner unter den Historiografen neigten dazu, ihn wahlweise als Titanen der Arbeit oder als kompletten Menschenfeind zu zeichnen, ein Vorgehen, das zur einen wie zur anderen Seite das Einzigartige, Genialisch-Dämonische seiner Persönlichkeit betonen sollte und damit wohl doch etwas übertrieb. Renate Köhne-Lindenlaub hat in ihrem Buch über die Villa Hügel und das Leben dort dem Bild einige sympathische Facetten hinzugefügt. Zwar gab es »keine großen Bälle und rauschenden Feste«, aber doch zwanglose Zusammentreffen mit Freunden und Verwandten, kleine Theater- und Musikaufführungen, die Krupp durchaus schätzt. Gleich mehrere Monate lebt 1885 der Komponist Engelbert Humperdinck als bezahlter Gesellschafter auf dem Hügel, dessen Aufgabe es ist, abends am Flügel für Zerstreuung zu sorgen.

Alfred Krupp in seinem letzten Lebensjahr, 1887.

In zeitgenössischen Berichten ist zudem viel von den jovialen Seiten Krupps die Rede, von einem zwar berühmten und buchstäblich hoch zu Ross daherkommenden Mann, der aber, wenn er wollte, mit einfachen Menschen umgehen konnte und durchaus so etwas wie volkstümliche Popularität genoss. Erleichtert wurde dies durch die Tatsache, dass er den ursprünglichen Volksdialekt an der Ruhr, das Plattdeutsch, verstand und sprechen konnte – dieses ist übrigens nicht zu verwechseln mit dem heutigen Ruhrgebiets-Deutsch. Stets kursierten auch Gerüchte und Geschichten über Alfred Krupp und die Frauen. Noch heute heißt ein Essener Traditionslokal »Heimliche Liebe« – angeblich pflegte Alfred Krupp mit der Tochter des Hauses eine verschwiegene Liaison.

Es sind Farbtupfer, die allerdings nichts an dem Befund ändern, dass Alfred Krupp es sich und anderen doch oftmals sehr schwer macht. Und in den letzten zwei Jahrzehnten seines Lebens neigt er zunehmend mehr zu seelischen Verhärtungen, die er seine Familie im Übermaß spüren lässt.

Sein Drang zu herrschen und zu gestalten beschränkt sich nicht auf Haus und Familie, sondern betrifft natürlich zu allererst die Firma. Als begeisterter Gesetzgeber erlässt Alfred Krupp ein »General-Regulativ«, in dem er zum einen die fürsorgliche Selbstverpflichtung des Unternehmens für die Mitarbeiter, also seine eigenen Pflichten, festschreibt. Vor allem aber wird hier im Stil einer äußerst rigiden Betriebsverfassung das Zusammenleben in der Fabrik und sogar auch außerhalb der Werkstore geregelt. Denn er hat durchaus keine Hemmungen, den Arbeitern, die er als unmündige Kinder empfindet, auch weit ins Private hineinzureden. Wer etwa seine vier Wände nicht in Ordnung hält, Streit mit Nachbarn hat, wer »dem Trunke ergeben« ist oder als Mieter einer Werkswohnung eine politisch unliebsame, also sozialdemokratische Zeitung bezieht, wer, mit einem Wort, nicht seinen Vorstellungen von »Sittlichkeit« genügt, der kann zumindest im Wiederholungsfall das Zuhause und die Arbeit verlieren. Das Staat-im-Staat-Motiv ist auch hier beherrschend. So wie ein Mensch auch in seiner Freizeit Staatsbürger bleibt, so soll jeder Kruppianer möglichst 24 Stunden am Tag Kruppianer sein, sich am besten die vollkommene Konzentration auf das Werk zum Vorbild nehmen, wie sie Alfred Krupp selbst vorlebt. Wie tief den Arbeitern misstraut wird, wie wenig Respekt ihre Privatsphäre genießt, zeigt noch in späteren Jahren exemplarisch ein Mietvertragspassus, wonach einem Beauftragten der Wohnungsverwaltung »zu jeder Tageszeit« und ohne Voranmeldung Zutritt zu gewähren ist. Den Angestellten, den sogenannten »Beamten«, gönnt man in ihren Firmenwohnungen immerhin eine 24-stündige Anmeldefrist.

All dies ist – sicher nicht zu Unrecht – oftmals kritisiert worden. Gleichzeitig zeigt die im Vergleich mit anderen Montanunternehmen große Firmentreue, dass die meisten Kruppianer manche Einschränkung ihrer persönlichen Freiheit hinnehmen, weil ihnen die Vorteile offenbar wertvoller erscheinen. Dazu gehört besonders unter den Älteren neben dem guten Lohn eben auch der Stolz, gerade für dieses Unternehmen mit seinem unvergleichlichen Ruf arbeiten zu dürfen. Es kam schon zur Sprache, dass Krupp diese – modern gesprochen – »Corporate Identity« nach Kräften fördert, ja, dass sie als eine Voraussetzung für die außergewöhnlichen technischen Leistungen gelten kann. Mit dem Wachsen des Unternehmens, mit dem Verlust persönlicher Bindungen an Vorgesetzte und den Firmenchef selbst, wächst freilich die Zahl derer, die die Bevormundung nicht mehr hinzunehmen gewillt sind.

Der hektische Boom der Gründerzeit, der die deutsche Wirtschaft rauschhaft aufgebläht hat, endet 1873 in einem bis dahin beispiellosen Börsen-Crash, der von Österreich und den USA aus nach Deutschland schwappt. Der Markt reagiert auch im Stahlsektor mit einem rapiden Preisverfall auf Überproduktionen. Eisenbahnmaterial, Geschütze, Schiffsteile – all dies ist plötzlich nur noch die Hälfte wert, bei unveränderten Produktionskosten. Zusätzlich angeheizt durch die Reparationen aus Frankreich, hatte zu viel billiges Geld schlicht zu viele, letztlich unrentable Investitionen zur Folge. Reihenweise brechen nun die neu gegründeten Aktiengesellschaften zusammen, andere erleben Kurseinbußen von bis zu 90 Prozent.

Krupp trifft die Krise unvorbereitet, dazu noch mitten in einer Phase größter Investitionen, die nach Art des Hauses mit kurzfristigen, rasch rückzahlbaren Krediten finanziert wurden. Von Alfred Krupps fanatischem Hass auf die Banken war bereits die Rede; »er hat sie nur notgedrungen als Partner akzeptiert«, skizziert Jürgen Lindenlaub das Verhältnis. Bei einem Durchschnittsbedarf von 43 Prozent Fremdfinanzierung für die weiterhin riesigen Investitionen lassen sich Kontakte indes nicht ganz vermeiden. Um die Abhängigkeit zu minimieren, lehnt Krupp langfristige Bindungen ab, da sie ohne eine gewisse Einflussnahme, gar Mitsprache in der Firma meist nicht zu haben sind. Aber auch kurzfristige Verbindlichkeiten haben einen Nachteil: Aus den getätigten Investitionen müssen sehr rasch Erträge fließen, um Bargeld in die Kasse zu bekommen.

Fast immer gelingt das auch. Als Vollblut-Unternehmer behält Krupp oft Recht, wenn er hohe Investitionsrisiken eingeht im Vorgriff auf eine erwartete Nachfrage. Nur 1873 eben nicht. Die Firma hatte einige Jahre zuvor als erste ein Stahlwerk in Betrieb genommen, das nach dem neuen Siemens-Martin-Verfahren arbeitet, mit dem Stahl sehr viel billiger erzeugt werden kann. Neue und bei hochgetriebenen Preisen sehr teuer erworbene Zechen, Erzgruben und Hochofenwerke verbreitern die firmeneigene Rohstoffbasis. Zudem sind große Wohnsiedlungen im Bau. Bei rapide gesunkener Auftragslage drücken nun die kurzfristigen Kredite und die laufenden Lohnverpflichtungen für die inzwischen fast 13.000 Beschäftigten. Ausgerechnet Alfred Krupp, der soviel Wert darauf legt, Herr im Hause zu sein, kommt nun nicht umhin, die gesamte Fabrik an die so herzlich verachteten Banken zu verpfänden, wenn er die schlichte Pleite vermeiden will. Ja, er muss am Ende noch froh sein, dass überhaupt ein solches Konsortium zu Stande kommt.

Wieder einmal hatte er zunächst bei Kaiser Wilhelm und Bismarck den finanziellen Beistand des Staates mehr gefordert als erbeten, und zwar in Form eines Staatskredits und von Vorschüssen auf Geschütze, obwohl die Regierung noch gar nicht wusste, ob sie das Rüstungsmaterial wirklich bestellen wollte. Alfred Krupps tüchtiger Berliner Vertreter und Vertrauensmann Carl Meyer hatte seinen Chef davor gewarnt, seine Forderungen zu überziehen: »Verlangen wir Unmögliches, so riskieren wir nichts zu bekommen!« Umsonst. Der Chef will den Ernst der Lage nicht sehen, er begreift nicht einmal die zwar harten, aber durchaus nicht unlogischen Gesetze des Kapitalmarkts, ja der Marktwirtschaft schlechthin und sieht wie üblich nur den bösen Willen von »Geldmächten« am Werk. Er treibt die Prokura an, nur ja nicht als Bittsteller aufzutreten, auch nicht dem Staat gegenüber, der der Firma schon aus Dankbarkeit für das Bereitstellen von Kriegsmaterial uneigennützig zu helfen habe. Der Staat ist sogar zur Hilfe bereit, und zwar über die Grenze dessen hinaus, was man gegenüber Krupps Mitbewerbern noch als legitim verkaufen könnte. Keinesfalls aber denkt man in Berlin daran, 350 Millionen Euro heutigen Geldes nach Essen zu expedieren, wo man in den nächsten absehbaren Jahren allenfalls für 150 Millionen Euro einkaufen möchte. Trotzig, sich wie auf eingefahrenen Schienen bewegend, treibt Krupp die Firma durch Zögern und

Pokern und Wüten bis kurz vor die Zahlungsunfähigkeit. »Ich nehme alle Folgen auf mich«, lässt er die Prokura wissen. Diese Folge kann ohne weiteres, wie Gall bemerkt, »der Zusammenbruch des Unternehmens sein«.

In letzter Minute gibt Krupp den Realisten freie Hand. Und Wilhelm I. lässt seine Lieblingsfirma nicht hängen. Seiner Intervention ist es zu verdanken, dass sich noch Kreditgeber finden und sich die preußische Staatsbank, die so genannte Seehandlung, an deren Spitze stellt. Im Gegenzug für 30 Millionen Mark flüssige Mittel, verzinst mit sechs Prozent, muss Krupp einen Treuhänder akzeptieren, der den Banken monatlich über den Gang der Geschäfte berichtet. Dass es sich dabei um Carl Meyer handelt, zeigt aber, dass die Geldhäuser das Vertrauen in die Selbstheilungskräfte des Unternehmens nicht verloren haben. 13 Jahre nimmt es in Anspruch, bis die letzte Rate getilgt ist. »Für den 62jährigen Krupp wurde die Einsicht in den Abgrund, an dem er ahnungslos gestanden hatte, zur inneren, nie mehr ganz verwundenen Katastrophe«, schreibt Ernst Schröder. Die Schmach traf ihn in seinem Grundverständnis als Unternehmer und nicht zuletzt als Mensch, der keinerlei Abhängigkeiten zu akzeptieren bereit war. Immerhin ist die Firma dank ihres Ansehens und ihrer Bedeutung im Grunde vergleichsweise glimpflich aus der Krise herausgekommen, und sie bleibt trotz schwer drückender Hypotheken in Familienbesitz. Fürs Erste ist es nun allerdings vorbei mit den vergleichsweise hohen Löhnen, der Arbeitsplatzsicherheit und der leichten Hand beim Geldausgeben, die sich bei Krupp eingeschlichen hat und die exemplarisch beim Bau der Villa Hügel und der spekulativen Produktionsausweitungen deutlich geworden ist. Bis 1879 wird die allzu stark angewachsene Belegschaft schrittweise um 30 Prozent reduziert – auch dies gegen härtesten Widerstand von Alfred Krupp, der sich an die in guten Jahren gegebenen Versprechungen gebunden fühlt. Er erreicht erstens, dass mehr Arbeiter als nötig bleiben dürfen – beim Konkurrent Bochumer Verein, um nur dieses Beispiel zu nennen, müssen über 40 Prozent gehen. Zweitens bleiben die Sozialleistungen, ohne die der »Staat« Krupp keiner mehr wäre, im Prinzip uneingeschränkt erhalten. Treue gegen Treue, auch wenn es schwierig wird. Und Krupp denkt immer auch bereits an den nächsten Aufschwung, für den man gerüstet zu sein hat – und er behält Recht.

Dennoch: Wie konnte es zu einer so bedrohlichen Situation kommen? Natürlich waren die äußeren Umstände nicht vorherzusehen. Doch auch im Innern liegt vieles im Argen. Das General-Regulativ will eine Straffheit dokumentieren, die es bei Krupp nicht wirklich gibt, und das betrifft nicht nur das Finanzielle. Zahllos sind Alfreds Klagen über den Schlendrian in den Arbeitsabläufen, das Versagen von Vorgesetzten. Mit der Wachstumsdynamik des Unternehmens hält die planvolle Weiterentwicklung der Führungsstrukturen tatsächlich nicht Schritt. »Eigentlich ohne Vorgänger und Vorbilder«, wie Lothar Gall schreibt, galt es einen hochkomplexen, rasch wachsenden Organismus mit seinen tausend kleinen Problemen stets so zu organisieren, dass schöpferisches und nicht etwa unproduktives Chaos dabei herauskam. Dass dies im Großen und Ganzen gelang, ist eine kaum zu überschätzende unternehmerische Leistung. Allerdings verführte es den überzeugten Autodidakten Alfred Krupp immer wieder dazu, im Stil der Anfangsjahre zu regieren, als er mit wenigen dutzend Arbeitern gemeinsam an den Tiegelöfen stand. Noch in späteren Jahren neigt er dazu, diese Zeit zu idealisieren und alles Spätere zu verdammen. »Mit den Leuten ohne Theorie habe ich die Welt in Erstaunen gesetzt und den Vorsprung gemacht, und seitdem die Theorie diktiert, sind wir überholt und überflügelt«, schreibt er einmal verbittert an seinen Sohn.

Zwar existiert seit 1862 eine verantwortliche Prokura, die aber eben nicht Funktion und Kompetenzen eines wirklichen Vorstands besitzt. Das lange Zeit nur vierköpfige Gremium leidet einerseits an Überlastung, andererseits am Zwang zur Einstimmigkeit. Es gibt weder ein klares Ressort-Prinzip noch sind die Befugnisse des Eigentümers klar abgegrenzt. Alfred Krupp hat zwar theoretisch die Einsicht, dass ein Einzelner mit unumschränkter Machtfülle das Riesenwerk nicht bis ins kleinste Detail führen kann, doch scheut er in der Praxis vor den Einschränkungen zurück, die diese Einsicht ihm selbst auferlegen würde. Besonders drastisch zeigt sich das in Alfreds Neigung, selbst bei monatelangen Kur-Aufenthalten der Prokura per Briefpost in Alltagsfragen hineinzureden. Die eigentümliche Konstruktion der Firmenspitze, die noch zu Zeiten seines Urenkels Alfried geltende Ablehnung des Generaldirektor- (oder Vorstandsvorsitzenden-)Prinzips hat hier ihren Ursprung. Eine Struktur, die, wie sich noch mehrfach erweisen sollte, neben den 1873 erstmals krass hervorgetretenen Schwächen auch Stärken hat – siehe die Sozialverpflichtung, die Alfred Krupp und alle seine Nachfolger sehr ernst nahmen.

Die folgenden Jahre der eher ruhigen Konsolidierung zeigen andererseits, dass Krupp im Kern, also im Technisch-Industriellen, ein gesundes, wachstumsfähiges Unternehmen ist.

Die Villa Hügel, hier um 1900, ist mehr ein Schloss als eine Fabrikantenvilla. Der Garten ist noch im Stil der Zeit mit Springbrunnen und Rabatten ausgestattet, anders als heute hat der Durchgang zwischen dem großen und dem kleinen Haus noch kein Obergeschoss.

Auf der Höhe von Macht und Ansehen

Der Sohn eines starken, erfolgreichen und herrischen Vaters zu sein, war noch selten ein Vergnügen. Friedrich Alfred Krupp, der in der Familie nur Fritz heißt, könnte davon ein Lied singen, wenn er es nicht lebenslang vorgezogen hätte, über dieses Kapitel zu schweigen. Alfred will der Firma einen Nachfolger nach seinem Ebenbild formen. Dem Sohn aber, der andere Talente hat, fehlt die Härte des Vaters im Umgang mit sich selbst und anderen. Fritz kränkelt praktisch von Geburt an, was Alfred lange Zeit zweifeln lässt, ob dieser zarte Junge, der ganz nach der Mutter kommt, für das Erbe überhaupt geeignet ist. Alfred hätte »keine Sekunde gezögert«, vermutet Gert von Klass, und die Weiterführung seines Lebenswerks ohne Fritz geplant, hätte sich dieser nicht doch noch gefangen. So berichtet Wilhelm Berdrow, der langjährige erste Krupp-Archivar, von schließlich verworfenen Überlegungen Alfreds, den Sohn seines nach Österreich ausgewanderten Bruders Hermann, Arthur Krupp, zum Nachfolger aufzubauen.

Nur wenige Jahre ist Fritz in der Lage, das Burg-Gymnasium in Essen zu besuchen. Den Rest der Schulbildung besorgen Hauslehrer – und Alfred selbst, der als klassischer Autodidakt ohnehin nicht viel von Lehrplänen hält. Der Wunsch des Sohnes, seinen naturwissenschaftlich-technischen Neigungen an einer Hochschule nachzugehen, stößt lange auf erbitterten Widerstand. Dafür habe man Angestellte, lässt Alfred wissen. Die beste Vorbereitung für das spätere Erbe sei das Lesen und Abschreiben seiner, Alfreds, Briefe und sonstiger schriftlicher Hinterlassenschaften.

Fritz ist nicht der Typ, der sich offen auflehnt, und dies hätte nach Lage der Dinge wohl auch keine Aussicht auf Erfolg gehabt. Also fügt er sich in die Fron, nicht ohne seine wahren, ganz eigenen Stärken heimlich im Auge zu behalten. Die Flucht in den Militärdienst, die er als 18-Jähriger unternimmt, gerät zum Fiasko für sein Selbstvertrauen. Er wird nach kurzer Zeit für körperlich zu schwach befunden und entlassen – zur Freude des Vaters, der einsam geworden den Sohn an seiner Seite und sonst nirgendwo haben will. So endet der in jungen Jahren einzige ernsthafte Versuch des Aufbegehrens kläglich.

Wenn der »Alte auf dem Hügel« Streit mit seinen »Prokuristen« hat, was in seinem letzten Lebensjahrzehnt oft vorkommt, versucht der Sohn immerhin gelegentlich und meist heimlich zu schlichten. Andererseits versteht es Alfred durchaus, Fritz' früh erkennbares Verhandlungs- und Vermittlungsgeschick für das Unternehmen nutzbringend einzusetzen – etwa als es darum geht, den späteren Direktor Wilhelm Gussmann aus dem Staatsdienst loszueisen. Dank solcher Erfolge und nicht zuletzt durch die Förderung der wissenschaftlichen Stahlforschung innerhalb des Unternehmens wächst Friedrich Alfred beinahe unmerklich in die Verantwortung hinein. Erst 1882, als 28-Jähriger, wird er sich die Freiheit

Besuch einer chinesischen Delegation auf Villa Hügel, 1897. China gehörte vor dem Ersten Weltkrieg zu den besten Kunden für Krupp-Geschütze. Vorn sitzend Barbara und Bertha Krupp, sechste von rechts stehend Margarethe Krupp.

nehmen, einige Semester Chemie und Metallurgie an der Technischen Hochschule in Braunschweig zu studieren. Ein Jahr später setzt er durch, dass bei Krupp ein zweites chemisches Laboratorium mit betont wissenschaftlicher Aufgabenstellung die Arbeit aufnimmt. Wie sich später zeigen sollte, eine Entscheidung von unschätzbarem Wert.

Mit seinem zähen Freischwimmen von der väterlichen Bevormundung suggeriert Fritz den mitunter frustrierten Leitenden ganz nebenbei, dass auch einmal andere Zeiten kommen. Ohnehin kann trotz all seiner Querschüsse nicht einmal Alfred es verhindern, dass die eigentliche Entscheidungsgewalt in allen Alltagsfragen nun mehr und mehr auf die Prokura übergeht. Die Zeit ist einfach reif dafür, und mit Hanns Jencke tritt 1879 ein Mann an die Spitze, der selbst natürliche Autorität besitzt und sich vom Gängelband des Eigentümers weitgehend befreit.

Der Eisenbahnbedarf ist immer noch – und wird es noch lange sein – ein Standbein des Umsatzes. Hinzu kommen Kurbelwellen, Schmiedestücke für Schiffe sowie Maschinenteile aller Art, Brücken, Stahl- und Eisenbleche, auch Walzen und Münzstempel, mit denen ja alles anfing; außerdem natürlich, von Alfred eifrig gefördert, das Kriegsmaterial. Immer zielgenauer, immer weitreichender schießen die Kanonen. Kamen aus Essen bislang eher leichte Feldhaubitzen, dringt Essen nun auch in den Markt für schwere Belagerungs- und Schiffsgeschütze vor, bislang eine Domäne der Firma Armstrong aus Sheffield. Es beginnt der harte, diplomatisch flankierte und mit manchen Tricks geführte Kampf auf dem sich entwickelnden Weltmarkt, den die großen Drei fast vollständig beherrschen: Krupp, Armstrong-Vickers und Schneider-Creusot.

Daneben erwächst Krupp im Inland mit dem begnadeten Techniker Hermann Gruson, der ein stahlverarbeitendes Unternehmen in Magdeburg betreibt, eine ernstzunehmende Konkurrenz. Wie stets, wenn er seine Vormachtstellung auch nur von ferne bedroht sieht, versucht Alfred Krupp nicht ohne Niedertracht, Gruson klein zu halten und dessen Produkte – Hartgussschutzpanzer und Geschütze – als minderwertig zu schmähen. Mit dem »Fair Play« im Konkurrenzkampf tut er sich zeitlebens sehr schwer. Grusons gutem Ruf schadet dies nicht, eher im Gegenteil: Mancher eingeschworene Krupp-Gegner im Berliner Regierungsapparat hat auf eine solche sachlich begründbare Alternative nur gewartet.

Im Geschäftsjahr 1876/77 entfällt bei Krupp erstmals mehr als die Hälfte des Umsatzes von 41 Millionen Reichsmark auf Rüstungsprodukte. Aber der Anteil schwankt. »Der Bereich der zivilen Produktion wuchs ganz eindeutig stärker als die Rüstung«, schreibt der Historiker Klaus Tenfelde. Seit den 1860er Jahren verfügt Krupp über eigene Schießplätze, um – unabhängig von den staatlichen Einrichtungen dieser Art – in Ruhe Versuche unternehmen zu können. Weil sie sich als zu klein erweisen, pachtet die Firma 1877 ein 100 Quadratkilometer großes Gelände im dünnbesiedelten Emsland bei Meppen. Es wird Kaiser, Könige und Premierminister sehen, die hier gebannt den »Wettschießen« von Geschützen konkurrierender Unternehmen und damit in der Regel auch konkurrierender Nationen folgen. Bis 1887, dem Jahr, in dem Alfred Krupp stirbt, verlassen genau 13.799 Kanonen die Essener Gussstahlfabrik – 4.132 davon gehen ins Ausland.

Die neuen Verfahren zur Stahlerzeugung, die Technisierung der Stahlverarbeitung und die wissenschaftliche Metallurgie verändern zunehmend die innere Hierarchie in der Fabrik. Bis dato hatten die so

Der erste Bauabschnitt des Altenhofs in Essen-Rüttenscheid, 1906. Eine der schönsten Krupp-Siedlungen, zum größten Teil in den 1970er Jahren abgerissen.

genannten »Feuerarbeiter« das höchste Ansehen genossen. Zu ihnen zählten die Schmelzer und Gießer der Tiegelstahlproduktion und die Hammerschmiede, von deren Augenmaß und Erfahrung es abhing, ob ein großes Werkstück gelang oder, im Extremfall, danach zum Schrott zu zählen war. Viele erhielten als Ungelernte die Chance zum Aufstieg – unter Arbeitsbedingungen allerdings, die extrem gesundheitsgefährdend und anstrengend waren. Ihre Stellung als »Werkselite« nehmen nun nach und nach die gelernten Dreher, Fräser und Schlosser der mechanischen und der Kanonenwerkstätten ein, bei denen es sich oft genug um die Söhne der Feuerarbeiter handelt. In Essen ist der Typus der Kruppianer-Familien in der dritten, später sogar vierten und fünften Generation nicht selten. Die Firma sieht dies gern, kann sie doch damit rechnen, dass sich der »Krupp'sche Geist« so am einfachsten überträgt.

Selbstverständlich korrespondiert dieser interne Wandel mit dem Verdienst. Und es wird wieder gut verdient bei Krupp. Aus den Statistiken der Hütten- und Walzwerk-Berufsgenossenschaft geht hervor, dass Krupp-Arbeiter in den 1880er und 1890er Jahren bis zu 25 Prozent mehr in der Lohntüte finden als die Beschäftigten anderer rheinischer oder westfälischer Stahlwerke – ganz zu schweigen von den geringen Löhnen, die in rückständigeren und ärmeren Reichsgebieten üblich sind. Dies trägt neben den Sozialleistungen entscheidend dazu bei, dass bei Krupp seltener gekündigt wird, was der Firma wiederum eine erfahrene Belegschaft garantiert. Erfahrung aber ist im vorwissenschaftlichen Zeitalter die wichtigste Ressource, um dauerhaft beste Qualität zustande zu bringen.

Während in der Fabrik unten in Essen die Dinge eine ruhige Entwicklung nehmen, hängt auf dem Hügel der Haussegen schief. Von Bertha, der unglücklichen Ehefrau, maßgeblich befördert, hat sich Fritz eine Braut ausgesucht, die Alfred aus tiefstem Herzen ablehnt. Margarethe von Ende entstammt altem, aber verarmtem Adel, der Vater dient in der preußischen Bürokratie, mit der sich Krupp nun seit einem halben Jahrhundert herumschlägt. Als Spross einer alten Patrizierfamilie hat Alfred Krupp zum Adel und dessen Traditionen nicht den geringsten Bezug, sicher weniger aus einem politisch motivierten Bürgerstolz heraus, sondern weil es in seiner Welt nur einen Adel gibt: den der Arbeit. Die eigene Nobilitierung, die ihm wie vielen erfolgreichen Industriellen angeboten wurde,

1882: Friedrich Alfred Krupp heiratet Margarethe von Ende, geboren 1854.

hatte er stolz abgelehnt: »Ich heiße Krupp, das genügt.« So kann nicht verwundern, dass die Wahl des Sohnes Alfred verdrießlich stimmen muss. Doch ob ihm eine andere genehmer gewesen wäre? Da sind Zweifel erlaubt. Der alte Krupp hat sich zu sehr daran gewöhnt, dass sein Sohn ständig zur Verfügung steht. Er ist nicht bereit, ihn mit einer jungen Frau zu teilen. Hartnäckig verweigert Alfred jahrelang die Einwilligung zur Hochzeit, bis er schließlich 1882 nachgibt und dem jungen Paar im kleinen Haus der Villa Hügel eine Wohnung anweist. Kurz zuvor hatte Mutter Bertha, zum Kummer des Sohnes, den Hügel verlassen, um erst nach Alfreds Tod 1887 wieder zurückzukehren. Das Leben an der Seite des Patriarchen ist offenbar nicht mehr auszuhalten.

Seine letzten Jahre verbringt Alfred Krupp im Wesentlichen damit, die Prokura mit allerlei phantastischen Projekten einzudecken und seine Umgebung – man kann es nicht schmeichelhafter sagen – zu tyrannisieren. Mit einer guten Portion Fanatismus versucht der verbitterte Greis, die verhasste Sozialdemokratie daran zu hindern, unter den inzwischen knapp 20.000 Kruppianern, davon 13.000 in Essen, Fuß zu fassen. Stadt und Landkreis Essen sind aber ohnehin fest in der Hand der konfessionellen Traditionsmilieus und für die SPD noch lange schwer erreichbar, wie die Wahlergebnisse auch in den Arbeitervierteln belegen. Allerdings hält Alfred vom Sozialkatholizismus kaum mehr. Und die Arbeiter der Gussstahlfabrik, besser ausgebildet als früher und meist des Lesens und Schreibens kundig, verlieren zusehends die Neigung, sich dem Fabrikherrn und seinen Beamten in gleicher Weise unterzuordnen, wie es noch die Väter klaglos taten. Alfred bleibt dies nicht verborgen. Wie beschrieben reagiert er, nicht ohne Erfolg, mit einer Sozialoffensive.

Essen, das seit jeher schmucklose Land-Städtchen, zählt nun bald 70.000 Einwohner, doch das äußere Bild des Altstadtkerns hat sich noch kaum entscheidend verändert. Jenseits der westlichen Stadtgrenze ist jedoch eine Industriekulisse emporgewachsen, die in ihrer Flächenausdehnung das Siebenfache der Altstadt erreicht hat. Auf Gedeih und Verderb ist man mit dem bei weitem größten Arbeitgeber verbunden. Zwischen 1870 und 1900 wachsen Stadt und Unternehmen parallel sprunghaft weiter, durchweg sind zwischen 30 und 40 Prozent der Essener Bürger, Familienangehörige mitgerechnet, von Krupp abhängig.

Im Jahr 1887 stirbt Alfred Krupp im Alter von 75 Jahren an Herzversagen. Die Bilanz dieses ungewöhnlichen und an Widersprüchen so reichen Lebens muss zwiespältig ausfallen. Unstrittig ist er als Mensch über die Maßen schwierig. Auf den ersten Blick erscheint es leicht, seinen Egoismus, seinen Machtwillen und seine Schrullen mit dem Titel »Kanonenkönig« zu addieren und ihn zu verdammen, so wie es mit zeitlichem Abstand und in Kenntnis der deutschen Katastrophen in der ersten Hälfte des 20. Jahrhunderts auch vielfach geschehen ist. Wäre ohne ihn die Welt friedlicher gewesen, die deutsche Geschichte anders verlaufen? Das wäre vermutlich doch zu viel der Ehre. Waffen sind so alt wie die Menschheit selbst, Versuche sie zu optimieren ebenfalls. Alfred hat, soweit man weiß, über die Waffenfrage nie tiefsinnig reflektiert. Er sah sich selbst als Patriot, der seinem Vaterland die zur Machtpolitik nötigen Mittel an die Hand gibt. Es faszinierten ihn schlicht auch die technischen Möglichkeiten des Stahls. Würde er nicht Geschütze bauen, würden es andere machen. Nur wären deren Produkte, so seine unerschütterliche Überzeugung, eben nicht so gut wie seine. Für einen auf Technik fixierten Pragmatiker gibt es keine »bösen« oder »guten« Waffen. Die moralische Frage stellt sich denen, die sie führen, oder die die Macht haben, sie

Die Kanonenwerkstatt V, 1902

ihren Armeen an die Hand zu geben. Damit hatte es für Alfred Krupp sein Bewenden.

Tatsache ist: Als Alfred Krupp sein Arbeitsleben beginnt, ist Deutschland ein in sich zerrissenes, agrarisch geprägtes Gebilde. Trotz Preußens Aufstieg ist es noch immer geprägt von der Erfahrung, kaum mehr zu sein als ein Spielball der großen europäischen Mächte. Als Alfred Krupp stirbt, steht das noch junge deutsche Reich, stolz und etwas prahlerisch, nervös und komplexbeladen, an der Schwelle zur Großmacht. Krupp hat daran zweifellos einen Anteil, der allerdings auch nicht überschätzt werden darf. Ein Jahr nach seinem Tod folgt ihm sein großer Gönner Wilhelm I. ins Grab, drei Jahre später wird Reichskanzler Bismarck entlassen. Was die nächste Generation aus den Pionierleistungen macht, kann keinem der drei angelastet werden.

Alfred Krupp beschäftigt die soziale Frage, das ist unstrittig. Er interpretiert sie auf seine Weise, und das heißt rein materialistisch und technokratisch. Er begreift nie, dass Abhängigkeit ohne ein gewisses Maß an Selbstbestimmung auf die Dauer für niemanden erträglich ist, mag er auch genug zu essen haben und warm und trocken leben – ja, gerade wenn die Grundbedürfnisse befriedigt sind, ist es unerträglicher denn je. Auch die weniger radikalen Forderungen der Arbeiterbewegung mussten ihm wegen dieses Unvermögens unverständlich bleiben. Aber Krupp hat zweifellos die Lage seiner Arbeiter enorm verbessert, weit umfänglicher als dies zur damaligen Zeit üblich war. Natürlich ist hier viel Eigennutz im Spiel, doch was soll daran eigentlich verwerflich sein? Die strikte Sozialorientierung führt durchaus zu einer, modern gesprochen, Win-win-Situation, aus der beide Seiten ihren Vorteil ziehen. Die politische Linke hat daran aus naheliegenden Gründen kein Interesse. Sie setzt auf Konfrontation, auf Sieg im Klassenkampf, sie will Enteignungen und glaubt an uneigennützige Menschheitsbeglückung. Hätten Alfred Krupp und mancher andere Unternehmer in jeder Hinsicht der Schablone und dem Feindbild des finsteren Kapitalisten entsprochen, hätte man sie wohl leichter und effektvoller bekämpfen können. Kein Wunder, dass Weltverbesserer von der »Wohlfahrts-Pest« sprechen, mit der man die Arbeiter einwickele und ruhig stelle. Dabei wird geflissentlich übersehen, dass diese »Pest« vielen Menschen das Leben erheblich erleichtert. Und zwar im Hier und Jetzt, nicht eines fernen Tages nach der prophezeiten Revolution, von der die meisten Arbeiter, zumal im eher pragmatischen Ruhrgebiet, instinktiv nicht viel Gutes erwarteten.

Die Finanzkrise von 1873/74, die vielen Unternehmen so übel mitspielte, gilt in der Wirtschaftsgeschichte als Wendemarke. Hier endet die kurze Phase des Liberalismus angloamerikanischer Prägung in Deutschland, das System unbeschränkter Konkurrenz, das Krupp so herzlich zuwider ist. Abgelöst durch eine gelenkte und korporatistische Marktwirtschaft, wird das Deutsche Reich nach einem Wort des Historikers Werner Abelshauser »zum klassischen Land der Kartelle«. Es ist, als hätte der Staat beschlossen, Alfred Krupps wirtschaftspolitischen Wunschzettel endlich Punkt für Punkt zu erfüllen. Eine Ironie der Geschichte: Die größte Niederlage ebnet Krupp indirekt den Weg zu einer Wirtschaftsordnung nach seinem Gusto. Ohnehin hatte die Krise ja überdeutlich gezeigt, dass Alfred Krupp kein Kapitalist sein will, dass er die Gesetze der Marktwirtschaft im Zweifel ignoriert und vom Staat gebieterisch »Industriepolitik« – sprich: Subventionen – einfordert. Mitarbeiter zu entlassen ist für ihn allenfalls das allerletzte Mittel, lieber spannt er die Finanzen bis zum Äußersten an. In vieler Hinsicht wäre Alfred Krupp somit ein Unternehmer, den sich heute viele wünschen. Für ihn rangiert das Soziale – damals sagt man: Gemeinwohl – deutlich vor dem Gewinnstreben. »Shareholder value«, die einseitige Orientierung an den Gewinninteressen des Eigentümers, ist das letzte, was man ihm vorwerfen kann. Die Finanzkrise zeigt allerdings auch, dass ein solcher Unternehmer-Typus Gefahr läuft, arrogant und realitätsfern zu werden und am Ende alles aufs Spiel zu setzen – auch die Arbeitsplätze seiner Mitarbeiter.

Man würde Alfred Krupp Unrecht tun, sollte dies das letzte Wort sein. In vieler Hinsicht ist er eine Jahrhundertgestalt. Da ist der Unternehmer, der es sich nicht auf dicken Aktienpaketen gut gehen lässt, sondern der rastlos arbeitend seine Firma aus kleinsten Anfängen an die Spitze führt. Da ist der Stahlmann, der mutig und ohne großes Zögern die neuesten Entwicklungen aufgreift und zur technischen Reife führt. Da ist der Techniker, der differenzierte Anwendungen für die unterschiedlichen Stahlsorten findet. Da ist der Kaufmann, der einen Spürsinn besitzt für neue Produkte und die Zähigkeit, sie am Markt durchzusetzen. Da ist der frühe Meister in Sachen Werbung, ohne den der Krupp'sche Nimbus nicht denkbar ist – vielleicht sein genialster Zug. Da ist der Gründer eines eigenen kleinen, allerdings auch autoritären Sozialstaats. Und da ist schließlich der Pädagoge, der sich viel auf seine Menschenkenntnis zugute hält, dessen von Misstrauen geprägtes Menschenbild allerdings den Idealisten nicht gefallen kann, eben weil es vom Grundsatz des Gebens und Nehmens bestimmt ist. »Treue gegen Treue«, wie er selbst es ausdrückt. Die Bewertung und Einordnung der Figur Alfred Krupp ist nicht abgeschlossen. Die große historisch-kritische Biografie steht noch aus.

Als Friedrich Alfred Krupp 33-jährig die Gussstahlfabrik erbt, dauert es nur ein Jahr, bis der drei Jahre jüngere Wilhelm II. den Thron besteigt. Mit dem ungestümen, sprunghaften und nassforschen Herrscher zieht ein neuer Stil in Berlin ein. Endgültig vorbei ist es nun mit dem pragmatischen, vorsichtig wägenden und nicht zuletzt sparsamen Preußentum, das sein Großvater Wilhelm I. allen gesellschaftlichen Veränderungen zum Trotz bis zuletzt, wenn auch mühsam, hochhielt. Mit Wilhelm II. beginnt ein seltsamer kultureller und geistiger Spagat. Der junge Kaiser

Eine typische Ansichtskarte der Zeit vor dem Ersten Weltkrieg. Essen warb gerne mit den Titeln »Kanonenstadt« und »Waffenschmiede«.

regiert sein Land im Stil eines fast mittelalterlich anmutenden Verständnisses von Gottesgnadentum, begeistert sich für Titel und Phantasieuniformen, liebt den Müßiggang und schwärmt von einem ständischen Staatsaufbau mit klaren Klassenschranken. Im Gegensatz dazu stehen die Zwänge und Entwicklungstendenzen des Industriezeitalters, das viele Menschen von der Bindung an Scholle und adelige Grundherren befreit und damit den demokratischen, egalitären Ideen Auftrieb verschafft. Tradition und Moderne nicht etwa zu versöhnen, sondern gegeneinander in Stellung zu bringen, wird am Ende die Monarchie in Deutschland beseitigen.

Die Weltgeltung der deutschen Industrie ist inzwischen unübersehbar, und sie soll das technische Rüstzeug liefern, um des Kaisers hochgespannte Pläne zu verwirklichen. Um mit England, dem Wilhelm in Hassliebe verbunden ist, an außenpolitischer Bedeutung gleichzuziehen, soll vor allem eine große Kriegsflotte her. Zwar sind auch andere Unternehmen in der Lage, guten Stahl zu erzeugen. Ohne die breite Erfahrung aber, die bei Krupp versammelt ist, kann diese Kraftanstrengung nicht gelingen. Die traditionell guten und schon sehr alten Beziehungen zwischen den Krupps und den Hohenzollern gehen nun in eine neue Phase. Die unangefochtene Sonderstellung der Firma, die Alfred Krupp immer anstrebte und nicht ganz erreichte, wird jetzt zementiert. Mit der Sonderstellung wächst jedoch die Abhängigkeit von Staat und Politik.

Fritz Krupp ist zunächst nicht der Mann, der über die neuen Perspektiven in Begeisterung geriete, obwohl bald Gewinne in einer Höhe winken, die in früheren Zeiten undenkbar waren. Introvertiert, grüblerisch und an der Verantwortung sichtlich schwer tragend, dabei aber liebenswürdig, hat er dem Drängen und zuweilen auch den Zumutungen des Kaisers wenig entgegenzusetzen. Während es früher oft den Anschein hatte, als ob Alfred Krupp und Wilhelm I. von gleich zu gleich verhandelten, sind die Gewichte jetzt einseitiger verteilt: Der junge Kaiser äußert Wünsche, und der junge Krupp sieht es als seine patriotische Pflicht an, diesen zu entsprechen. Nur ganz zu Anfang der Regentschaft, als sich Wilhelm in bewusster Abgrenzung zu Bismarck offensiv der sozialen Frage zuwendet, gesellschaftliche Versöhnung fordert und von den Fabrikanten verlangt, den Arbeitern bescheidene Mitbestimmungsmöglichkeiten einzuräumen, stellt Fritz sich energisch quer. Herr im Hause bleiben will er bei aller Konzilianz schon – darin ist er ganz der Sohn seines Vaters. Das bekommt im Übrigen auch die Firmenleitung zu spüren, die Prokura, die jetzt ihren Aufgaben und tatsächlichen Befugnissen entsprechend in Direktorium umbenannt wird und auch einen Vorsitzenden erhält: Hanns Jencke. In einem wohlwollenden Zeitungsartikel, den er möglicherweise selbst motiviert hat, wird Jencke noch ein Stückchen höher, nämlich zum Generaldirektor befördert. Friedrich Alfred Krupp ist jedoch in diesem Punkt hellwach und stellt ebenfalls öffentlich klar, wer auch in Zukunft die letzten Entscheidungen trifft: er, der Eigentümer.

Deutlich wird des Kaisers Hineinregieren in die Fabrik, als es um die Herstellung von Panzerplatten geht, ohne die kein Schlachtschiff auskommen kann. Außer Krupp beherrscht im Deutschen Reich nur die sehr viel kleinere Dillinger Hütte im Saarland die Technik, Stahl so zu härten, dass die gewalzten Platten auch schweren Beschuss aushalten. Das Verfahren ist kompliziert und teuer und erfordert hohe Investitionen. Friedrich Alfred Krupp zögert, weil es für ihn zunächst nicht absehbar ist, ob sich die Walzwerke jemals amortisieren. Auf massives Drängen des Kaisers und des Reichsmarineamtes willigt er schließlich ein und beginnt mit dem Bau. Auch der Kauf der maroden Kieler Germaniawerft, die jahrelang nichts als Verluste abwirft, ist maßgeblich auf Intervention von ganz oben zurückzuführen. Ein großer Unterschied zur Ära Alfred Krupps, der immer bestrebt war, bei aller engen Koexistenz von Staat und Firma sich ein Höchstmaß an unternehmerischer Freiheit zu bewahren.

Was noch schlimmer ist: Teils aus eigenem Antrieb, teils weil er sich überreden lässt, steigt Friedrich Alfred Krupp als Reichstagsabgeordneter in die Politik ein und setzt sich damit dem schwer zu widerlegenden Verdacht aus, Geschäftliches und Politisches zu vermengen.

Die obere Halle der Villa Hügel um 1900. Heute finden hier Konzerte statt.

Die Lage in Essen ist gekennzeichnet durch die starke Stellung der katholischen Zentrums-Partei, für die der ehemalige Krupp-Arbeiter Gerhard Stötzel seit 1877 regelmäßig, wenn auch knapp, den Stadt-Wahlkreis gewinnt. Die evangelisch-kaisertreuen Nationalliberalen haben überhaupt nur eine Chance, wenn der Name Krupp auf dem Stimmzettel auftaucht. In einer Mischung aus Überzeugung, äußerem Druck und Loyalitätsgefühl sind viele Kruppianer in diesem Fall bereit, auch am Wahltag Betriebstreue zu demonstrieren. Nicht zuletzt weil der Firmenchef etwa in den werkseigenen Siedlungen Kronenberg, Schederhof und Westend jeweils mehr als 80 Prozent der Stimmen erhält, reicht es 1893 für Friedrich Alfred knapp zur Mehrheit.

Für die Sozialdemokraten hat es etwas geradezu Provokantes, dass einer der reichsten Männer Europas, demokratisch gewählt, neben ihnen im Parlament sitzt. Ihre marxistische Ideologie, wonach private Kapitalinteressen die Politik dominieren und lenken, sehen sie in der Symbolfigur Krupp eindrucksvoll bestätigt. Entsprechend scharf sind die Angriffe, denen der sensible, ja mimosenhafte Konzernherr innerlich nicht gewachsen ist. Der selbstverschuldete Fehler, sich politisch derart zu exponieren, wird dazu beitragen, dass Friedrich Alfred Krupp als Mensch letztlich zerbricht. Vorderhand haben die alten staatlichen Eliten das Sagen, und unter ihrem Schutz mag sich Krupp sicher gefühlt haben. Tatsächlich aber gelangen Parteipolitik und öffentliche Meinung, repräsentiert durch die Presse, als Mit- und Gegenspieler zu immer größerer Bedeutung. Krupp wird dies als einer der ersten überhaupt zu spüren bekommen und im großen Machtspiel am Ende die Rolle eines Bauernopfers einnehmen.

Befördert wohl auch durch das politische Engagement, wird Friedrich Alfred Krupp in den Augen des Historikers Lothar Gall immer mehr zu einem »Wilhelminer«, freilich ohne das unangenehm Großtuerische anzunehmen, das vielen Zeitgenossen schon im äußeren Gestus eigen ist. Gall hat diesen Typus so skizziert: »Das Bewusstsein, das ganz Neue, ja eine letztlich unüberholbare Moderne zu repräsentieren, verband sie und auch die große weltumspannende Geste, eine Art Megalomanie und ein Absolutheitsanspruch, dem die ganze Welt in schwarz und weiß auseinanderzufallen droht.« Friedrich Alfred – und das hatte ihm nicht jeder zugetraut – versteht das ererbte Unternehmen nicht etwa als saturiertes Gebilde, das es im wesentlichen unverändert zu erhalten gilt, sondern ganz im Stil der Zeit als Sprungbrett in eine neue Dimension.

Im Reichstag tritt der neue Abgeordnete in öffentlicher Rede nicht groß in Erscheinung. Dafür wirkt Friedrich Alfred Krupp mehr im Hintergrund, etwa wenn es gilt, für die teuren kaiserlichen Flottenpläne die notwendige Mittelbewilligung des Parlaments zu erhalten. Der deutsche Flottenverein, den er mitbegründet und mitfinanziert, ohne sich zu erkennen zu geben, dient dabei ebenso als Propaganda-Instrument wie die Zeitung Berliner Neueste Nachrichten, an der er beteiligt ist. »An Friedrich Alfred Krupps materiellem Interesse am Schlachtflottenbau und der damit eng verknüpften Bereitschaft, dafür auch auf die öffentliche Meinung einzuwirken, kann kein Zweifel bestehen«, folgert Michael Epkenhans. Der Historiker, der zu diesem Thema in den 1980er Jahren bis dahin unerschlossene Akten auswertete, hält jedoch eines nicht für möglich: dass Krupp im Vorfeld der Flottenpläne direkt politisch Einfluss nehmen kann. Die Grundsatzentscheidungen sind im kleinen Kreis um Kaiser und Marineamt gefallen. Hier hat Krupp, wenn es um wirklich Wichtiges geht, keinen Zutritt. Wilhelms Wohlwollen seinem wichtigsten Industriellen gegenüber ist groß, doch in allen militärischen Fragen hat nach wie vor die abgeschlossene Kaste der adeligen Militärs das Sagen. Ohne das Geld und das industrielle Potenzial des Bürgertums geht es zwar nicht, doch liebt man es bei Hofe nicht dafür.

Krupp-Veteranen im »Pfründnerhaus« des Altenhofs. Ein wohlkomponiertes Bild, das die Sozialleistungen des Unternehmens effektvoll unterstreicht.

Der Interessenkonflikt als Industrieller und wenn auch formal untergeordneter Mandatsträger ist offensichtlich. Friedrich Alfred Krupp weiß im Ansatz um diese Brisanz. Darauf lässt die Tatsache schließen, dass er im Flottenverein nur verdeckt agiert, um die öffentliche Wirkung nicht zu gefährden. Vollständig erfasst hat er den drohenden Glaubwürdigkeitsverlust aber schon deshalb nicht, weil das Unternehmen Krupp sich stets als Verkörperung des Allgemeinwohls betrachtete, über den Klassen stehend, Arm in Arm mit dem starken Staat. Das war die Philosophie und die unerschütterliche Rechtfertigungsstrategie von Alfred Krupp gewesen. Den Begriff »Kapitalist«, der eine ausschließlich an Kapitalinteressen orientierte Unternehmensführung impliziert, hatte dieser für sich stets abgelehnt. »Der Zweck der Arbeit soll das Gemeinwohl sein«, ist Alfred Krupps zentraler Leitspruch.

Friedrich Alfred sieht sich durchaus in dieser Tradition, steht dabei aber einem politischen Klima entgegen, das solche Sätze nunmehr immer öfter ironisiert: »Der Zweck der Arbeit soll mein Wohl sein«, spottet der Deutsche Metallarbeiterverband. In der Öffentlichkeit gilt die Existenz der Klassengesellschaft, gelten die widerstreitenden, strikt schichtabhängigen Interessen mehr und mehr als unhinterfragbare Tatsachen. Als Folge nimmt das Image der Großindustrie immer finsterere Züge an, teils auf Grund eigener Fehler, teils weil die eingängigen vulgärmarxistischen Thesen Köpfe und Herzen der Menschen erreichen. Natürlich haben die Unternehmer wie jede Gruppe Interessen und natürlich versuchen sie diese mitunter brachial durchzusetzen. Dies allein erklärt aber nicht den spürbar wachsenden, ganz undifferenzierten Hass, die Einseitigkeit in den Urteilen, das begierige Aufsaugen von Verschwörungstheorien aller Art. Es liegt nahe zu vermuten, dass hier die Saat einer spezifisch deutschen Geistestradition aufgeht, Staatsfrömmelei und jenes bildungsbürgerliche Generalressentiment gegen ökonomisches Handeln gehen Hand in Hand mit den neuen sozialrevolutionären Ideen, aus denen sie sich zum Teil herleiten.

Vor allem in der sozialdemokratischen Presse sorgt Krupps Doppelrolle rund um die Schlachtflotte daher für mächtigen Wirbel. Wilhelm und sein Großadmiral und Marineminister Alfred von Tirpitz müssen zu Recht fürchten, dass der Reichstag das Geld nicht locker macht, sollte sich über die Kreise der Linken hinaus der Eindruck festsetzen, die Schlachtflotte sei nur der Goldesel einer profitgierigen Stahlindustrie. Tirpitz, ein begnadeter politischer Taktiker, beschneidet in der Folgezeit Krupps Einfluss. Der Flottenverein soll in seiner Außendarstellung »volkstümlicher« werden. Entnervt, enttäuscht und um Erfahrungen reicher zieht sich Friedrich Alfred Krupp 1899 zurück. Bereits ein Jahr zuvor hatte Zentrums-Mann Stötzel das Reichstagsmandat in Essen knapp zurückgewonnen.

Die Diskussion um den Flottenbau ist für Krupp damit nicht erledigt. Der Zorn im Reichstag wird im Jahr 1901 übermächtig, als man ihn und den saarländischen Industriellen Stumm verdächtigt, gemessen am Umsatz Gewinne von bis zu 60 Prozent beim Bau der Panzerplatten einzustreichen. Tatsächlich trifft diese Marge in etwa zu, wenngleich sie nicht ungewöhnlich hoch ist. Krupps Preise, schreibt Michael Epkenhans, sind im Vergleich mit denen ausländischer Unternehmen sogar noch günstig. August Bebel, der legendäre sozialdemokratische Führer, fordert die Regierung dennoch wütend dazu auf, woanders billiger zu kaufen oder einen Staatsbetrieb zu gründen. Beides sind keine Alternativen. Tirpitz kommt es dennoch nicht ungelegen, dass Krupp öffentlich unter starken Druck gerät. Seit langem versucht der Marinestratege günstigere Preise durchzudrücken, beißt damit in Essen jedoch unter Hinweis auf betriebswirtschaftliche Notwendigkeiten auf Granit. Indem man Krupp im Regen stehen lässt, soll das Parlament den Eindruck erhalten, die Regierung wolle ja sparen, nur die Industrie spiele nicht mit.

Noch immer decken die staatlichen Heereswerkstätten den Grundbedarf der Artillerieproduktion, während die Privatunternehmen vor allem für Neuerungen, größere Geschütze und in Zeiten der Aufrüstung unentbehrlich sind. Das von Anfang an von Krupp vertretene Argument, wonach das Rüstungsgeschäft zu riskant sei, um mit niedrigen Gewinnen zu arbeiten, ist nicht von der Hand zu weisen. Auch die enorme Exportquote bei den Geschützen von mittlerweile bis zu 80 Prozent begründet der Firmenchef wie schon sein Vater mit der sonst unmöglichen Auslastung der teuren Kanonenwerkstätten. Akzeptieren will das so recht kaum jemand. Denn Tatsache ist eben auch, dass sowohl das Firmen- als auch das Privatvermögen Krupps gerade in jenen Jahren um jeweils rund ein Drittel wächst. Ganz aus der Luft gegriffen sind die sozialdemokratischen Proteste also nicht. »Ein kaufmännisches Gebaren gesteht man Ihnen nicht zu«, warnt Admiral Hollmann, ein persönlicher Freund Krupps, unter Hinweis auf die besondere Stellung des Unternehmens. Gemeint ist: Große Teile der öffentlichen Meinung erwarten von einer Firma, die nicht zuletzt auf dringenden eigenen Wunsch eine nationale Institution wurde, eine Art Patriotismus-Abschlag.

Das Direktorium erweist sich in dem Konflikt als unfähig, die durchaus rationalen Motive und Interessenlagen des Unternehmens einer breiten Öffentlichkeit deutlich zu machen. In einer Mischung aus Borniertheit, Unkenntnis und Ungeschicklichkeit setzt man allein auf die »Bearbeitung« des Kaisers, nicht bemerkend, dass auch Wilhelm eine breit angelegte, vom Parlament unterstützte Kampagne nicht mehr einfach ignorieren kann. Das gilt zumal dann, wenn sie wie hier mindestens auf den ersten Blick plausibel erscheint. Krupp ist dann auch bereit, nach einer Schamfrist Rabatte zu gewähren, allerdings nur, weil die Bestellungen steigen und die langfristige Auslastung der Walzwerke gesichert scheint. Ein Imagegewinn lässt sich damit freilich nicht mehr erzielen, vielmehr gerieten Krupps Preise zu einem »fast rituellen Bestandteil der Etatdebatten im Reichstag«, wie Barbara Wolbring trocken feststellt. Friedrich Alfred selbst sollte die verfestigte Feindschaft gerade der Presse und der Sozialdemokratie schon bald auf einem allerdings völlig anderen Gebiet zu spüren bekommen.

Restaurationssaal im Beamtenkasino der Gussstahlfabrik um 1900.

Gegner, die man nicht besiegen kann, soll man umarmen. Diesem Prinzip folgt Krupp im Umgang mit dem Magdeburger Grusonwerk, das gegen Ende des 19. Jahrhunderts fast 3.000 Beschäftigte zählt und sich bei gepanzerten Geschütztürmen, schweren Kanonen und Granaten, aber auch beim Maschinenbau im internationalen Wettbewerb zu einer unangenehmen Konkurrenz entwickelt hat. Gütliche Einigung oder Kampf um jeden Preis, den der viel größere Krupp-Konzern wohl letztlich für sich entschieden hätte – darauf spitzen sich die Dinge zu. 1892 wird ein Betriebsüberlassungsvertrag mit Gruson geschlossen. Ein Jahr später macht Krupp von der dabei vereinbarten Kaufoption Gebrauch, wobei es letztlich gelingt, Einvernehmen herzustellen. Hermann Gruson, dem die Entwicklung dennoch nicht leichtgefallen sein kann und der zeitweise mit den Essenern einen harten Kampf ausfechten wollte, fügt sich schließlich ins Unvermeidliche. Er zieht sich, inzwischen über 70 Jahre alt, aufs Altenteil zurück.

Eine echte Neugründung ist das Hüttenwerk, das Krupp strategisch günstig ab 1895 am linken Rheinufer neben dem Duisburg gegenüberliegenden Dorf Rheinhausen aus dem Boden stampfen lässt. Friedrich Alfred holt damit nach, was sein Vater gegen Ende seines Lebens nicht mehr zustande brachte: die räumliche Nähe von Verhüttung und Stahlerzeugung, die aus wirtschaftlichen Gründen nicht mehr länger zu umgehen war.

Fast ein Jahrhundert gehört das Werk zu den Schmuckstücken des Konzerns, bis es unter Begleitumständen stillgelegt wird, die deutsche Sozialgeschichte schreiben.

Auch in den Essener Kernbetrieben brechen technisch gesehen neue Zeiten an, die allerdings nicht ohne innerbetriebliche Unruhen über die Bühne gehen. Moderne hydraulische Schmiedepressen lösen nun mehr und mehr die alten, lärmenden Hämmer ab, die einst Bertha Krupp das Leben zur Hölle machten. Innerhalb der Firmenhierarchie wird der Abstieg der altbewährten Feuerarbeiter, die Alfred Krupp oft noch persönlich anlernte, dadurch weiter beschleunigt. Das mag zusammen mit der steigenden Arbeitsbelastung eine Rolle gespielt haben, als in den Herdschmieden der Gussstahlfabrik 1902 Unerhörtes geschieht – jedenfalls gemessen an dem bei Krupp Üblichen.

Das Denkmal für Alfred Krupp am Eingang der Gussstahlfabrik an der Altendorfer Straße, dahinter das imposante Hauptgebäude des firmeneigenen Warenhauses, der Konsumanstalt. Das Denkmal stände heute genau unter der Rampe, die zum Eingang der Musicalhalle »Colosseum« führt.

Traditionell war es das Recht der unter erschwerten Bedingungen arbeitenden Schmiedeleute, mittags für anderthalb Stunden das Werk zu verlassen und sich nach Hause zu begeben. Als der zuständige Ressortchef die Pause um eine halbe Stunde verkürzt und das Verlassen des Geländes untersagt, wächst sich der begreifliche Unmut zu einem spontanen Streik aus, mit dem sich nach und nach auch die Arbeiter in anderen Betriebsteilen solidarisieren. Selbst mit Strafversetzungen und Entlassungen, die die Firmenleitung mit Hilfe der Polizei regelrecht inszeniert, lässt sich der Protest nicht ersticken. Die Hoffnung der Arbeiter richtet sich auf den Eigentümer, der zu dieser Zeit auf Capri weilt, seinem geliebten süditalienischen Refugium. Der Appell an die patriarchalischen Instinkte und an die alte Verbundenheit mit den Feuerarbeitern ist aber nicht völlig vergebens.

Zurückgekehrt nach Essen, empfängt Friedrich Alfred Krupp eine Delegation der Arbeiter auf Villa Hügel zu einem langen Gespräch. Eine ungewöhnliche Geste, wenngleich Krupp im Kern die vom Management gewollte Effizienzsteigerung bestätigt und unangetastet lässt. Doch ungewöhnlich genug: Der Konzernherr findet geradezu zornige Worte über den ruppigen Stil und die Art des Umgangs, wie sie in der Fabrik eingezogen sind. Er könne sich »der Überzeugung nicht verschließen, dass bei der Ein- und Durchführung dieser Änderungen in der Form gefehlt wird, sowohl dadurch, dass die gesetzlichen Bestimmungen nicht aufs Peinlichste beachtet werden, als auch dadurch, dass der Ton, der gegenüber den Arbeitern angeschlagen wird, oft erheblich zu wünschen übrig lässt«. Und: »Ich mache darauf aufmerksam, dass ich einem Vorgesetzten, der sich im Ton gegenüber einem Arbeiter vergisst, dies weit mehr übel nehme als einem Arbeiter und ich bei der nächsten Beschwerde, die mir in dieser Beziehung zu Ohren kommt, darauf bestehe, dass der betreffende Beamte bestraft wird.«

Ob diese Drohung nachhaltig beeindruckt, mag bezweifelt werden. So ehrlich Friedrich Alfred Krupp bemüht ist, die »Fabrikgemeinschaft« aufrecht zu erhalten, so sehr arbeitet eine Gesellschaft dagegen, die mehr und mehr auseinanderdriftet und bestrebt ist, sich entlang vermeintlicher oder tatsächlicher »Klassengegensätze« zu ordnen. Ironischerweise bestätigt Krupp dies in einem Detail selbst, indem er den Angestellten der Firma ausdrücklich ein höheres Maß an Selbstkontrolle auferlegt.

Der Leiter des Krupp-Archivs, Ralf Stremmel, sieht in der Episode dennoch den interessanten Versuch des Fabrikherrn, zu den Arbeitern ein Vertrauensverhältnis herzustellen oder dieses zu bewahren, um Konflikte ohne den Einfluss Dritter – etwa der Gewerkschaften – lösen zu können. Dies bleibt im vorliegenden Fall nicht ohne Erfolg, denn es gelingt nach der »Audienz« den Ausstand zu beenden und dennoch das Unternehmensinteresse im Wesentlichen durchzusetzen. Die Arbeiter fühlten sich ganz offensichtlich ernst genommen – ernster jedenfalls als von den leitenden Angestellten, die sich nicht zur Überzeugungsarbeit bereit finden mochten.

Und dennoch zeigt der Konflikt um die Schmiedearbeiter eines recht deutlich: Die Fiktion der »heilen« Krupp-Welt, die Alfred mit allerdings eiserner Klammer zu schaffen verstand, erhält erste ernste Dämpfer. Die gesellschaftlichen Großkonflikte machen vor dem Tor der Gussstahlfabrik nicht halt. Manche Kruppianer ziehen daraus ihre eigenen Schlussfolgerungen. Spielten die Gewerkschaften bei Krupp bislang kaum eine Rolle, gibt es jetzt doch Mitgliederzuwächse. »Unsere unfreiwilligen Agitatoren sind doch immer die erfolgreichsten«, höhnt das SPD-Blatt »Weckruf«. Das mag eine Spur zu triumphierend gewesen sein. Stremmel weist nach, dass den Arbeitern gerade bei Krupp das Vertrauen zum Alleininhaber so schnell nicht auszutreiben war. Krupp bleibt auch künf-

Margarethe und Friedrich Alfred Krupp mit ihren Töchtern Bertha (links) und Barbara auf Capri, 1898.

tig eine Firma mit außergewöhnlich wenigen Streiks und vergleichsweise geringem Einfluss von Gewerkschaften und Sozialdemokratie.

Immer öfter zieht sich Friedrich Alfred Krupp auf die Insel Capri im Golf von Neapel zurück. Das Klima tut seiner angeschlagenen Gesundheit gut, er liebt Land und Leute, findet hier beste Bedingungen für sein größtes Hobby, die Meeresforschung, und versucht gewiss auch der drückenden Verantwortung in Essen zu entfliehen – wie beschrieben nicht immer mit Erfolg. Auf der Insel fällt der Industrielle vor allem durch sein Mäzenatentum auf. Er kauft ausgedehnte Grundstücke, um sie später der Allgemeinheit als Park zur Verfügung zu stellen, hilft Inselbewohnern in Not und lässt mit Millionenaufwand eine kühne, wunderschöne Serpentinenstraße bauen, die nur dem einen Zweck dient, einen besonders malerischen Abschnitt der Steilküste zugänglich zu machen – eine Straße ohne rechten Sinn, ein Kunstwerk. Die »Via Krupp«, erst jüngst wieder halbwegs instand gesetzt, heißt noch heute so und auch sonst sind Krupps großzügige Taten auf mehreren Tafeln ausdrücklich vermerkt.

Offiziell und in erster Linie widmet sich Friedrich Alfred, von Jugend an naturwissenschaftlich interessiert, der Erforschung der Meeresfauna, einer Disziplin, der er leidenschaftlich verbunden ist. Krupp besitzt ein eigenes Laborschiff, er unterstützt auf großzügigste Weise die »Stazione Zoologica« in Neapel, das erste Meeresforschungsinstitut der Welt. Capri ist in all seiner Anmut und Exotik im wahrsten Sinne eine Gegenwelt zur Stahlindustrie und zum staubigen Ruhrgebiet. Hier – und wohl nur hier – ist Friedrich Alfred Krupp wirklich glücklich, wie er kurz vor seinem Tod gegenüber einem befreundeten Capresen bekennt.

Ursächlich für dieses Glück sollen gerüchteweise allerdings auch Leidenschaften sein, die – würden sie zutreffen – nach den damaligen Moralvorstellungen nicht unproblematisch wären. Unter Krupps Regie, so weiß der Insel-Klatsch, sollen sich auf Capri wahre Orgien abspielen, von bezahlten sexuellen Kontakten des Industriellen mit sehr jungen Männern ist die Rede. Das Klischee scheint zu passen, denn Capri ist tatsächlich Fluchtpunkt betuchter Homosexueller und Pädophiler. Eine kleine sozialistische Zeitung in Neapel bringt den Stein am 15. Oktober 1902 ins Rollen, berichtet in einem durchaus fremdenfeindlichen Duktus über einen »reichen, degenerierten Ausländer«, der auf Capri dem Laster fröne.

Jedem halbwegs Kundigen ist klar, wer gemeint ist. Noch ist es aber nicht soweit, dass sich auch an entlegenen Stellen Publiziertes in Sekundenschnelle um den Erdball verbreitet. Wäre Krupp nicht der berühmte verhasste »Kanonenkönig«, wäre er ein weniger exponierter Industrieller gewesen, alles wäre ziemlich sicher im Sande verlaufen, zumal Homosexualität in Italien, anders als in Deutschland, nicht strafbar ist. So aber wird das Tabu zwar zögernd, aber eben doch Stück für Stück aufgebrochen.

Über die Boulevardpresse in Rom gelangt die Story zunächst unter der Hand nach Deutschland, wird dort erstmals noch ohne Namensnennung in einem Augsburger Blatt veröffentlicht, bevor das SPD-Parteiorgan »Vorwärts« am 15. November 1902 unter der sachlich klingenden Balkenüberschrift »Krupp auf Capri« die Nation ins Bild setzt. Das Hervorzerren intimer Details, das heute als hinzunehmende Schattenseite der Prominenz gilt, war damals neu, sensationell und in diesem Fall auch rufmörderisch. Der Vorwurf der Homosexualität wog schwer, er vernichtete. Wohl zum ersten Mal wird ein Mensch auf Grund sehr privater Neigungen Opfer einer neuen Macht – der Massenpresse –, die damit auf ihre Art ein neues, »modernes« Jahrhundert einläutet.

Doch wie war es möglich, dass ausgerechnet ein Blatt, das sich der Aufklärung verschrieben hatte, Privates für den politischen Kampf instrumentalisiert? »Die Attacke des Vorwärts passte nur zu gut in die widersprüchliche Haltung der Sozialdemokratie zur Homosexualität«, resümiert der Kulturhistoriker Dieter Richter 2002 anlässlich der hundertsten Wiederkehr der Ereignisse. Im Parlament gab sich die SPD progressiv und kämpfte für die Abschaffung des Paragrafen 175, der Homoerotik unter Strafe stellte. Andererseits aber betrachteten nicht wenige Linke die gleichgeschlechtliche Liebe als widernatürliches Laster der »verfeinerten, höheren Klassen« (Richter). Der »Vorwärts« tat später so, als hätte man den »175« mit Hilfe eines berühmten Namens aushebeln und auf diese Weise die bürgerliche Doppelmoral entlarven wollen. Ideologisch strikt festgelegte Journalisten wie der beim Thema Krupp fast immer überkritische und faktenarme Egon Erwin Kisch pflegten und verbreiteten diese

Legende mit großer Sorgfalt. Doch der Text des »Vorwärts« atmet alles andere als den Geist sexueller Liberalisierung. In Wahrheit war Capri einfach eine günstige Gelegenheit, einen verhassten Kapitalisten fertigzumachen, indem man die fragwürdigen moralischen Waffen seiner eigenen Gesellschaftsschicht gegen ihn richtete. Treffen wollte die SPD indirekt auch eine kapitalistische Gesellschaftsordnung und ihre adeligen und bürgerlichen Führungsschichten, der man jene Dekadenz und innere Verfaultheit im Großen anhängen will, die man bei Krupp im Kleinen erwiesen glaubt.

Was aber stimmte nun von all den Gerüchten, die auf Capri umherschwirrten, jener Insel, die seit den Zeiten des römischen Kaisers Tiberius einen Ruf als verruchtes Liebesnest genoss? Dieter Richter beschreibt, dass Krupp in einer romantischen, einst von einem Einsiedler bewohnten Grotte Feste für seine Freunde gab. Dort entledigte man sich der Alltagskleidung, schlüpfte in wallende Mönchsgewänder und gab sich »kindlichen Traumwelten des Spiels« hin – auch hier wieder das Motiv der größtmöglichen Distanz zur kalten Welt des Stahls und der Technik. Lothar Gall geht zudem davon aus, dass Krupp tatsächlich »homoerotische Neigungen« hatte – und es sei gewiss möglich, dass er diese wie mancher andere wohlhabende Insel-Resident aus dem Norden auf Capri auslebte. Die ihm wohl gesonnen sind, sagen, er sei das unglückliche Opfer einer lokalen Intrige geworden, eines Erpressungsversuchs durch jene, die sich zu kurz gekommen wähnten beim Krupp'schen Geldsegen. Andere verweisen auf belastendes Material der Capreser Carabinieri, auch auf die Dossiers des Berliner Kriminalkommissars Hans von Tresckow, der vorgeblich prominente Homosexuelle in einer Kartei verewigte, darunter auch Krupp. Der Anteil der Legenden und des aufgespießten, substanzlosen Geredes scheint in dieser Sache bedeutend größer zu sein als ohnehin schon angenommen – darauf deuten jedenfalls neue, noch unveröffentlichte Recherchen hin. Tatsache bleibt: Der Skandal ist riesig, und Friedrich Alfred Krupp ein gebrochener Mann.

Dem Kaiser sind die Probleme seines wichtigsten Industriellen denkbar unangenehm. Die wilhelminische Männergesellschaft, militärverliebt und zackig, ist empört über die Enthüllungen, mancher bei Hofe mag sich insgeheim auch ertappt fühlen und Angst davor haben, mit in den Strudel einer gewissen Homosexuellen-Hatz gerissen zu werden. Dazu gibt es indes keinen Anlass. Auch viele Sozialdemokraten beschleicht das Gefühl, dass im Fall Krupp ohne Not eine Grenze überschritten wurde.

In jenem Herbst 1902 erweist sich für Friedrich Alfred Krupp neben der Presse seine Frau Margarethe als Hauptproblem. Sie bekommt nun zwangsläufig Wind vom Leben ihres Mannes auf Capri, mag manches auch seit langem geahnt haben und verliert bereits nach den ersten, noch anonymen Anschuldigungen die Fassung. Mutmaßlich tief verletzt, verbreitet sie zum Entsetzen ihres Gatten die Gerüchte in Berlin – so behauptet es jedenfalls Friedrich Alfred gegenüber dem Kaiser. Margarethes Rolle ist, wie so vieles an der Affäre, nicht mehr befriedigend rekonstruierbar, auch weil wichtige Briefe und Dokumente vernichtet wurden, wie Krupp-Archivleiter Ralf Stremmel in einer Monografie bemerkt. Wohl gegen ihren Willen erwirkt Friedrich Alfred jedenfalls ihren vorübergehenden Rückzug in ein Nervensanatorium. Sie wird ihren Mann lebend nicht mehr wieder sehen. Eine Woche nach der Veröffentlichung des »Vorwärts« stirbt Friedrich Alfred Krupp im Alter von nur 48 Jahren. Vier Ärzte attestieren als Todesursache Gehirnschlag, doch wollen Selbstmordgerüchte nie ganz verstummen. Außer Zweifel steht wohl, dass die öffentliche Anprangerung und der plötzliche Tod kaum zufällig so nah beieinander liegen – aus welchen Gründen auch immer.

Die Trauer in Essen ist groß und aufrichtig, und dies durchaus nicht nur in bürgerlichen Kreisen. »Die Stadt Essen verdankt ihm mehr als sie selber weiß«, schrieb Krupp-Archivar Ernst Schröder in einem 1968 erschienenen Buch. Tatsächlich war es der oft stillen Diplomatie Krupps zu verdanken, dass die Eisenbahndirektion nach Essen kam und die Essener Rheinisch-Westfälische Zeitung weit vor der Dortmunder Konkurrenz eine telefonische Leitung nach Berlin erhielt. Essens Funktion als Verwaltungs- und Medienstadt des Ruhrgebiets, die noch heute für die Stadt prägend ist, hat hier ihren Ursprung.

Mit den Krupp eigenen Siedlungen Alfredshof, Friedrichshof und Altenhof brachte Friedrich Alfred »eine ganz neue Note« (Schröder) ins bis dato eher reizlose Stadtbild. Der bei Krupp konsequent bevorzugte »Cottage«-Stil orientierte sich am Vorbild englischer Gartenstadt-

Friedrich Alfred Krupp interessierte sich intensiv für die Meeresbiologie und kreuzte mit seinem Forschungsschiff bevorzugt in den Gewässern seines Lieblingsdomizils Capri. Hier eine Szene offenkundiger Entspannung.

Siedlungen. Die Häuser wirken überaus freundlich mit Türmchen und Erkern, in den Obergeschossen, an den Veranden und Balkonen verhindert das sichtbare Holz jede Monotonie. Der Unterschied zu jener zweckmäßigen Nüchternheit, wie sie Arbeitersiedlungen damals oft auszustrahlen pflegten, könnte nicht größer sein. Insgesamt gab es 1902 über 4000 Werkswohnungen – nicht genug zwar, aber doch mehr als ein Tropfen auf dem heißen Stein, und weitere waren bereits projektiert.

Dank Krupps persönlicher Initiative erhielt Essen 1899 erstmals eine halböffentliche, nämlich den Kruppianern kostenlos zugängliche Bibliothek, die sich großer Beliebtheit erfreute. An diesem Punkt wie auch an der Unterstützung für Bildungs- und Kulturvereine aller Art zeigt sich vielleicht am deutlichsten, dass Friedrich Alfreds Verständnis von Wohlfahrt ein anderes ist als das des Vaters. Wo letzterer in den Arbeitern eher unmündige Kinder sah und sie oft auch so behandelte, gibt es beim Sohn mehr Idealismus, den Willen und die Hoffnung, seine Kruppianer nicht zuletzt mittels Bildung zu »verbürgerlichen«. Ein Ansinnen, das Alfred ziemlich unsinnig erschienen wäre.

Die großzügige, weniger reglementierende Art entspricht Friedrich Alfreds Wesen. Sie ist aber natürlich auch ein Echo auf den tendenziell immer egalitäreren Zeitgeist und sie spiegelt nicht zuletzt die finanziellen Möglichkeiten eines Unternehmens wider, das auf den Höhepunkt seiner wirtschaftlichen Kraft zusteuert. Begründet oder maßgeblich erweitert werden neben den Siedlungen soziale Leistungen wie Zahnklinik, Krankenhaus und Haushaltsschule, Pensions- und Unterstützungskassen, Kasinos und Erholungshäuser, Stipendien und Hausbaudarlehen und manche Wohltat mehr. All dies geschieht nicht nur am Stammsitz in Essen, sondern auch in Duisburg-Rheinhausen, Magdeburg, Kiel und an den zahlreichen Orten kleinerer Konzernbetriebe. Eine Bilanz, die sich in 14 Jahren als Firmenchef sehen lassen kann.

Festzuhalten bleibt allerdings, dass die immer größere Fürsorge bei weitem nicht mehr dasselbe Maß an Dankbarkeit hervorruft – nicht unter den Kruppianern und erst recht nicht unter den auswärtigen Agitatoren. Zugang zu einer Bibliothek, ein kleines Häuschen oder eine überdurchschnittliche Entlohnung in allen Ehren, aber was ist das alles gegen das versprochene sozialistische Himmelreich, dessen Segnungen zum Greifen nahe erschienen, wenn nur erst die verhassten Machthaber in Staat und Wirtschaft beseitigt wären? Abgesehen von diesen, zu Recht bekämpften Extremen gebrach es den unteren Schichten eben tatsächlich an echter Mitentscheidungsmacht bei der Zukunft von Staat und Gesellschaft. Das persönliche Regiment des Hohenzollern-Regenten übersah, dass die meisten Menschen nicht mehr bereit waren, eine wenn auch materiell gut gepolsterte Abhängigkeit ohne Mitsprache hinzunehmen. Und Friedrich Alfred Krupp übersah dies ebenfalls.

Die ältere, traditionell auf den Vater fixierte Krupp-Historiographie hat das soziale Engagement Friedrich Alfreds fast etwas überbetont. Doch er war auch als Unternehmer bemerkenswert. Sein wissenschaftliches Interesse war eine der Voraussetzungen für die Entwicklung von Spezialstählen, die für Krupp so wichtig werden sollten. »In der Großzügigkeit und dem Weitblick seiner Entscheidungen ging er über seinen Vater hinaus«, urteilt Renate Köhne-Lindenlaub. Zu nennen ist hier vor allem das neue integrierte Hüttenwerk in Rheinhausen, das Krupp endlich eine gesicherte Rohstahlbasis verschafft und das Friedrich Alfred gegen die

Bedenken des Direktoriums durchsetzt. Neben der transportgünstigen Lage am Rhein liegt ein weiterer entscheidender Vorteil darin, dass das Roheisen gleich nebenan zu Stahl und jener wiederum ebenfalls an Ort und Stelle zu Schienen, Blechen und Drahtprodukten gewalzt werden kann. Dies alles geschieht in einer effizienten Abfolge von Arbeitsgängen, ohne dass das Material erkaltet. Massenstahl in Rheinhausen, Qualitätsstähle für die Rüstung und andere Spezialzwecke in Essen – so ist die Arbeitsteilung geregelt, die sich rasch bewährt. Von seinen ganzen Dimensionen her ist das linksrheinisch auf freiem Feld errichtete Rheinhausener Werk auf Wachstum geplant, und diese Strategie erweist sich als goldrichtig. Auch wenn ihm die Hochkonjunktur der 1890er Jahre zu Gute kam, so ist es doch eine staunenswerte Leistung, dass sich die Konzernbelegschaft unter Friedrich Alfreds Führung noch einmal verdoppelt und in seinem Todesjahr 46.000 Mitarbeiter zählt, der Umsatz sich gar vervierfacht.

Trauerzug in der Altendorfer Straße anlässlich der Beisetzung von Friedrich Alfred Krupp am 26. November 1902. Vorn im hellen Mantel Kaiser Wilhelm II., links die Halle der VIII. Mechanischen Werkstatt, die heute noch steht.

Dennoch: Seinem Wesen wäre ein Leben als im Hintergrund agierender Privatier und Förderer der Wissenschaften womöglich näher gekommen – die Liebe zu Capri und zu allem, was mit dieser Chiffre verbunden ist, zeigt es überdeutlich. Die Prägung durch seinen Vater, dem er zeitlebens unter Aufbietung großer Disziplin versuchte gerecht zu werden, und die von Pflichtversessenheit durchdrungene Frau an seiner Seite machten dies jedoch unmöglich. Wo der Vater mit nie erlahmender Besessenheit und unerschütterlichem Selbstbewusstsein zu Werke ging, quälte den Sohn vermutlich doch die Ahnung, wie an unsichtbaren Fäden gezogen ein falsches Leben im richtigen zu führen. Von allen Krupps, den geborenen und den angeheirateten, ist Friedrich Alfred vielleicht der untypischste. Ein Fall von Buddenbrook'scher Tragik. Dazu will passen, dass sogar noch das staatsakt-ähnliche Begräbnis dieses eher defensiven Mannes zu einem Politikum, einem Skandal eigener Art gerät.

Vorbehaltlos hatte sich Wilhelm II. in der Capri-Affäre hinter Krupp gestellt, gewiss auch, weil dieser durch seinen Tod die Sozialdemokratie moralisch in die Defensive zwang und dem weiteren Fortgang des Skandals zunächst den Boden entzog. Essen erlebt deshalb das Schauspiel eines Kaisers, der bei Regenwetter und zu Fuß dem Sarg eines Bürgerlichen folgt, den er als persönlichen Freund betrachtet – eine durchaus ungewöhnliche Geste. Der düstere Trauerzug beginnt am Stammhaus und endet zwei Kilometer weiter auf dem Friedhof am Kettwiger Tor. Vor der Abreise, im Wartesaal des Hauptbahnhofs, nutzt Wilhelm die Gelegenheit zur Generalabrechnung mit der Sozialdemokratie. Er wirft den Funktionären vor, Krupp »ermordet« zu haben, und versucht Druck auf die Anhänger auszuüben: »Wer nicht das Tischtuch zwischen sich und diesen Elenden zerschneidet, lädt moralisch Mitschuld auf sein Haupt.« Das ist starker Tobak – und nicht zuletzt auch ein taktischer Fehler. Denn der unverhältnismäßige Angriff des Staatsoberhaupts muss mit einiger Zwangsläufigkeit die durch Krupps Tod erschütterten Reihen der Gegenseite wieder schließen. Der Punktsieg der SPD wird befördert dadurch, dass das groß annoncierte Strafverfahren gegen die Redakteure des »Vorwärts« nicht eröffnet wird. Zu groß ist die Angst in Berliner Regierungskreisen vor womöglich weiteren Enthüllungen, zu groß auch wohl die

Sorge von Margarethe Krupp, die vermeintlichen »Verfehlungen« ihres Gatten könnten posthum vor Gericht erhärtet werden. Auf ihre Initiative hin wird das Verfahren eingestellt. Margarethe Krupp war, erkennbar keinesfalls nervenkrank, nach dem Tod ihres Gatten sofort auf den Hügel zurückgekehrt und hatte dort die Dinge in die Hand genommen. Es ist

Blick in die Geschossdreherei, 1906.

offenkundig, dass sie das Vergessen und Beschweigen der Affäre wünscht und auch im Interesse des Unternehmens einen Schlussstrich ziehen will.

Friedrich Alfred Krupp hinterlässt zwei Töchter: die 16-jährige Bertha und ihre ein Jahr jüngere Schwester Barbara. Die testamentarischen Bestimmungen von Alfred Krupp, der so genannte Fideikommiss, sind auch für die folgenden zwei Generationen verbindlich, so dass Bertha allein die Firma erbt und bis zur Volljährigkeit von ihrer Mutter vertreten wird. Es ist klar, dass dies kein Dauerzustand sein kann. Eine Frau an der Spitze eines Unternehmens, zumal des größten Europas, wäre für die Zeitgenossen jenseits aller Vorstellungskraft gewesen.

In seinem Testament hat der Verstorbene empfohlen, die Firma in eine Aktiengesellschaft umzuwandeln, was auch geschieht. Die Eröffnungsbilanz ergibt ein Stammkapital von 160 Millionen Reichsmark. Die Besitzverhältnisse bleiben unverändert, an der Börse gehandelt werden die Papiere nicht. Bertha Krupp ist Eigentümerin aller 160.000 Aktien, mit Ausnahme von vier Stück, die an Verwandte und Vertraute verteilt werden, womit dem Aktienrecht Genüge getan wäre. Bei nachlassendem direkten Engagement der Familie, das nun zunächst unvermeidlich ist, sowie aus steuerlichen Gründen erschien Friedrich Alfred Krupp die AG-Gründung als beste Lösung. Margarethe Krupp hat zwar viel Interesse am Firmengeschehen und erweist sich in den fünf Jahren ihrer Regentschaft als kluge Treuhänderin mit klarem Wissen um ihre große Verantwortung. Den Gang der Geschäfte und Finanzen aber überlässt sie dem Direktorium. Dank der beständigen Hochkonjunktur, die noch bis zum Ersten Weltkrieg 1914 anhalten wird, stehen vorerst ohnehin keine bahnbrechenden oder gar schwierigen Entscheidungen an, nachdem Friedrich Alfred die Gründung des Hüttenwerks Rheinhausen noch kurz vor seinem Tod unumkehrbar in die Wege leitete.

In den folgenden Jahren ist Krupp sehr stark mit dem inneren Wachstum beschäftigt. Zukäufe sind die Ausnahme. Wie Lothar Gall darlegt, erwies man sich als Stützpfeiler der Kartellpolitik, mit der die Claims auf dem Stahlmarkt abgesteckt wurden. Über Jahrzehnte hatte das Unternehmen im Mittelpunkt auch der politischen Debatten gestanden, wenn man so will, an vorderster Front. Margarethe Krupp und der Vorstand waren bestrebt, dem Streit um die wirtschaftlich-politische Macht der Firma Krupp nicht mit neuen spektakulären Erwerbungen neue Nahrung zu geben. Es erscheint nicht unplausibel zu vermuten, dass diese Ruhe auch ein wenig die Innovationskraft erlahmen ließ. Krupp verschlief jedenfalls eine Rüstungsentwicklung, die der Ingenieur Heinrich Ehrhardt aus dem benachbarten Düsseldorf schon vor der Jahrhundertwende zur Serienreife gebracht hatte. Es handelt sich um ein Geschütz, dessen Lafette nach dem Feuern nicht mehr zurückspringt und mühselig neu ausgerichtet werden muss, sondern das den Rückstoß im Rohr auffängt. Damit ist es den Krupp-Kanonen an Feuergeschwindigkeit begreiflicherweise überlegen. Für die Essener ein herber Imageverlust auf dem ureigenen Gebiet der Artillerie, den man sich bemüht auszubügeln. Krupp ahmt das Prinzip des Rohrücklaufs ganz einfach nach, muss sich den Markt für bestimmte Kaliber allerdings nun mit Erhardts Firma Rheinmetall teilen. Das ist insofern zu verschmerzen, als man bis 1909 nach und nach 41 Prozent der Aktien des kleinen Konkurrenten erwirbt, mit Rücksicht auf die öffentliche Meinung jedoch ohne davon viel Aufhebens zu machen.

Es sind ruhige Jahre, die nun folgen. Noch ist es auch einer Millionenerbin möglich, eine ganz normale, durchaus unspektakuläre Jugend zu erleben, die auch den Besuch einer Hauswirtschaftsschule in Baden-Baden einschließt. Man darf annehmen, dass es dort auch für die Krupp-Töchter nicht übermäßig privilegiert zugegangen ist. Margarethe erzieht ihre Kinder mit jener Strenge, die sie in ihrem eigenen preußischen Elternhaus als das Maß aller Dinge kennen lernte. Den jetzt wachsenden Reichtum einfach nur zu genießen, ist in diesem Weltbild nicht vorgesehen. Pflicht ist das Wort, um das sich vieles dreht. Andererseits gibt es auch Sport, Theater und fröhliche Spiele, woran im Hügel-Park noch heute ein Spielhaus, das so genannte »Spatzenhaus« erinnert.

Gustav Krupp von Bohlen und Halbach (1870–1950), im Jahre 1906.

Insgesamt zwölf Mal wird Wilhelm II. die imposante Villa Hügel besuchen, und einer Legende zufolge ließ er bei der ersten Visite ein gut berlinerisches »unjlaublich« verlauten. Er bleibt nicht der einzige, der sich beeindrucken lässt. Die Villa Hügel – eine Bezeichnung, die stark untertrieben erscheint – ist um die Jahrhundertwende einem regelrechten Hofstaat gleichzusetzen, der bis zu 600 Menschen in den verschiedensten Dienstleistungs-Funktionen Arbeit bietet. Als Repräsentationsobjekt und als steinernes Symbol für Macht und Reichtum des Hauses Krupp ist die schlossartige Anlage unübertroffen. Friedrich Alfred war es gelungen, der kalten Pracht, die der Vater hinterlassen hatte, ein wenig mehr Wohnlichkeit hinzuzufügen. Schätzungen gehen dahin, dass der laufende Hügel-Betrieb pro Jahr etwa ein Prozent des Firmen-Umsatzes erforderte. Es ist letztlich gut angelegtes Geld, denn der geschäftsfördernde Mythos Krupp hängt nicht zuletzt mit diesem Haus zusammen. Kein Zufall wohl, dass Villa Hügel zum unteilbaren Fabrik- und nicht zum Familienvermögen gehört. Bei mehreren Erben könnten sonst in Bezug auf das Haus unklare Besitzverhältnisse entstehen.

Auf einer Rom-Reise lernt Bertha 1906 den 16 Jahre älteren Diplomaten Gustav von Bohlen und Halbach kennen, der bei der Preußischen Gesandtschaft im Vatikan arbeitet. Noch im selben Jahr ist Hochzeit. Ein Anlass, den Wilhelm II. für wichtig genug erachtet, um erneut nach Essen zu reisen. Wenn man den Berichten glauben darf, ist die Anwesenheit des Kaisers der Ungezwungenheit und Fröhlichkeit der Veranstaltung zwar durchaus abträglich, doch hat der Regent Wichtiges im Gepäck: eine Urkunde nämlich, die es Gustav von Bohlen und Halbach sowie dem jeweils erstgeborenen männlichen Nachfolger gestattet, den Namen Krupp vor den eigenen zu stellen. Dank der Sondergenehmigung können Firma und Eigentümerfamilie auch nach außen weiter als Einheit auftreten.

Trotz seines adeligen Namens stammt der Bräutigam aus finanziell eher bescheidenen Verhältnissen. Die Familie hat zum einen Wurzeln im Bergischen Land, wo die Halbachs über Jahrhunderte zur typischen kleinindustriellen Unternehmerschicht zählten. Nach der zeitweiligen Auswanderung von Gustavs Großvater entwickelt sich auch in den USA ein weit verzweigter Familienstamm. Kaufleute, Diplomaten und ein leibhaftiger General aus dem amerikanischen Bürgerkrieg gehören zu Gustavs Vorfahren. Über berufliche Erfahrungen in der Stahlindustrie verfügt er indes nicht.

»Taffy«, so der Spitzname des promovierten Juristen, muss sich wohl oder übel mit dem Prinzgemahl-Spott herumschlagen. Alle Welt wartet gespannt, wie er die neue und sicher Respekt einflößende Aufgabe als Kopf eines so bedeutenden Unternehmens meistert. Eigentümerin bleibt zwar rein rechtlich seine Frau, doch nimmt Gustav nach außen faktisch die Eigentümerrechte wahr. War eine Frau und Mutter an der Spitze eines industriellen Großkonzerns für die Zeitgenossen schon äußerst schwer vorstellbar, so galt dies umso mehr, wenn dieses Unternehmen seinen Schwerpunkt in den »Männerwelten« der Rüstung, der Eisenbahnen, des Stahls schlechthin hatte.

Kühle und Unnahbarkeit sind die »Waffen«, die sich Gustav Krupp zurechtlegt, um als blutiger Anfänger bestehen zu können. Als Pflichtmenschen und »Fanatiker der Ordnung« skizziert ihn selbst ein so wohlgesonnener und taktvoller Krupp-Biograf wie Gert von Klass. War schon bislang ein geordneter Tagesablauf für den Hügel kennzeichnend, so zieht jetzt die erbarmungslose Herrschaft der Uhr ein. Dieses Korsett gilt selbstverständlich nicht nur für das Familienoberhaupt selbst, sondern auch für seine rasch wachsende Familie.

Gustav und Bertha Krupp von Bohlen und Halbach mit ihrem 1907 geborenen Sohn Alfried, dem späteren Erben des Konzerns.

Unzählige Anekdoten kursieren. Da ist die frierende Bertha, die sich zum Aufwärmen beim Hausmeister einfindet, da in der Villa Hügel selbst die Zimmertemperatur 14 Grad keineswegs übersteigen darf. Da sind die minutiös geplanten Geschäftsessen, bei denen derjenige, der hinter dem Speisetempo des Hausherrn zurückbleibt, den noch halbvollen Teller von Dienern weggerissen bekommt; der nächste Gang kann schließlich nicht warten. Da ist der lauwarme Mokka, der deshalb nicht heiß sein darf, damit die Gäste ihn schnell trinken können und nicht durch allzu langes, dann schuldloses Verweilen den geheiligten Terminplan durcheinanderbringen. Kommen am Abend Gäste, die nicht von sich aus zeitig den Heimweg antreten, nähert sich um kurz vor 22 Uhr ein Diener: »Ihr Wagen wartet vor dem Haupttor.« Gustav hat nämlich die eiserne Gewohnheit, um Punkt Viertel nach zehn ins Bett zu gehen. Einmal, so wird berichtet, sei die Hausordnung aus den Fugen geraten, als Oskar von Miller, der Gründer des Deutschen Museums in München, auf dem Hügel zu Gast ist. »Ich geh heim, wenn's mir passt«, soll er knurrend dem mahnenden Bediensteten beschieden haben.

Auf der Ehe liegt großer Kindersegen. Schon 1907, ein gutes Dreiviertel Jahr nach der Hochzeit, wird der Sohn und spätere Konzernerbe

Die Kinder von Bertha und Gustav Krupp von Bohlen und Halbach, 1918: (v.li.) Harald, Irmgard, Claus, Alfried und Berthold.

Alfried geboren, im Jahr darauf Arnold, der allerdings schon 1909 stirbt. Es folgen Claus (1910), Irmgard (1912), Berthold (1913), Harald (1916), Waldtraut (1920) und Eckbert (1922). Die bildhübsche Kinderschar wächst in einem Mikrokosmos auf, in dem es an nichts fehlt, außer offenbar an selbstverständlicher Ungezwungenheit im Umgang zwischen den Eltern und ihrem Nachwuchs. »Keines der Kinder, die auf dem Hügel aufgewachsen waren, war fähig über seine Gefühle zu reden«, berichtet später Waldtrauts Tochter Diana Maria Friz. Nun gehörte das Zeigen von Gefühlen ganz allgemein gewiss nicht zu den Erziehungsidealen jener Zeit. Daher muss offen bleiben, ob auf dem Hügel tatsächlich eine besondere »Krupp'sche« Kälte waltete oder es sich im Großen und Ganzen um jene Strenge handelt, die auch in anderen bürgerlichen Häusern nicht unüblich war.

Gustavs Regiment passt jedenfalls gut in das Bild, das sich spätere Kritiker-Generationen von den Krupps zurecht legten. Und Gustav wächst nun Stück für Stück in die Verantwortung für eine Weltfirma hinein. Unterstützen soll ihn dabei ein neuer Vorstandsvorsitzender, der noch von sich reden machen wird: Alfred Hugenberg. Der spätere Pressezar und klassische Steigbügelhalter bei der Machtergreifung Hitlers, wird an die Spitze des Direktoriums berufen. Hugenberg ist ganz ein Mann des späten Kaiserreichs: arrogant, herrisch und hochkonservativ, ausgestattet mit einem überscharfen Feindbild-Denken nach Links und dem festen Willen, die Weichen sowohl innen- wie außenpolitisch in Richtung Konfrontation zu stellen. Hier ist nicht jemand am Werk, der sich als »erster Kruppianer« definiert, sondern eher ein Verächter jener Krupp'schen Tradition, die bei aller Bejahung klarer Hierarchien doch das Gemeinschaftsgefühl hoch achtete. Der Direktoriumsvorsitz soll für ihn, das wird früh deutlich, ein Sprungbrett zu höheren Weihen sein. Gustav Krupp lässt sich zeitweise von Hugenberg und dessen Endkampf-Phantasien in Bezug auf die Sozialdemokratie mitreißen, dann wieder die Distanz suchen und einen Kurs der Verständigung. Im Jahr 1919 ist der Vertrauensvorrat so restlos aufgebraucht, dass Hugenberg die Firma verlässt.

In der Gussstahlfabrik ist man dabei, die Stahlqualität für die traditionellen Produkte weiter zu verbessern. Nicht nur, aber auch das für die damalige Rüstungswirtschaft eigentümliche Hochschaukeln von

Angriffs- und Verteidigungswaffen bietet dafür den Hintergrund. Kaum gibt es neue Panzerplatten, werden Kanonen und Granaten entwickelt, die sie doch durchschlagen, was wieder neue Stahllegierungen für verbessertes Defensivgerät erfordert, was erneut den Ehrgeiz der Geschützkonstrukteure anstachelt. Eine Spirale, die theoretisch gegen unendlich tendiert, an der sich zweifellos prächtig verdienen lässt und die gerade der Firma Krupp viel Kritik einträgt.

Die Frage steht im Raum: Ist Krupp als Waffenproduzent ein Kriegstreiber, gar mitverantwortlich am Ausbruch des Ersten Weltkriegs, wie Krupp-Kritiker mehr als nur suggerierten? Gewiss: Das Versagen der europäischen Regierungen, vor allem auch der deutschen, ist offenkundig. Der Historiker Klaus Tenfelde hat aber die Frage verneint, ob sich denn in der außenpolitisch aufgeheizten Atmosphäre zu Anfang des Jahrhunderts – außer bei Fensterreden – wirklich breite Kreise der allgemein nationalistischen Stimmung entzogen hatten. »Über den Militarismus der kleinen Leute oder die umständlich versteckte Militärbegeisterung mancher sozialdemokratischer Führer« – zu denken sei etwa an August Bebel – dürfe nicht hinweggesehen werden. Den Krupps mit ihrer ausgeprägt regierungstreuen Haltung im Nachhinein vorzuhalten, der »Krieg in Sicht«-Euphorie keinen Pazifismus entgegengesetzt zu haben, beweist da in der Tat wenig historisches Einfühlungsvermögen. Tenfelde: »Im Zeitalter des Imperialismus wäre eine unternehmerische Moral der Rüstungsvermeidung absurd erschienen, auch und gerade weil es im Deutschen Reich eine Fundamentalopposition gab, die sich dem Motto ›Krieg dem Kriege‹ verschrieben hatte und die sich dennoch am 4. August 1914 nicht versagte.« Gemeint ist die Bewilligung der Kriegskredite im Reichstag im Rahmen des so genannten »Burgfriedens«, unter anderem mit den Stimmen der SPD.

Deutschland, die nervöse Großmacht, schliddert – dilettantisch geführt – in den Jahren vor der Katastrophe von einer diplomatischen Ungeschicklichkeit in die nächste. Auch Krupp bekommt die wachsende außenpolitische Isolierung des Reiches zu spüren. Nicht zufällig gehen der Firma in der Rüstungssparte jetzt wichtige Auslandsmärkte zugunsten der traditionellen Konkurrenten aus Frankreich und England verloren. Ein möglicher Krieg löst indes kaum Erschrecken aus. Die Bilder, die Volk und Regierung für den Ernstfall im Kopf haben, orientieren sich stark am romantisch verklärten Waffengang gegen Frankreich 1870/71. Noch ahnt kaum jemand etwas vom namenlosen Sterben und gar nicht ritterlichen Elend der Materialschlachten. Man will nicht wirklich zur Kenntnis nehmen, dass die Technik inzwischen 40 Jahre weiter ist, dass alle Großmächte Waffen in einer Qualität und Anzahl besitzen, die jeden

Bau eines Geschützturms in der IV. Mechanischen Werkstatt, 1906.

Vergleich verbieten. Kitschige Romantik und hochentwickelte Technik – das zentrale Gegensatzpaar der Wilhelminischen Epoche ist nicht unter einen Hut zu bringen und verkleistert den Zeitgenossen den klaren Blick. Erst in den Schützengräben kommt das böse Erwachen.

Wie groß die Sehnsucht nach Kitsch ist, beweist auch die Firma Krupp, als sie 1912 eine aufwändige Feier zum 100-jährigen Bestehen ausrichtet. Interessanterweise wählt man als Bezugspunkt nicht die eigentliche Gründung, die ja bereits 1811 war, sondern das Geburtsjahr

Alfreds 1812. Mit ihm, dem eigentlichen Schöpfer des Unternehmens, glaubt man wohl mehr Ehre einlegen zu können als mit einer allzu ausgeprägten Erinnerung an den glücklosen Gründer Friedrich Krupp, dessen Namen die »Fried. Krupp AG« indessen unverdrossen trägt und weiter tragen wird.

Höhepunkt der tagelangen Feierlichkeiten soll ein pompöses Ritterspiel sein, für das der Hügel-Park eine mittelalterliche Szenerie erhält und

Kaiser Wilhelm II. besucht 1912 anlässlich der Hundertjahrfeier der Firma Krupp die Gartenvorstadt Margarethenhöhe. Neben ihm Gustav Krupp von Bohlen und Halbach und der Architekt Georg Metzendorf.

an dem Bertha und Gustav höchstpersönlich und hoch zu Ross teilnehmen wollen. Pferde, Kostüme, Rüstungen, viele hundert Schauspieler und Komparsen – die Familie scheut weder Kosten noch Mühen, damit alles auch »echt« wirkt. Auch Wilhelm II. sieht dem Spektakel bereits gespannt entgegen. Vom Kaiser ist schließlich bekannt, dass er gerne in historischen Kostümen posiert und sich darin sogar fotografieren lässt. Nach dem Geschmack des nüchternen, bürgerstolzen Alfred Krupp wäre all dies ganz gewiss nicht gewesen. »Jede Zeit schreibt sich ihre Satiren selbst«, merkt Gert von Klass lakonisch an.

Kurz vor dem Startsignal schlägt – makabre Ironie – die raue Wirklichkeit des Industriezeitalters in Gestalt eines Telegramms ein. Auf Zeche Lothringen in Bochum, die nicht zum Krupp'schen Bergwerksbesitz zählt, hat sich eine der folgenschwersten Schlagwetterexplosionen in der Geschichte des Ruhrbergbaus ereignet. Zu beklagen sind 112 Tote. Aus Gründen der Pietät sagt man das Ritterspiel ab – wie es heißt, zur Erleichterung manch nüchtern denkenden Kopfes auch in der Krupp-Chefetage. Dort empfindet man derlei Mummenschanz als zum Firmennimbus wenig passend, konnte es dem obersten Firmenleiter allerdings nicht ausreden.

Das »Turmhaus«, die Verwaltungszentrale in der Altendorfer Straße, erbaut 1912, abgerissen 1976. Hinter dem Erker im 1. Obergeschoss lag das Büro von Gustav Krupp von Bohlen und Halbach.

Wie so oft liegen Licht und Schatten bei Krupp eng beieinander. Denn in jenen Jahren vor der Katastrophe des Ersten Weltkriegs wird in Essen ein Wohnungsbauprojekt vollendet, das neue Maßstäbe setzt und das es ohne Krupp nicht gäbe. Aus Anlass der Vermählung ihrer Tochter hatte Margarethe Krupp aus ihrem Privatvermögen eine Stiftung begründet und mit Geld und Grundstücken ausgestattet, als deren Auftrag die weitere Verbesserung der Wohnverhältnisse festgelegt wurde – an sich ein altes Krupp'sches Anliegen. Bei diesem Projekt ist aber manches anders. Im Unterschied zu den herkömmlichen werkseigenen Häusern, in die nur Kruppianer einziehen können und die indirekt den Zwecken der Firma dienen, stehen die Wohnungen der Margarethe-Krupp-Stiftung für Wohnungsfürsorge gerade auch anderen Essener Bürgern offen. Selbst in den Anfangsjahren verdienen weniger als die Hälfte der Mieter ihr Geld bei Krupp. Voraussetzung ist nur, dass man den »minderbemittelten Klassen« angehört, womit nicht Ärmlichkeit gemeint ist, sondern das finanzielle Unvermögen, aus eigener Kraft Hauseigentum zu erwerben. Vom Beginn des firmenungebundenen sozialen Wohnungsbaus zu sprechen ist daher nicht übertrieben.

Zu Ehren der Stifterin bestimmt die Stadtverordnetenversammlung 1911, dass die Siedlung und der neu begründete Stadtteil den Namen »Margarethenhöhe« tragen sollen. Das Besondere ist die städtebauliche

Abnahme von Geschützen durch eine belgische Militärdelegation auf dem Schießplatz in Essen, 1910.

Anlage, die Architektur der Häuser und die preiswerte und doch solide Bauausführung, die niedrige Mieten ermöglicht. Heimeliges und Funktionales gehen hier eine glückliche Verbindung ein. All dies ist das Werk des Darmstädter Reformarchitekten Georg Metzendorf, den schon früh die Frage umtreibt, wie ästhetisch befriedigende und dennoch bezahlbare Lösungen für die Wohnbedürfnisse der industriellen Massengesellschaft aussehen könnten. Von den engen Bestimmungen des Baugesetzbuchs ist Metzendorf auf Regierungserlass befreit, was experimentelles, ganz an der Aufgabe orientiertes Bauen ermöglicht. Bis heute gilt die Gartenstadt Margarethenhöhe als überaus gelungenes Beispiel für eine Siedlung mit menschlichem Maß.

Im Jahrzehnt bis zum Vorabend des Ersten Weltkriegs ist die Fried. Krupp AG ins Gigantische gewachsen. Allein die Essener Gussstahlfabrik bedeckt eine Fläche, die das Siebenfache des alten Stadtkerns umfasst. Zu den großen Konzernwerken zählen die Friedrich-Alfred-Hütte in Rheinhausen, das Grusonwerk in Magdeburg, die Germaniawerft in Kiel, mehrere Großzechen in Bochum und Essen. Hinzu kommen kleinere Hütten am Mittelrhein, Erzgruben im In- und Ausland, kleinere Verarbeitungsbetriebe, Nebenbetriebe wie die Schießplätze und die Konsumanstalt. Insgesamt hat Krupp 1914 mehr als 80.000 Beschäftigte, davon die Hälfte am Stammsitz Essen. Im Jahr 1900 – und das verdeutlicht das enorme Wachstums – waren es 46.000, auch dies bereits eine stolze Zahl. Krupp ist damit das deutlich größte Privatunternehmen des Deutschen Reiches, vermutlich auch Europas. Nicht enthalten sind in diesen Zahlen die vielen, oft maßgeblichen Beteiligungen an kleineren Unternehmen, die ihre formelle Selbstständigkeit behalten. Der Umsatz beträgt im besten Geschäftsjahr 1912/13 mehr als 430 Millionen Reichsmark, wovon 30 Prozent auf Kriegsmaterial entfallen – letzteres entspricht in etwa dem langjährigen Mittelwert. Der Gewinn nach Steuern beläuft sich in jenem Rekordjahr auf rund 36 Millionen Mark. Mit der sensationellen Marktreife der nichtrostenden Stähle, an deren Entwicklung die Forschungsabteilung unter Benno Strauß drei Jahre arbeitete, zeigt die Firma endlich wieder, dass sie zu innovativen Leistungen in der Lage ist. Krupp ist auf der Höhe seiner wirtschaftlichen Macht und seines Ansehens angekommen. Und dennoch ist nicht alles Gold, was glänzt.

Zu den schillerndsten und umstrittensten Persönlichkeiten, die es je zur Stellung eines leitenden Krupp-Angestellten brachten, gehört Wilhelm Muehlon. Eigentlich Nachwuchs-Diplomat im Auswärtigen Amt, kommt er 1908 im Alter von 30 Jahren nach Essen, um zunächst als

Direktionsassistent zu hospitieren. Gustav Krupp von Bohlen und Halbach, der ja selbst aus dem diplomatischen Dienst kam, nutzt das Außenamt gerne als Talentschmiede für seine Firma. Muehlon scheint er besonders geschätzt zu haben, obwohl ihm dessen kritische – heute würde man sagen: linksliberale – Gesinnung nicht entgangen sein kann. Jedenfalls macht der junge Jurist atemberaubend schnell Karriere und wird schon 1913 Direktor an exponierter Stelle. Ein Pazifist als kaufmännischer Leiter des Kanonenressorts – nicht nur Generalfeldmarschall Hindenburg wundert sich später, wie es dazu kommen konnte.

Frauen als Industriearbeiter: Weil männliche Arbeitskräfte extrem rar waren, fiel im Ersten Weltkrieg auch bei Krupp ein Tabu,

Muehlon reicht bei Kriegsbeginn 1914 gegen den erklärten Wunsch des Firmenleiters seinen Abschied ein. Die persönliche Integrität von Gustav Krupp schätzt er durchaus hoch ein, berichtet allerdings später in persönlichen Aufzeichnungen über ein ausgeprägtes Bestechungs- und Schmiergeldsystem, das vor allem die Krupp-Vertreter im Ausland kultivierten, um trotz der harten Konkurrenz mit französischen und englischen Firmen Waffen verkaufen zu können. Auch wenn Muehlon nicht in jedem Punkt glaubhaft wirkt: Die Würde, mit der die Firma Krupp bei offiziellen Anlässen aufzutreten pflegt, findet im alltäglichen Ringen um Aufträge mit Sicherheit nicht immer ihre Entsprechung. Eine gewisse amtliche Bestätigung erhielten Muehlons Behauptungen schon 1913 durch einen Prozess, den der SPD-Reichstagsabgeordnete und spätere Mitbegründer der KPD Karl Liebknecht ins Rollen bringt. Das Gericht stellt schließlich fest, dass der Berliner Krupp-Vertreter Maximilian Brandt gegen Zahlung von Schmiergeld über Jahre aus dem Kriegsministerium Unterlagen mit geheimen Konstruktionsplänen und den Preisen der Konkurrenz erhalten hat.

Der Moralist Muehlon ist fair genug um einzuräumen, dass andere Unternehmen, vor allem Krupps Konkurrenten auf dem Weltmarkt, nicht anders handeln. Aber wer wollte das später wirklich wissen? Die Autoren und Kritiker, die ganz dem Negativ-Mythos Krupp verfallen sind, deren Zahl und Breitenwirkung seit Ende des 19. Jahrhunderts sprunghaft wächst, jedenfalls nicht. Für sie ist klar: Krupp waren alle Mittel recht, um die Welt ins Unglück zu stürzen.

Seinem Kaiser und dem monarchischen Prinzip ist Gustav Krupp von Bohlen und Halbach mindestens ebenso verbunden, wie es sein Schwiegervater war. Aus Gründen der Herkunft und der ganzen Charakteranlage ist er zu nichts anderem in der Lage. Als im August 1914 nach dem von Deutschland unterstützten Ultimatum Österreichs an Serbien der Erste Weltkrieg ausbricht, steht es für ihn außer Frage, dass die Firma ihre Kräfte bis zum Äußersten anspannen wird. Das gilt, obwohl eine einseitige, mit großen Investitionen verbundene Ausweitung der Waffenproduktion selbst nach einem deutschen Sieg betriebswirtschaftlich nur unter hohen Verlusten wieder auf Normalmaß zurückzuführen wäre. Es hat nicht an Versuchen gefehlt, Gustav Krupp als Teil eines Komplotts darzustellen, zu behaupten, er habe schon Monate vorher den Termin für den Ausbruch der Feindseligkeiten genannt bekommen, habe in Kenntnis dessen gezielt auf den Ausbau der Rüstungskapazitäten hingearbeitet. Für all dies gibt es jedoch keinerlei Belege oder auch nur Hinweise. Die Gussstahlfabrik wuchs bis 1914 rasch, aber sie war nicht auf jene Materialschlacht vorbereitet, die folgen sollte. Vielmehr hat man in den Essener Kanonenwerkstätten ohne allzu große Eile an einigen Neuentwicklungen gearbeitet, die das deutsche Heer in den folgenden Wochen und Monaten gut gebrauchen könnte, aber eben nicht hat. Und auch sonst gehen die Geschäfte ihren Gang. Einmal, weil zunächst niemand Ausmaß und Dauer des Krieges richtig einschätzt, dann aber auch, weil sich die Hallen

Der berühmte 42-Zentimeter-Mörser, die »Dicke Berta«, in Schießposition vor der belgischen Festungsstadt Lüttich.

rasch leeren und es sogar manchen eigentlich als »unabkömmlich« eingestuften Kruppianer bei grassierender Kriegsbegeisterung freiwillig zur Armee zieht. Dies führt dazu, dass die Werksleitung einen dringenden Appell veröffentlicht, auf derlei Schritte zu verzichten: »Auch die Arbeit in diesen Werken, die jetzt mehr denn je der Landesverteidigung dienen, ist eine vaterländische Pflicht, die einfach erfüllt werden muss.«

Im Sommer sieht sich die Gussstahlfabrik mit den vorhandenen Mitarbeitern und Maschinen pro Monat zu folgendem Ausstoß in der Lage: vier schwere Geschütze, 280 leichte und mittlere Kanonen, 150.000 Granaten und 230.000 Zünder. Die ersten Siege beim Vormarsch in Belgien scheinen die Erwartung eines kurzen Krieges zu bestätigen, und zu ihnen trägt Krupp tatsächlich entscheidend bei. Der berühmte neu entwickelte 42-Zentimeter-Mörser »Dicke Berta« bewährt sich vor den Festungsanlagen von Lüttich und festigt aufs Neue den Krupp'schen Ruhm bei der Artillerie, damals die alles entscheidende Waffengattung.

Mit den ersten Erfolgen kennen auch die Kriegsziele hochkonservativ-völkischer Kreise keine Grenzen mehr. Vorneweg steht der Alldeutsche Verband, der – nicht zuletzt aus wirtschaftlichen Gründen – die Annexion Belgiens und großer Teile Nordfrankreichs fordert. Ruhrindustrielle wie August Thyssen und Hugo Stinnes, aber auch der Vorsitzende des Krupp-Direktoriums, Alfred Hugenberg, sind dabei die Wortführer. In einer für ihn typischen Weise lässt sich Gustav Krupp mal mitreißen, mal sucht er wieder einen maßvolleren, mittleren Weg. Mehrfach sieht er sich genötigt, Hugenberg indirekt in die Schranken zu weisen, indem er zumindest halböffentlich anmerkt, dass dessen radikale Kriegsziele nicht zwingend auch die seinen und die der Firma seien. Schon auf Grund seiner Herkunft als Diplomat mag er vor der Härte und unheimlichen Konsequenz der Alldeutschen letztlich zurückgeschreckt sein, fordern diese doch nichts weniger als eine völkisch begründete Weltmachtstellung Deutschlands. Dies schloss die rücksichtslose Germanisierung der Nachbarn ausdrücklich ein.

Schon nach wenigen Monaten bleibt der deutsche Vormarsch im Stellungskrieg stecken. Nun drängen die Militärs auf mehr Material. Krupp lässt sich wie alle anderen Rüstungsunternehmen nicht lange bitten. Ab Januar 1915 wird in Essen »wie in Siedehitze« (Klaus Tenfelde) eine Halle nach der anderen aus dem Boden gestampft. Finanziell ist das zunächst kein Problem. Die Rücklagen sind dank der langen Vorkriegskonjunktur bestens ausgestattet, zudem gibt das Kriegsministerium natürlich jede gewünschte Absatzgarantie. Im Rahmen des so genannten Hindenburgprogramms werden die Anstrengungen noch einmal vergrößert.

Der Charakter der Gussstahlfabrik verändert sich. War sie bislang eine Domäne für Qualitätsproduktion, für maschinengestützte Handarbeit in relativ kleinen Serien, so erzwingt der Krieg nun straffere Abläufe, Massenproduktion und die nahezu vollständige Konzentration auf Rüstung. Hinzu kommt ein Zug ins Gigantische, was sich unter anderem an den riesenhaften Werkstätten zeigt, die nun entstehen. Der Historiker Klaus Tenfelde vermutet, dass Krupp sogar über den Bedarf hinaus »die Gunst der Stunde zu einem weiteren außergewöhnlichen Expansionsschub genutzt« habe, und zwar »teilweise unter Absehung späterer Verwendbarkeit«. Zur Firmentradition würde dies durchaus passen, hatte doch schon Alfred Krupp im Vorgriff auf vermutete Entwicklungen großzügig ausgegriffen. Hier allerdings sollte das Kalkül nicht aufgehen.

Der Wirtschaftshistoriker Lothar Burchardt hat errechnet, dass Krupp im Vergleich zu 1914 gegen Kriegsende das Vierfache an Zündern, das Fünffache an Kanonen und das Neunfache an Geschossen ausstößt. In Kiel auf der Germaniawerft laufen einige kleinere Kriegsschiffe vom Stapel, vor allem aber die Hälfte der insgesamt 200 deutschen U-Boote, einer Waffe, die im Ersten Weltkrieg erstmals ihre entsetzliche Schlagkraft demonstriert. Über 20.000 deutsche Geschütze – das ist jedes dritte – und 70 Millionen Granaten – rund zehn Prozent aller Munition – stammen von Krupp.

Mit den Stammarbeitern ist das nicht zu schaffen, zumal die Militärpflicht ihre Zahl trotz vieler Rückstellungen doch dezimiert. Der Essener Arbeitsmarkt ist rasch erschöpft, so dass im Laufe des Krieges rund 7.500 Freiwillige aus dem Ausland, vorwiegend Belgier, Holländer und Polen, aber auch Krieggefangene einen Teil der Lücken füllen. Wichtiger noch sind die Frauen, die in erster Linie in den Geschossdrehereien arbeiten. 25.000 sind gegen Kriegsende in der Gussstahlfabrik beschäftigt – ein ungewohntes Bild in der Männerwelt der Schwerindustrie. Insgesamt strömen 1918 Tag für Tag 117.000 Menschen durch die Werkstore. Unterkunft und Verpflegung so vieler Menschen werfen enorme logistische Probleme auf und verursachen hohe Kosten. Die Firma kauft Lebensmittel en gros und gibt sie zum Selbstkostenpreis ab, hinzu kommen freiwillige soziale Aufwendungen wie Unterstützungszahlungen für Kruppianer-Familien, deren Ernährer eingezogen wurde. Dennoch ist der Hunger kaum zu lindern. Im Februar 1917 ist die Ernährungslage so schlecht, dass die Gussstahlfabrik einen Streik erlebt – den ersten seit ihrer Gründung vor 106 Jahren. Auch das will einiges besagen.

Noch ein zweites Mal nach der »Dicken Berta« sorgt Krupp kriegstechnisch betrachtet für Aufsehen. Dem Chef des Kanonen-Ressorts, Rausenberger, gelingt es 1918 ein langgezogenes Rohr zu konstruieren, mit dem aus bis zu 120 Kilometern Entfernung der Beschuss von Paris möglich ist. Die erste Granate explodiert mitten auf der Place de la Republique. Genau 452 Mal nehmen die acht gleichartigen Geschütze die französische Hauptstadt unter Feuer, was Tote und Verletzte unter der Zivilbevölkerung fordert, militärisch aber gar keinen Sinn macht. Die teure Prestigewaffe – jeder Schuss soll statistisch 35.000 Mark

Der letzte Besuch in Essen: Kaiser Wilhelm II. im Jahre 1918 im Gespräch mit einem Arbeiter.

gekostet haben – schürt nur den Hass auf Deutschland und natürlich auf Krupp.

Stark beschäftigt haben die Öffentlichkeit stets die Kriegsgewinne. Besonders bei der Linken gilt es nach dem Krieg als ausgemacht, dass die Unternehmen die Lage hemmungslos ausnutzten, zumal es in marxistischer Diktion ja ohnehin die Kapitalisten sind, die über die Politik bestimmen und den Staat im Sinne ihres Profitstrebens einspannen.

Tatsache ist: Krupp macht im Ersten Weltkrieg zwar gute Gewinne, was angesichts der enorm gestiegenen Umsätze und der 100-prozentigen Auslastung vieler Werkstätten nicht verwundert, enthält sich aber jeder Preistreiberei. Der Historiker Lothar Burchardt, der eine betriebswirtschaftlich fundierte Studie zum Thema vorgelegt hat, skizzierte anderslautende Behauptungen so: »Halbwahrheiten und freie Spekulation, an denen das Schrifttum zur Krupp'schen Firmen- und Familiengeschichte so reich ist.« Bereits ganz zu Anfang des Krieges hatte Gustav Krupp angeordnet, dass gegenüber den Friedensjahren »keine außergewöhnlichen Gewinne zu kalkulieren« seien. Es gibt keine Hinweise, dass die Dinge stillschweigend anders gehandhabt wurden. Dies würde auch nicht passen zu einem kaisertreuen und überkorrekten Mann, der in dieser Situation und vor dem Hintergrund seines Charakters keinerlei Interesse haben konnte, beim Kaiser und der Reichsregierung ins Gerede zu kommen.

Burchardt hat errechnet, dass die Firma während der vier in Frage kommenden Geschäftsjahre inflationsbereinigt 265 Millionen Mark und damit etwa 11,3 Prozent vom Umsatz als echten Reingewinn verbucht. Im Vergleich mit anderen Großunternehmen und vor allem den eigenen kriegsbedingten Brutto-Investitionen von 630 Millionen Mark ist dies nicht übermäßig viel. Bei den Essenern kommt die Besonderheit hinzu, dass die Dividendenzahlungen an die Aktionäre, also die Familie Krupp, ungewöhnlich gering bleiben. Millionensummen fließen stattdessen in eine Stiftung zur Unterstützung der Kriegsopfer. »Man wird demnach Gustav und Bertha Krupp glauben müssen, dass sie am Krieg nicht zu gewinnen, zu dessen Erfolg vielmehr auch durch Vermögensopfer beizutragen wünschten«, bilanziert der Historiker Klaus Tenfelde. Die Familie entschied außerdem, im Hinblick auf die absehbar schwierige Nachkriegszeit hohe Sonderrücklagen zu bilden. Das erwies sich als vorausschauend – und dennoch wurden die vorhandenen Mittel in den ersten Friedensmonaten fast komplett aufgezehrt. Der Erste Weltkrieg war neben allem Elend, den er brachte, am Ende auch ein denkbar schlechtes Geschäft.

KRUPP

Die neue Zeit: Fertigung des Unterbaus eines Krupp-Lastwagens, 1930er Jahre.

Neuorientierung und Krise

Der erste Streik bei Krupp 1917 sollte Vorbote einer Zeitenwende sein. Sie wird noch weitere bis dato für unmöglich gehaltene Veränderungen bringen, ja eine Welt zum Einsturz bringen, in der auch Krupp einen festen, einen scheinbar unverrückbaren Platz innehatte. Am 8. November 1918 ist der Krieg für Deutschland verloren, die Revolution in vollem Gang und der Kaiser auf dem Weg ins holländische Exil. In Essen trifft

Bertha Krupp von Bohlen und Halbach und ihre Schwester Barbara von Wilmowsky mit den Kindern, 1917/18.

ein Telegramm ein: Das zusammengebrochene Deutsche Reich storniert mit sofortiger Wirkung alle Aufträge. Gustav Krupp von Bohlen und Halbach reagiert, indem er den Riesenorganismus über Nacht komplett stilllegt. Es muss eine seltsam bleierne Stimmung über Essen gelegen haben, als am 9. November zum ersten Mal seit den Anfängen der Fabrik in den Krupp'schen Werken die Maschinen schweigen und schlicht nichts produziert wird. Was nun anstellen mit den 117.000 Menschen, die alle zwei Wochen mehr als 13 Millionen Mark Lohn beanspruchen können? Aus Berlin kommt die Anweisung, sie »irgendwie« weiterzubeschäftigen. Aber wer will hier eigentlich wen mit welcher Legitimation noch anweisen?

Also doch einfach die meisten entlassen? Das hätte das Risiko einer sozialen Explosion verschärft in einer Situation, in der ohnehin die revolutionären Leidenschaften kaum zu zügeln sind. Gustav Krupp sorgt sich außerdem auch in dieser Lage noch um die »besondere Stellung« der Firma, die darin bestehe, »alle berechtigten sozialen Gesichtspunkte« gelten zu lassen. »Vor allem erscheint es mir notwendig, jede Übereilung zu vermeiden, selbst wenn dadurch finanzielle Opfer entstehen«, lässt er das Direktorium wissen. Mit zwei Wochenlöhnen als Abfindung und einer Bahnfahrkarte in den Heimatort verlassen bis Ende November 1918 freiwillig mehr als 50.000 Arbeiter die Stadt. Ein geschickter, wenn auch teuer erkaufter Schachzug, der entscheidend dazu beiträgt, jeden revolutionären Aufruhr im Umfeld der Fabrik zu verhindern.

Die Arbeiter der Gussstahlfabrik, die klassischen Kruppianer, waren – anders als etwa die Essener Bergleute – kaum für die kommunistischen Parolen des Spartakusbundes und der späteren KPD zu begeistern. Treue gegen Treue – das patriarchalische Motto zählte hier immer noch einiges, obwohl natürlich Krupp keine Insel war und ebenfalls den gewandelten Zeitläufen unterlag. So hatte sich auch hier während des Krieges »der Ton der Auseinandersetzungen zwischen den Kontrahenten in den Betrieben geändert«, wie der Historiker Klaus Tenfelde bemerkt. Missstände waren offensiver benannt, der Sinn mancher Wohlfahrtseinrichtungen kritisch hinterfragt worden. Eingaben in aggressiver Tonlage hatten das Direktorium erreicht, und in den Barackenlagern und Speisesälen war es hin und wieder zu Tumulten und Aufsässigkeiten gekommen. Diesem neuen

Bewusstsein entsprach es, dass schon während des Krieges ein Arbeiterrat gegründet und zur gemeinschaftlichen Beilegung der Konflikte herangezogen wurde – auch dies ein noch wenige Jahre zuvor ganz undenkbares Novum. Mit dem neuen Gesetz zur Bildung von Betriebsräten, das die Weimarer Republik erließ, wurde die Beteiligung der Mitarbeiter 1920 in eine offizielle Form gegossen. In den wirren Novembertagen 1918 jedenfalls muss sich Gustav Krupp nur einmal mit einer unbotmäßigen Arbeiterdelegation herumschlagen, die ihm die baldige Enteignung prophezeit. Da allerdings versteht er keinen Spaß. Die Beteiligten müssen die Firma verlassen.

Die groß angelegte Abreise-Aktion nimmt dem Problem die Spitze, ohne es auch nur annähernd zu lösen. Ab Januar 1919 weiß sich die Firma nicht mehr anders zu helfen als mit Massenentlassungen. Nur diejenigen, die vor dem 1. August 1914 in Dienst standen, dürfen bleiben oder werden, wenn sie Kriegsheimkehrer sind, wieder eingestellt. Betriebswirtschaftlich ist selbst das eigentlich nicht zu verantworten. »Dass die Gussstahlfabrik dadurch mit einem Ballast von Tausenden überflüssiger Arbeitskräfte belastet wurde, nahm man notgedrungen in Kauf«, schreibt Burchardt.

Was sollen so viele Menschen tun? Auf diese Frage gibt es keine unternehmerisch sinnvolle Antwort. Für den Bau von Waffen – soviel ist klar – existiert vorerst kein Markt. Außerdem braucht es dafür neuerdings eine Genehmigung der Siegermächte, deren Ziel es aber ganz im Gegenteil ist, die deutsche Rüstungsindustrie kleinzuhalten, und der Versailler Friedensvertrag legt in diesem Sinne enge Fesseln an. Die großen Hallen, die teuren Dreh- und Bohrbänke für die Geschütze – all dies ist nun totes Kapital. Sich ausschließlich auf die früheren Friedensprodukte zu konzentrieren, genügt schon deshalb nicht, weil es überall in Europa kriegsbedingt massive Überkapazitäten beim Stahl gibt. Dennoch: Mit Massenware wie Eisenbahnschienen ist es nicht mehr getan. Krupp muss umdenken und neue Produkte erfinden, andernfalls droht die Pleite. Das ist die Lage. Die Kriegsgewinne, die soviel Abscheu hervorrufen, schmelzen unter den Umstellungsschwierigkeiten und der Inflation dahin. Für den »Prinzgemahl« kommt die Bewährungsprobe. Es ist nun an Gustav Krupp zu beweisen, dass er wirklich zum Unternehmer taugt.

Zu den größten Hypotheken, mit denen die Fried. Krupp AG in die neue Zeit startet, gehören etliche Verbindlichkeiten gegenüber Schweden. Während des Krieges bezog Krupp gutes Erz aus Skandinavien und bezahlte zunächst mit Wechseln, da Devisen nicht ausgeführt werden durften. Nun sind die Wechsel fällig und Devisen knapp, weil astronomisch teuer. Die Reichsmark ist zerrüttet und inzwischen im Wert auf ein Zehntel des Vorkriegsstandes gefallen. So kommt es, dass die »Schwedenschuld« eine Höhe von nominal 600 Millionen Mark erreicht hat, zur echten Bedrohung wird und nur unter größten Mühen abbezahlt werden kann. Hinzu kommen vom Staat bestellte Produkte, meist Waffen, die von Krupp vorfinanziert wurden und nun halbfertig in den Hallen herumstehen und jeden Tag an Wert verlieren. In dieser aussichtslos erscheinenden Situation schlagen einige Direktoren vor, die Fabriken schlicht zu schließen. Für Bertha, der das Unternehmen juristisch gehört, kommt wie für Gustav eine solche Kapitulation nicht in Frage.

In der Werkszeitschrift ruft man die Belegschaft am 7. Dezember 1918 auf, selbst Vorschläge zu machen für die künftige Friedensproduk-

Die erste komplett gefertigte Lokomotive verlässt feierlich geschmückt die Fabrik, 1919.

tion. Der Ideenwettbewerb erbringt 1.300 Anregungen. Es spricht für den unternehmerischen Mut bei Krupp, sich zunächst nicht groß in Bedenkenträgerei zu üben, sondern vieles ganz einfach auszuprobieren. Was sich am Markt durchsetzen würde, ist ohnehin schwer abzuschätzen, man betritt schließlich Neuland. Ob Zahnprothese oder Ackerpflug, Registrierkasse oder Kinovorführgerät, Lastwagen oder Milchkanne, Bestecke oder chirurgische Instrumente, Schlösser oder Frankiermaschinen – was aus Stahl besteht und sich für die Massenproduktion eignet, dazu auch nur vage Aussicht auf Erfolg verspricht, das wird hergestellt. Nebenbei können in den Werkstätten für Kleingeräte gut die vielen Invaliden beschäftigt werden, die nach dem Fronteinsatz versehrt in die Dienste der Firma zurückkehren. Im Großmaschinenbau versuchte man es beispielsweise mit Textilmaschinen und Baggern für den Braunkohlenabbau.

Die Vielfalt der Produkte »erinnerte an ein Warenhaus«, schreibt Tilo von Wilmowsky, Ehemann von Berthas Schwester Barbara und seit 1911 Mitglied des Aufsichtsrats. Dass es der Forschungsabteilung kurz vor dem Krieg gelang, den korrosionsfreien Stahl zu entwickeln, erweist sich jetzt als äußerst hilfreich. Mit Zahnprothesen, die rosten können, hätte sich Krupp wohl kaum blicken lassen dürfen. So aber hilft beim Vermarkten der im Grunde ungebrochene Mythos der drei Ringe. Jeder geht davon aus, dass Krupp Qualität herstellt, egal um welche Art von Ware es sich letztlich handeln mag. Dennoch bleibt festzuhalten, dass Krupp bei der Herstellung von Endprodukten sehr viel Lehrgeld zahlte und sich nur das wenigste am Markt wirklich bewährte, darunter zum Beispiel der Zahnersatz, der unter dem Markennamen »Wipla« (»wie Platin«) später große Erfolge feierte.

Zum Rückgrat des sehr bescheidenen Aufschwungs wird erneut die Eisenbahn, diesmal allerdings nicht nur als Abnehmer von Halbprodukten, was ja bei Krupp Tradition hat. Innerhalb weniger Monate entstehen in einem beispiellosen Kraftakt die technischen Voraussetzungen, um erstmals in der Firmengeschichte komplette Lokomotiven und Waggons zu bauen. Die besonders großen Hallen, die 1916/17 im Rahmen des Hindenburg-Programms entstanden, bieten hierfür den nötigen Raum. Vorausgegangen sind zähe Verhandlungen mit der Preußischen Eisenbahnverwaltung, die schließlich Abnahmegarantien erteilt. Die Loks erweisen sich später auch als Exporterfolge, wie überhaupt die Schwäche der deutschen Währung die Ausfuhr anheizt. Andererseits macht sich in Europa auch Protektionismus breit, und die emotionalen Barrieren sind als Folge des Krieges sehr hoch. Zum besten Kunden, ja zum Retter in der Not für Krupp, wird die junge Sowjetunion, die dank der umfassenden Enteignung des russischen Bürgertums Rechnungen mit wertbeständigen Gold bezahlen kann.

Ein guter Griff ist auch die Lastwagenproduktion, auf deren Basis schon bald Spezialfahrzeuge, etwa für Feuerwehren, entstehen. Krupp kann hier auf die Erfahrungen mit Dieselmotoren zurückgreifen, die in Zusammenarbeit mit dem Erfinder Rudolf Diesel schon um die Jahrhundertwende erstmals in Essen gebaut wurden. Zu früh kommt hingegen die pfiffige Entwicklung eines Motorrollers. Erst drei, vier Jahrzehnte später hätten Design und Fahreigenschaften den Zeitgeschmack getroffen. So aber wird das Projekt, wie vieles andere auch, eingestellt. Geld verdient wird in diesen Jahren mit dem Rheinhausener Hüttenwerk und seinen Walzwerkerzeugnissen wie etwa Draht.

Dass mancher, der einst mit Stolz anspruchsvolle Geschütze konstruierte, all dies als letztlich wenig befriedigend empfindet, wird man voraussetzen können. Auch Gustav Krupp selbst, darauf deuten spätere Aussagen hin, trauert im Stillen der alten Bedeutung nach. Obwohl die Direktoren Otto Wiedtfeld und Paul Goerens raten, eine Zukunft ganz ohne Waffen anzupeilen, kann sich der Firmenchef dazu nicht entschließen. Hat ihn nicht sogar die neue Regierung unter sozialdemokratischer Führung gebeten, hart am Rande der Legalität und zur Not auch darüber hinaus die alten Kenntnisse wachzuhalten? Hat nicht jeder Staat das Recht, zumindest für Verteidigungszwecke zu rüsten? Warum also, so mag Gustav denken, sollte ausgerechnet Krupp beiseite treten?

Wie es der Vertrag von Versailles vorsieht, wird Anfang der 1920er Jahre unter Beobachtung alliierter Kommissionen zunächst einmal Krupps gesamtes Rüstungspotenzial planmäßig zerstört. Alles, was der Waffenherstellung diente, kommt unter den Fallhammer: Dreh- und Bohrbänke, Fräs- und Stoßmaschinen – alles in allem mehr als 9.000 Geräte, dazu Hunderttausende kleinerer Werkzeuge. Gleichzeitig gewährt

Montagewerkstatt für Registrierkassen, Ende der 1920er Jahre.

der Friedensvertrag auch Krupp das Recht, für die auf 100.000 Mann festgelegte Reichswehr Material zu liefern, und zwar Panzerplatten und größere Geschütze mit mehr als 17 Zentimeter Kaliber für die Marine. Dies allerdings in so geringen Mengen, dass sie für das Geschäftsergebnis bedeutungslos sind. 1923 etwa wird ein Umsatz von 252 Millionen Reichsmark erzielt, von dem weniger als 0,1 Prozent auf die Rüstung entfällt. Es handelt sich um ein reines Zuschussgeschäft. Krupp sinnt auf Auswege und wird sie im neutralen Ausland finden.

So sehr man sich in Essen, Duisburg, Magdeburg, Kiel und in den kleinen Zweigwerken abstrampelt – alle Anstrengungen halten die Firma nur mühselig am Leben. Von den alten Gewinnmargen kann gar keine Rede sein, eine »schwarze Null« ist als Bilanzergebnis schon ein Erfolg. Gustav Krupp nähert sich in jenen Jahren sogar kurz dem Gedanken, englische oder amerikanische Beteiligungen zu akzeptieren, verwirft ihn dann aber wieder. Dass derlei bei Krupp überhaupt zur Sprache kommt, wo es seit Alfreds Zeiten ehernes Prinzip war, Herr im eigenen Hause zu bleiben, zeigt wohl mehr als alles andere die verzweifelte finanzielle Lage. Nur begrenzter Erfolg war 1922 auch dem an sich interessanten Versuch beschieden, die Belegschaft selbst über eine Treuhand-Verwaltung am Kapital zu beteiligen, ohne ihr jedoch direkte Stimmrechte bei der Hauptversammlung einzuräumen. Nach neueren Forschungen des Historikers Klaus Tenfelde zeichnen immerhin 1663 Angestellte, 690 Arbeiter und 116 Pensionäre die Aktien, doch fällt die Aktion in die schlimmste Krisenzeit, sodass Dividenden entweder ganz ausbleiben oder durch die Inflation sofort entwertet werden. Nach nur drei Jahren bricht man das Experiment ab.

Die Ereignisse des Jahres 1923 markieren in vieler Hinsicht den Höhepunkt der Nachkriegskrise. Weil Deutschland mit der Lieferung von Reparationsgütern in Verzug gerät, besetzen französische Truppen im Januar das Ruhrgebiet, um sich das zu holen, worauf Frankreich glaubt ein Anrecht zu haben. Um das Krupp-Gelände machen die Soldaten zunächst einen Bogen. Am Karsamstag, es ist der 31. März, fährt dann doch ein zwölfköpfiges Kommando in Essen vor. Ihr Ziel ist es, die Lkws in der Kraftwagenhalle zu beschlagnahmen. Das Gefühl, vom Kriegsgewinner nun noch zusätzlich gedemütigt zu werden, ist allgegenwärtig und keineswegs auf bürgerlich-nationale Kreise beschränkt. Es verwundert daher nicht, dass Tausende Arbeiter ihre Arbeitsplätze verlassen und spontan an der Halle zusammenströmen. Gewiss geschieht dies mit dem Segen der Vorgesetzten und in Absprache mit dem Direktorium.

Gewalt geht von der Menge nicht aus, im Gegenteil. Mehrmals betreten Mitglieder des Betriebsrates die Halle, um die Franzosen im Gespräch zum friedlichen Abzug zu bewegen. Allerdings schaffen Drohgebärden und patriotische Lieder, pausenloses Sirenengeheul und Drängeleien eine

Die Situation auf dem Werksgelände vor den tödlichen Schüssen französischer Besatzungssoldaten am 31. März 1923.

Atmosphäre, der man nervlich erst einmal gewachsen sein muss. Der französische Offizier ist es offenkundig nicht – er gibt Feuerbefehl. Am Ende sind 13 Kruppianer tot, 15 verletzt. Der Umstand, dass zwei Arbeiter noch im Fliehen erschossen wurden, bestätigt, wie kopflos die Soldaten handelten.

Ganz abgesehen von der menschlichen Tragödie, ist dieser während der Ruhrbesetzung einzigartige Vorfall für Frankreich ein diplomatisches Fiasko. In England und den USA, beide von Beginn an gegen die Besetzungspolitik, gibt es Verständnis für die deutschen Proteste. Eine neue Erfahrung auch für Krupp, wo man selten das Gefühl genoss, die öffentliche Meinung in Europa und Amerika auf seiner Seite zu wissen.

Frankreich denkt jedoch nicht daran, klein beizugeben, ist vielmehr entschlossen zu beweisen, dass die Werksführung die Stimmung bewusst anheizte und die Soldaten in einer Art Notwehr handelten. Noch am Ostersonntag waren drei Direktoren verhaftet worden, am 1. Mai, nach

Rückkehr von einer Reise, muss auch Gustav Krupp ins Gefängnis. Eine Woche später beginnt der Prozess, in dem alle Zeugen den Nervenkrieg-Charakter der Ereignisse bestätigen. Hinweise auf echte Übergriffe der Arbeiter gibt es keine. Die grotesken Urteile des Militärgerichts unterstreichen die ausschließlich politische Stoßrichtung des Verfahrens: 15 Jahre Gefängnis für Gustav Krupp von Bohlen und Halbach und ebenfalls langjährige Haftstrafen für die Direktoren.

Unversehens findet sich Krupp in einem Zustand wieder, den Firma und Familie kaum kennen: dem der Popularität. Gustavs, wie man damals gerne sagte, »tadellose Haltung«, die Tatsache, dass er sich der französischen Willkürjustiz nicht durch Flucht entzog, all das trägt ihm viel Anerkennung ein. Wie sehr er sich selbst seiner besonderen Rolle bewusst ist und die Haft als »Ritterschlag« empfindet, zeigt eine Anekdote, die Schwager Tilo von Wilmowsky nach einem gemeinsamen Besuch mit Bertha im Düsseldorfer Gefängnis erzählt: »Nicht wahr, jetzt darf ich mich doch wirklich mit Recht einen Kruppianer nennen«, sollen Gustavs Worte gewesen sein. Der »Prinzgemahl«, der angesichts der Krupp'schen Ahnengalerie innerlich immer noch Minderwertigkeitsgefühle gespürt haben mag, ist vor sich selbst und der Öffentlichkeit endgültig zum Krupp geworden. Es ist im Übrigen nicht ernsthaft zu befürchten, dass Gustav und seine Direktoren angesichts der weltweiten Proteste die drakonischen Strafen wirklich absitzen müssen. Für einen die Freiheit gewohnten Menschen lassen sich sieben Monate Haft, die schließlich daraus werden, allerdings auch nicht mit einem Achselzucken abtun.

Als Gustav Krupp Ende 1923 seine Arbeit als Leiter des Unternehmens wieder aufnimmt, hat sich die Krise zugespitzt. Als Folge von Besetzung und passivem Widerstand liegt Deutschlands Wirtschaft am Boden. Krupp war die einzige Firma von Bedeutung, die über die ganzen Monate des totalen Stillstands niemanden entlassen hatte, »und das kostete wieder einmal schrecklich viel Geld«, wie Tenfelde bilanziert. Geld, das allerdings auf dem kurzen Weg vom Lohnbüro zum Lebensmittelladen sofort die Hälfte seines Wertes verliert. Es herrscht nackte Not, die für die Kruppianer insofern einigermaßen erträglich bleibt, da die werkseigene »Konsumanstalt« einen Teil des Inflationsrisikos mitträgt

Hochöfen des Hüttenwerks in Essen-Borbeck, erbaut 1926.
Nach dem Zweiten Weltkrieg wurde das hochmoderne Werk
in Einzelteile zerlegt und in die Sowjetunion verschifft.

und auffängt. Das Unternehmen hat in dieser Phase der Hochinflation noch Glück, da es zufällig zum exakt richtigen Zeitpunkt einen hohen Kredit bei deutschen Banken einwirbt, der nur wenige Monate später aufgrund der Währungsabwertung quasi aus der Portokasse zurück gezahlt werden kann.

Mit dem durchaus phantasievollen Durchwurschteln, das auch geschickte Transaktionen zwischen Firmen- und Familienvermögen umfasst, hat es allerdings bald ein Ende. Die Inflation hatte die wahre Lage der Firma zwar in gewisser Weise verschleiert, Verluste konnten durch frisches Geld kaschiert werden. Nach dem Währungsschnitt und der Umstellung auf die Rentenmark im Jahr 1924 bringt der fällige Kassensturz ans Licht, dass Krupp vor dem finanziellen Zusammenbruch steht. Von November 1924 bis Mitte 1925 macht das Unternehmen jeden Monat 1,8 Millionen Mark minus – in stabilisiertem Geld, nicht in den wertlosen Papierscheinen der Inflationszeit. Wieder raten die Direktoren, die Produktion ganz einzustellen, wieder lehnt Gustav ab. Sein Argument: Ein Werk, das einmal ganz stillliegt, ist schwer wieder in Gang zu bekommen.

Andererseits geht es jetzt auch bei Krupp ans Eingemachte, und da müssen selbst die an sich heiligen sozialen Prinzipien zurückstehen. Rationalisierung, dieses aus den USA übernommene Stichwort, macht jetzt verspätet in der deutschen Wirtschaft die Runde. Krupp hat es besonders nötig. Zu viele teure Mitarbeiter haben zu wenig zu tun, besonders bei den Angestellten ist Krupp überbesetzt. Ihnen fühlte man sich immer besonders verpflichtet, was nicht mehr länger durchzuhalten ist. Parallel zu den nun unvermeidbaren Entlassungen bemüht sich Krupp um Kredite und staatliche Hilfen. Eine Zehn-Millionen-Dollar-Anleihe amerikanischer Anleger, für die Waren und Rohstoffe verpfändet werden, schafft erste Erleichterung. Die vorläufige Rettung bringt erst die Zusage der Reichsregierung, finanzielle Hilfen von insgesamt 40 Millionen Mark zu gewähren, ein Teil als Kredit, ein Teil als Ausgleichszahlung für nachkriegsbedingte Schäden, wie etwa die erzwungene Zerstörung von Maschinen. Wieder ist dies ein Tribut des Staates an die Sonderstellung der Firma, denn soviel Geld kann sonst niemand erwarten.

Anfang 1926 finden in Essen noch gut 20.000 Mitarbeiter bei Krupp ihr Auskommen, im Gesamtunternehmen sind es mit allen Nebenbetrieben 48.760. Das ist immer noch viel, aber im Vergleich zu früher doch wenig. Krupp, so scheint es, ist ein normales Unternehmen mit normalen Problemen geworden. Allerdings nicht so normal, dass sich Bertha und Gustav Krupp dazu entschließen könnten, den Vereinigten Stahlwerken beizutreten, die als Folge der Krise gerade eben in Gründung sind. Thyssen und die klassischen Aktiengesellschaften wie Deutsch-Lux, Gelsenkirchener Bergwerks-AG, Bochumer Verein, Rheinstahl und Phönix, viele aus der Konkursmasse von Hugo Stinnes, wollen ihre Kräfte bündeln und hoffen, ihre Schwierigkeiten so leichter lösen zu können. Sie gehorchen damit auch einer grassierenden wirtschaftspolitischen Mode, ist die Weimarer Republik doch die hohe Zeit der Kartelle und der »Trust«-Bildung nach amerikanischem Vorbild. Für die Essener ist ein möglicher Beitrittsgrund, nämlich die Kapitalnot, ja erst einmal obsolet. Dennoch hat sich Gustav Krupp die Entscheidung nicht leicht gemacht. Am Ende obsiegt, was nicht verwundert, die alte Krupp'sche Tradition,

König Fuad I. von Ägypten und Gefolge auf der Terrasse der Villa Hügel. Gruppenbild mit Familie Krupp, 1929.

Herr im eigenen Hause bleiben zu wollen, weiter auf den Qualitätsmythos und die Magie des Namens zu vertrauen. Außer Krupp gehen von den namhaften Stahlkonzernen nur Hoesch und die Gutehoffnungshütte weiterhin eigene Wege, letztere allerdings mehr aus strategischen Gründen, weniger weil die Tradition sie drängt.

In der Großindustrie ist längst ein Umbruch im Gang. Die alten Gründerfamilien können oder wollen das Tempo der Entwicklung, das ständig neue Kapitalschübe erfordert, oft nicht mehr mitgehen. Banken und Renditegesellschaften, Börsen-Jongleure wie Friedrich Flick und Hugo Stinnes haben manch allzu dünne Kapitaldecke ausgenutzt und ganze Konzerne zusammengekauft. Der neue Stahlverein, um ein Vielfaches größer als Krupp, ist die logische Folge dieser Entwicklung. An die Stelle der charismatischen Gründerfiguren ist vielerorts der Typus des mächtigen Generaldirektors getreten. Nur in Essen ist die Zeit, allen Widrigkeiten zum Trotz, in diesem Punkt im Grunde stehen geblieben. Immer noch ist da diese eine Familie, der alle Aktien gehören, immer noch und noch lange ist es etwa für angehende Großkunden etwas Besonderes, auf dem Hügel empfangen zu werden statt in einer x-beliebigen Konzernzentrale. Man soll solche immateriellen, mit Zahlen nicht zu erfassenden, ja beinahe höfischen Zeremonien nicht gering schätzen.

Gustav arbeitet jedenfalls entschlossen daran, diesen Nimbus um fast jeden Preis zu erhalten. Entsprechend skeptisch reagiert er, wenn Direktoren wie der energische Otto Wiedtfeld moderne betriebswirtschaftliche Methoden anmahnen. Bei Krupp herrscht Zentralismus pur, nicht etwa eine rationelle Kostenverantwortung auf allen relevanten mittleren Ebenen. »Es war nicht wichtig, welcher Betrieb im Riesenwerk zu welchen Kosten produzierte oder gar, ob solche Produktion kostengünstig war«, schreibt Klaus Tenfelde, »abgerechnet wurde zum Schluss«. Krupp vereinigte noch sehr lange die Vor- und Nachteile eines Familienbetriebs: Die souveräne Verachtung betriebswirtschaftlicher Nüchternheit half manche Entscheidung zu unterlassen, die sich im Nachhinein als verfehlt herausgestellt hätte, etwa die, das Werk ganz zu schließen oder es allzu radikal von »Kleinkram« wie Registrierkassen oder Kinovorführgeräten zu befreien. Sie verhinderte aber auch manches Vernünftige, etwa eine größere Orientierung an den Wünschen des Marktes oder eine Straffung der Abläufe im Inneren unter

Verzicht auf eine übertriebene Fertigungstiefe. Krupps ganzer Stolz war es stets, möglichst bis zur letzten Schraube alles selbst herzustellen, was vor allem in den Maschinenfabriken unnötig hohe Kosten verursachte.

Auch die Angst vor völlig neuen Wegen ist in diesem Zusammenhang zu nennen. Nicht nur Tenfelde empfindet den Gedanken als reizvoll, was aus Krupp und dem Ruhrgebiet wohl geworden wäre, wäre es tatsächlich zu der Anfang der 1920er Jahre angebotenen, von Gustav Krupp jedoch abgelehnten Zusammenarbeit mit der noch relativ jungen AEG und der zukunftsträchtigen Daimler-Motorengesellschaft gekommen. Es liegt nahe, hier von verpassten Chancen zu sprechen, wenngleich dies spekulativ bleiben muss.

Alles in allem hat Gustav Krupp nach Ansicht des Wirtschaftshistorikers Toni Pierenkemper aber recht daran getan, manchen eher kurzsichtigen Ratschlag nicht zu beherzigen. Die Akzeptanz einer gewissen »Pfadabhängigkeit«, die Bewahrung von Unternehmenskultur und – hier besonders wichtig – der Erhalt eines eingeführten Namens sind laut Pierenkemper entscheidende Voraussetzungen für den Erfolg. Die Familienstruktur erwies sich auch insofern als günstig, als die Familie Krupp über Jahre auf Kapitalverzinsungen und Dividende verzichtete, was bei den börsennotierten Konkurrenzunternehmen selbstverständlich nicht üblich war. Tatsache ist: In den wenigen »goldenen« Jahren der Weimarer Republik, von 1926 bis 1929, kann Krupp zunächst wieder auf einer gesunden Grundlage agieren. Einen nicht geringen Anteil daran hat erneut die Forschungsabteilung, die ein spezielles Hartmetall weiterentwickelt, das später unter dem von Krupp kreierten Markennamen »Widia« (»wie Diamant«) den Weltmarkt erobert. Widia wird die Werkzeugtechnik revolutionieren und für den Abbau von Kohle und Erz sowie als Verschleißschutz bald unentbehrlich sein. Die schon eingeführten nicht rostenden Stähle (»Nirosta«) beweisen ihren Wert nicht nur als Material für besonders stark beanspruchte Maschinen- und Bauteile, mit ihnen macht sich Krupp auch einen Namen bei hochwertigen Konsumgütern wie etwas Essbestecken. Ein Exporterfolg, dessen Symbolgehalt hoch veranschlagt werden kann, ist Krupp Ende der 1920er Jahre vergönnt. Beim Bau des berühmten, 319 Meter hohen Chrysler-Wolkenkratzers in New York, längst ein Denkmal der Art-deco-Architektur, werden für den 90 Meter hohen charakteristischen Turmhelm 4500 Nirosta-Platten verwendet. Dort trotzen sie noch heute Wetter und Luftverschmutzung.

Vor Verträgen hat Gustav Krupp durchaus Respekt, selbst wenn sie ihm nicht passen. Das gilt auch für den Versailler Vertrag mit seinen rüstungspolitischen Einschränkungen. In der Gussstahlfabrik gibt es in den Jahren der Weimarer Republik zwar immer eine kleine Konstruktionsabteilung, die Pläne für kommende Kanonen-Generationen entwirft und auch Versuche unternimmt. In Essen aber ist – auch eingedenk möglicher Besuche alliierter Kontrollkommissionen – wohl tatsächlich nichts hergestellt worden, was nicht erlaubt gewesen wäre. Den Vorschlag der Reichswehr, im etwas weniger exponierten Magdeburger Gruson-Werk heimlich Geschütze verbotenen Kalibers zu bauen, lehnt Krupp nachgewiesenermaßen 1927 ab. Doch so wie es eine geheime Reichswehr gibt, die auf dem Boden der Sowjetunion mit modernem Gerät übt, so findet auch Krupp nichts dabei, im neutralen Ausland das zu tun, was im Inland verboten ist. Den Buchstaben, wenn auch nicht dem Geist des ungeliebten, in seiner Bedeutung ohnehin langsam verblassenden Vertrages wäre ja somit Genüge getan. So kommen die Konstrukteure von Geschützen nicht aus der Übung. Das Drängen und die Ermunterung durch den Chef der Reichswehr, General Hans von Seeckt, und das billigende Wissen selbst sozialdemokratischer Reichskanzler dürfte die vielleicht vorhandenen Bedenken des Firmenleiters vollends zerstreut haben.

In Schweden findet sich mit der Rüstungsfirma Bofors schon ab 1920 ein williger Kooperationspartner, an dem Krupp Anteile erwirbt. Die Essener Spezialisten für Kanonen und die Artillerie-Fachleute der Reichswehr wechseln mitsamt Schutzrechten und Konstruktionsplänen nach Skandinavien und können dort ungestört von lästigen Kontrollen der Alliierten arbeiten. Dabei geht es nicht einmal sonderlich geheim zu, denn Bofors hat aus nahe liegenden Gründen ein Interesse daran, dass die prestigeträchtige Zusammenarbeit mit Krupp publik wird. So gelingt es dem Unternehmen denn auch, in den Folgejahren rund zehn Prozent des weltweiten Waffengeschäfts zu erobern, was ohne die Erfahrungen und Patente, die Krupp einbringt, kaum möglich gewesen wäre. In einem vertraulichen Vertrag vereinbaren Reichswehr und Krupp außerdem gegenseitige Unterstützung bei der Weiterentwicklung von Munition und Geschützen bestimmter Kaliber, die der Versailler Vertrag den Essenern verbietet. Sehr viel später, am 1. März 1942, also mitten im Zweiten Weltkrieg, liest sich das in der Werkszeitung in einem Aufsatz von Gustav Krupp (»heute darf ich darüber sprechen«) so: »Ich wollte und musste Krupp, wenn auch getarnt, als Wehrbetrieb für die ferne Zukunft erhalten.« Man muss nicht jedes Wort, das in jener Zeit fiel, für bare Münze nehmen. Hier mag gerade bei ihm, der erst spät zu Hitler stieß, auch Opportunismus und Prahlerei im Spiel sein. Nach Ansicht des Historikers Michael Geyer war die Initiative der Großindustrie an der Geheimrüstung »recht gering, was immer einzelne Unternehmen im Nachhinein sagen mochten«. Um reine Zwecklügen, nur um den nationalsozialistischen Machthabern zu gefallen, handelt es sich aber gewiss auch nicht.

Werbeprospekt für Landmaschinen, Ende der 1920er Jahre.

Wie so vielen Deutschen bleibt dem Firmeninhaber die junge und noch ungefestigte Weimarer Republik innerlich fremd. Zu tief wurzelt Gustav Krupp im vordemokratischen, autoritären Gedankengut und Staatsverständnis der Kaiserzeit. Wie sehr er der Monarchie nachtrauert, wird nicht zuletzt darin deutlich, dass er Wilhelm II. alljährlich am 27. Januar herzliche Geburtstagsgrüße ins holländische Exil senden lässt. 1931 reist gar die ganze Familie Krupp nach Doorn, um dem abgedankten Kaiser einen Besuch abzustatten. Auch nach Hitlers Machtergreifung 1933 hält Gustav Krupp den Kontakt aufrecht, was durchaus verpönt ist und als rückwärtsgewandt gilt.

Trotz der inneren Frontstellung gegen die republikanische Staatsform habe es Gustav Krupp nicht geduldet, wenn in seiner Gegenwart schlecht über den sozialdemokratischen Reichspräsidenten Friedrich Ebert geredet wurde, berichtet der Schwager Tilo von Wilmowsky. Das klingt plausibel. Ganz wie es seinem Charakter entspricht, glaubt er auch der neuen Obrigkeit ein Mindestmaß an Respekt zu schulden, was geschmacklose Witzchen über den gelernten Sattler Ebert ausschließt. Ein Staatsoberhaupt bleibt eben ein Staatsoberhaupt. Hätte Gustav Krupp in den 1920er Jahren allerdings die Wahl gehabt, so wäre eine restaurierte Monarchie mit starker Armee und einem gegenüber der Zeit vor 1918 leicht gestärkten Reichstag seinen Vorstellungen wohl sehr nahe gekommen. In der Wirtschaftspolitik dagegen ist seine Haltung unklar. Einerseits ist er darauf bedacht, dass der Exportwirtschaft keine Hindernisse durch staatlichen Protektionismus in den Weg gelegt werden; kaum ein deutsches Stahlunternehmen ist schließlich so auf die Ausfuhr angewiesen wie Krupp. Andererseits ist er ganz gewiss auch kein Freund der schrankenlosen Herrschaft des Marktes, die bei Krupp ja im Übrigen nie sehr viel zählte.

Von der Politik, heißt es beim Firmenbiografen Gert von Klass, habe sich das Haus Krupp in jenen Jahren ferngehalten. Das stimmt insofern, als dass Gustav Krupp von Bohlen und Halbach nicht daran denkt, sich offen ins parlamentarische Getümmel zu stürzen, wie dies seinem Schwiegervater so schlecht bekommen ist. Nur im Hintergrund agiert er auch zunächst in den Interessenverbänden der Großindustrie wie dem Reichsverband der Deutschen Industrie (RDI) und dem traditionsreichen »Verein zur Wahrung der gemeinsamen wirtschaftlichen Interessen in Rheinland und Westfalen«, den der Spötter Bismarck nur »Langnamverein« nannte und der unter diesem Titel berühmt werden sollte. Trotz dieser Zurückhaltung leuchtet dem Firmenleiter ein, dass die Schwerindustrie politisch Einfluss nehmen muss, um in ihrem Sinne Schlimmeres zu verhüten. Gustav Krupp verweigert sich dann auch nicht, als Paul Reusch, der Generaldirektor der Oberhausener Gutehoffnungshütte, im Herbst 1927 eine zwanglose Vereinigung anregt, der die zwölf wichtigsten Ruhrindustriellen angehören sollen. Die Runde, die ihre erste Sitzung auf Villa Hügel abhält, nennt sich etwas geheimniskrämerisch »Ruhrlade«, was sie wohl besser unterlassen hätte. Denn das klingt nach Mystik und

Verschwörungsabsicht und wird nicht zuletzt deshalb später manche Kritikerphantasie beflügeln.

Während man anfangs eher zusammentrifft, um Tarifstrategien zu bündeln und sich über wirtschaftspolitische Fragen auszutauschen, gewinnt schon bald auch die Lobbyarbeit an Bedeutung. Mit regelmäßigen Spenden aus dem Fonds der Ruhrlade kann das bürgerliche Lager

Luftschiff Graf Zeppelin über der Gussstahlfabrik, 1929.

rechnen: die hochkonservative Deutschnationale Volkspartei (DNVP), die liberalkonservative Deutsche Volkspartei und das katholische Zentrum, sogar die linksliberale DDP, wobei die Reihenfolge durchaus dem Grad der Sympathie und der Höhe der Zuwendungen entspricht. Allerdings zerschlägt sich die Hoffnung, über direkte Personalvorschläge für aussichtsreiche Listenplätze der Großindustrie besonders genehme Kandidaten ins Parlament zu bugsieren. Scheitern wird auch der unter anderem von Wilmowsky unternommene Versuch, die zerstrittenen konservativen und rechtsliberalen Parteien zusammenzuschirren, um der sozialistischen Linken kraftvoller Kontra geben zu können. Die Parteien nehmen die Zuschüsse zwar gern entgegen, sind aber verständlicherweise nicht gewillt, ihre Interna mit den Spendern abzustimmen. Drohungen, den Geldhahn zuzudrehen, fruchten wenig. Es ist allzu offensichtlich, dass die Industrie keine echte Alternative hat. Mehrheitlich ablehnend stehen die Industriellen Alfred Hugenberg gegenüber, der inzwischen ein Zeitungsimperium aufgebaut hat. Verhindern können sie nicht, dass dieser 1928 DNVP-Vorsitzender wird und die Partei scharf nach Rechtsaußen führt. Gerade Gustav Krupp hatte den Starrsinn Hugenbergs zur Genüge kennen gelernt, der von 1909 bis 1919 erst Mitglied, dann Vorsitzender des Direktoriums war. Wenn überhaupt einer Partei, so steht Krupp der DVP Gustav Stresemanns nahe.

Die konjunkturelle Belebung der 1920er Jahre neigt sich bereits dem Ende zu, als Deutschland im Herbst 1929 zusätzlich in den Sog der Weltwirtschaftskrise gerät. Krupp hat die guten Jahre genutzt, um die alten Anlagen zu modernisieren. Als Krönung ist im Essener Stadtteil Borbeck, verkehrsgünstig am Rhein-Herne-Kanal gelegen, eine neue 120 Millionen Mark teure Hochofenanlage in Betrieb gegangen, die lang ersehnte Basis für die Edelstahlproduktion in der Nähe der Gussstahlfabrik. Dass Krupp diese Investition in unsicherer Zeit wagte, muss überraschen, zumal das neue, mit nur zwei Hochöfen allerdings recht kleine Hüttenwerk teilweise in Konkurrenz tritt zum bestehenden großen in Rheinhausen. Der Wirtschaftshistoriker Pierenkemper konstatiert bei den Verantwortlichen eine Befangenheit im alten Tonnage-Denken, beflügelt von der Hoffnung, die guten alten Zeiten vor 1914 kehrten noch einmal zurück. Tatsächlich ist Borbeck nie ausgelastet gewesen, es trug im Gegenteil dazu bei, die Verluste der kommenden Jahre zu vergrößern.

Und die Zeiten werden sehr, sehr hart. Den Fehler, durch gut gemeinte soziale Rücksichten den Bestand des Ganzen zu gefährden, will man offensichtlich nicht noch einmal begehen. Selbst altgediente Kruppianer sind jetzt unter denen, die die Entlassungspapiere bekommen, Löhne und Gehälter werden spürbar gesenkt. Von 70.000 Mitarbeitern im Juli 1929 geht es runter auf knapp 32.000 im September 1932 – ein beispielloser Absturz, der indes typisch ist für den Gesamtzustand der deutschen Wirtschaft. Die Massenarbeitslosigkeit reißt Millionen ins Elend und ist einer der Gründe für den Siegeszug Hitlers.

15.000-Tonnen-Schmiedepresse um 1929, damals die größte der Welt.

Es muss wie ein böses Omen gewirkt haben, als die sozial so überaus stark engagierte Margarethe Krupp 76-jährig im Februar 1931 stirbt und unter großer Anteilnahme der notleidenden Bevölkerung beigesetzt wird. Deutlich wird bei dieser Gelegenheit, dass das Einvernehmen zwischen Firma und Familie einerseits und den Kruppianern andererseits trotz Krise nur schwer zu erschüttern ist. Das ändert allerdings nichts daran, dass die »gute alte Zeit«, die so gut zwar nicht war, aber doch Orientierung und bescheidenen Wohlstand bot, ganz offensichtlich vorbei ist. Auf dem Höhepunkt der Wirtschaftskrise Ende 1932 leben in Essen 200.000 Menschen – jeder dritte Bürger – von der kargen Unterstützung der Arbeits- und Wohlfahrtsämter. Die Verzweifelten besitzen nicht mehr viel, haben auch nicht viel Hoffnung, aber eines haben sie ganz gewiss: eine Stimme bei den Wahlen.

Bis 1930 hätten die Mitglieder der Ruhrlade den »guten Willen« gehabt, trotz konservativer Skepsis »innerhalb des demokratischen Systems zu wirken«, schreibt der amerikanische Historiker Henry A. Turner. Eine unrühmliche Ausnahme ist allerdings schon zu diesem Zeitpunkt Fritz Thyssen. Der Sohn und Erbe des 1926 verstorbenen Konzerngründers August Thyssen wirbt offen für eine Annäherung der Schwerindustrie an die Nationalsozialisten und den von ihm verehrten Adolf Hitler. Noch trifft dies auf wenig Resonanz. Doch unter dem Eindruck des Wahlmisserfolgs der konservativen Parteien ist Turner zufolge bei vielen Wirtschaftsführern Enttäuschung eingekehrt, die in Verwirrung mündet. Wen soll man nun eigentlich sinnvollerweise unterstützen? Wer vermag die Interessen der Wirtschaft in Politik umzusetzen? Gemeinsam mit einer demokratieskeptischen Grundhaltung ist es im Grunde pure Ratlosigkeit, die die Ablehnung gegenüber der Hitler-Partei erodieren, wenn auch nicht verschwinden lässt. Dennoch gilt, was Krupp betrifft, entgegen vieler Legenden eine klare Feststellung: »Das Ehepaar Krupp hatte vor der ›Machtergreifung‹ weder aus der Firmenkasse noch aus ihrer Privatschatulle der NSDAP auch nur eine Mark gespendet«, stellte der renommierte Wirtschaftshistoriker Werner Abelshauser jüngst noch einmal klar.

Nach dem spektakulären Wahlerfolg vom September 1930, der die NSDAP-Reichstagsfraktion auf 103 Abgeordnete anwachsen lässt, beginnt die Industrie die Nationalsozialisten »in ihre Überlegungen miteinzubeziehen« (Turner). Dabei sind die Akzente ganz unterschiedlich. Fritz Thyssen marschiert in puncto Nazi-Begeisterung immer vorneweg. Albert Vögler, Chef der mächtigen Vereinigten Stahlwerke, und Fritz Springorum, Generaldirektor bei Hoesch, zeigen sich bei mehreren Gelegenheiten vom Ungeist gefährlich angekränkelt, etwa als sie 1932 die Beteiligung der Hitler-Partei an der Regierung fordern. Andere wiederum, wie der als Wortführer der Ruhrlade wichtige Paul Reusch, halten mehr oder weniger betont Distanz. Zweifellos zählt Gustav Krupp zur letzten Gruppe, ohne allerdings sein Wort öffentlich und engagiert in die Waagschale zu werfen. Diese Zurückhaltung ändert sich auch dann kaum, als er sich im Herbst 1931 bereit erklärt, im Reichsverband der Deutschen Industrie den repräsentativen Posten des Präsidenten zu übernehmen.

Die außenpolitischen, auf Revision des Versailler Vertrags ausgerichteten NSDAP-Parolen kommen in den Industriellenkreisen flügelübergreifend noch am besten an. Auch die Frontstellung zu Gewerkschaften, Kommunisten und Sozialdemokratie ist ganz im Sinne der Konzernherren. Unsicherheit herrscht hingegen bezüglich der wirtschaftspolitischen Vorstellungen, die Hitler wohlweislich nicht geneigt ist zu konkretisieren. Zu Recht fürchtet der exportorientierte Teil der Wirtschaft Einschränkungen, da viele Nazis nationaler Autarkie und Protektionismus das Wort reden. Zudem verfügt die Partei über einen aktiven linken Flügel unter Gregor Strasser, der gerade auch dank sozialistischer Rabulistik Anhänger und Wähler gewinnt – der Graben zur antikapitalistischen Linken ist hier denkbar flach. Antibürgerliche Rhetorik und entsprechend martialisches Auftreten, etwa der Parteiarmee SA, komplettieren das Unbehagen im meist großbürgerlichen Unternehmermilieu. Mit der Einigkeit ist es dort allerdings vorbei. Den Anhängern einer Katastrophenpolitik, die die Weimarer Republik vor die Wand fahren wollen, um aus den Trümmern eine neue, autoritäre Staatsform zu bilden, stehen diejenigen gegenüber, die trotz aller Distanz zur ungeliebten Republik zu Kompromissen bereit sind und einen Zusammenbruch mehr fürchten als herbeiwünschen.

Je länger die politische und wirtschaftliche Krise dauert, je unfähiger die Parteien und rasch wechselnden Regierungen erscheinen, desto geringer wird die Widerstandskraft gegen radikale Neigungen. Dennoch kann von einer eindeutigen Positionierung der Industriellen nie die Rede sein. Der berühmte, viel ins Feld geführte Auftritt Adolf Hitlers am 26. Januar 1932 im Düsseldorfer Industrieclub, dem Gustav fernbleibt, hat einige beeindruckt, andere hingegen ernüchtert. Reusch tritt im Laufe des Jahres erst der NSDAP näher, um dann doch wieder enttäuscht abzurücken und seine Hoffnungen auf das »Kabinett der Barone« unter Reichskanzler Franz von Papen zu lenken. Überhaupt setzt ein allgemeines, im Grunde kopfloses Lavieren ein, dessen geringe Wirksamkeit auf den Gang der Dinge den Industriellen die Grenzen ihrer Macht schmerzlich aufzeigt. Mag mancher von ihnen bereits selbst geglaubt haben, dass sich wirtschaftlicher Einfluss ohne weiteres in politischen umsetzen lässt, so sieht die Realität doch entschieden anders aus. Denn zu einem entscheidenden Mann und seinen dubiosen Einflüsterern hat die Wirtschaft so gut wie keinen Zutritt: Das ist Reichspräsident Paul von Hindenburg, der die Kanzler mangels klarer Mehrheiten im Reichstag stützen oder stürzen kann und der das Land faktisch per Notverordnungen regiert. Gustav Krupp wird es im Rückblick auf das Jahr 1933 einmal so ausdrücken: »Mit größter Eindringlichkeit hat das verflossene Jahr erwiesen, dass der Primat immer der Politik gehört, dass ein starker, geordneter Staat die Voraussetzung bildet für eine gedeihliche Wirtschaft.« Dies sei an sich »eine alte Wahrheit«, die »uns (...) abhanden gekommen war«.

Der Tonfall zeigt das ganze Ausmaß seiner Resignation. Gustav Krupp bleibt im großen, ernsten Politikspiel jener schicksalhaften Jahre seltsam blass. Der kleine zierliche Mann trägt zwar den weltberühmten Namen und ist Vorsitzender des wichtigsten Interessenverbandes der Wirtschaft, es fehlen ihm jedoch Charisma und Auftreten etwa eines Paul Reusch, der bei Generaldirektor-Karikaturen auf Bildern eines George Grosz Modell gestanden haben könnte. »In normalen Zeiten war er ein hervorragender Präsident«, urteilt RDI-Präsidiumskollege und AEG-Vorstand Hermann Bücher über Krupp, »aber den Verhältnissen, wie sie sich 1932/33 entwickelten, war er nicht gewachsen«. Schon kurz nach Hitlers Machtergreifung setzen eifernde Parteigänger auch dem RDI zu, verlangen den Hinauswurf der jüdischen Mitglieder und Mitarbeiter und ein klares Bekenntnis zu den Zielen des NS-Staates. Zunächst gibt es dagegen Widerstand, zaghaft zwar, aber immerhin. Gustav Krupp unternimmt Versuche, das Hissen der Hakenkreuzfahne auf dem Gebäude des RDI zu untersagen, er fordert und unterstützt eine wenigstens materiell menschenwürdige Lösung für die geschassten »jüdischen Herren« in den Reihen des RDI, er verlangt ein Bekenntnis zur Freiheit und Selbstverwaltung der Wirtschaft, er trifft sich mit den ebenfalls schwer bedrängten Gewerkschaften, die nun plötzlich Verbündete beim Erhalt der Selbstorganisation des ökonomischen Interessenausgleichs werden – aber all dies geschieht halbherzig und ohne echte Haltung. Ob in dieser Phase der Machtergreifung energischer Widerstand noch etwas gebracht hätte, ist freilich zweifelhaft. Fritz Thyssen höhnt einmal, die NS-Bewegung sei nicht einmal über den Kommunismus gestolpert, ein »Strohhalm« namens RDI werde da gewiss kein Hindernis sein. Im erweiterten Führungskreis des Verbands geht Thyssen am 23. März 1933 zu einem scharfen Angriff auf Krupp über, den dieser kleinlaut und von anderen nur halbherzig verteidigt über sich ergehen lässt. Thyssen, so sieht es sein Biograf Hans Otto Eglau, hatte Krupp nie verziehen, dass dieser sich Hitler gegenüber bis zur Machtergreifung und darüber hinaus so konsequent spröde verhalten hatte. Nun kostete der bisherige Außenseiter seinen Triumph aus. Es sollte für Thyssen allerdings ein sehr kurzer sein.

Anfang April schließlich schwenkt Gustav Krupp radikal um. Der entscheidende Schlag mag die kaum verhohlene Drohung nationalsozialistischer Funktionäre gewesen sein, dass – sollte die Gleichschaltung des RDI nicht bald erfolgen – man von »außen«, sprich: durch Einsatz der SA, nachzuhelfen gedenke. Nun werden ohne jeden Präsidiumsbeschluss zwei der Partei genehme Geschäftsführer installiert und damit die Zerschlagung des Verbandes eingeleitet – eine einsame, im Grunde illegale Willfährigkeit des RDI-Präsidenten Gustav Krupp, den der erhebliche politische Druck buchstäblich um den Schlaf bringt. Für den fair wägenden Abelshauser überschreitet Gustav Krupp just zu dieser Zeit die Grenze, die »persönliche Schuld und Verantwortung für die weitere Festigung der Diktatur in Deutschland nach sich ziehen musste«.

Der dreiste Angriff auf die Autonomie des vermeintlich so mächtigen Verbandes ist historisch ohne Beispiel und fordert Proteste anderer RDI-Größen heraus, die freilich wenig wussten von dem Druck, dem

Krupp ausgesetzt war – oder es nicht wissen wollten. Paradoxerweise kritisiert selbst Fritz Thyssen, den hier vielleicht die ersten grundsätzlichen Zweifel beschleichen, heftig den Anpassungskurs. Aber Gustav Krupp hat vielleicht nur besser als der zu Selbstüberschätzung neigende Thyssen begriffen, woher jetzt der Wind weht. Während einiger Gespräche in der Reichskanzlei mag sich Krupp zwischen den Zeilen einiges vom neuen Geist mitgeteilt haben. Die Industriellen mit ihren großen Namen sind für Hitler durchaus nicht unwichtig – solange sie und ihre Unternehmen in seinem Sinne funktionieren. Wenn nicht, wird man Mittel und Wege finden, dies sicherzustellen. In der Terror-Atmosphäre des April 1933 wusste jeder, dass dies keine leere Drohung ist.

Für die Sprache der Macht hat Gustav Krupp feine Antennen. Persönliche Demütigungen und das vollständige Scheitern seiner noch bis in den März hinein verfochtenen Verbandspolitik nimmt er resignierend hin. Auch sein Geldbeutel öffnet sich jetzt für die Zwecke der NSDAP. Noch einmal sei Hermann Bücher zitiert, der ihn zutreffend charakterisiert. »Er konnte die Erziehung im Obrigkeitsstaate und in seiner früheren Laufbahn nicht abschütteln.« Und: »Obwohl starrköpfig und durch Dritte nahezu unbeeinflussbar, war er keine Kämpfernatur.« So bleibt das scheinbare Paradoxon, dass sich die Spitzenverbände der deutschen Industrie bereits im fortgeschrittenen Stadium der Selbstauflösung befinden, während die Nazis noch einige weitere Wochen brauchen, bis sie sich an die Gewerkschaften mit ihrer immerhin respektablen Massenbasis herantrauen.

Nach 14 Jahren Weimarer Republik und nach den Umständen der Machtergreifung bleibt nicht viel übrig von der weit verbreiteten These, wonach die Wirtschaft Hitlers wichtiger Steigbügelhalter ist. Henry A. Turner und viele andere Historiker, die ohne ideologische Scheuklappen Quellenstudium betrieben, haben hier manche Legende zerstört, nach Lage der Quellen zerstören müssen. Die geheimnisumwitterte Ruhrlade blieb in ihrem Einfluss ebenso begrenzt, wie es die offiziellen Verbände der Wirtschaft blieben. Unbestritten zwar haben Thyssen und einige andere wohlhabende frühe Hitler-Sympathisanten der NSDAP über finanziell klamme Zeiten hinweg geholfen, doch die große Mehrheit der Wirtschaftsführer, darunter bis auf Thyssen fast alle namhaften, tat dies eben nicht.

Dennoch wird die gegenteilige Vorstellung zumal im populistischen historischen Diskurs nur zu gerne weiterhin tradiert. Zum einen mag dafür die fortwährende mediale Wirkungsmacht des linken bis neomarxistischen Teils der Geschichtswissenschaft verantwortlich sein, wo mancher bei sich bietender Gelegenheit einem spekulativen, faktenarmen Enthüllungsfuror frönt. Der Charme der Steigbügelhalter-These liegt aber auch in ihrer Entlastungswirkung und wurzelt insofern tiefer: Wenn die Wirtschaft Schuld ist am Nationalsozialismus, dann sind es andere logischerweise nicht oder doch nur im kleineren Maße – zum Beispiel Millionen deutscher NSDAP-Wähler aus allen Volksschichten. Der liberale Historiker Joachim Fest formulierte es spitz einmal so: »Die Theorie vom engen instrumentalen Bündnis zwischen Hitler und dem Großkapital weiß nicht zu begründen, warum die Millionen Wähler sich so erhebliche Zeit vor den Millionen der Industrie einfanden.«

So ist es. Als nüchternes Fazit bleibt: Die Verantwortung der Unternehmer zu Beginn der NS-Katastrophe liegt im Wesentlichen darin, dass sie ganz überwiegend nicht gerade leidenschaftliche Demokraten waren und Hitlers monströse Gefährlichkeit nicht erkannten. Dies ist durchaus keine Lappalie, ganz im Gegenteil. Nur: Damit standen sie in Deutschland leider alles andere als allein. Für Verschwörungstheorien gibt das wenig her.

P. 1765

Gigantomanie ohne großen militärischen Nutzen: »Dora«, das größte jemals bei Krupp gebaute Ferngeschütz.

Der Weg in die Katastrophe

Hitler hat Glück. Als er antritt, ist die Weltwirtschaft zwar noch nicht heraus aus ihrer tiefsten Krise, aber es geht doch langsam bergauf. Dass dies auch ohne ihn geschehen wäre, liegt auf der Hand, ist aber in der Propaganda nicht vorgesehen – und der wird nur allzu bereitwillig geglaubt. In der Krupp'schen Werkszeitschrift schreiben einfache Arbeiter naive, keineswegs bestellte Gedichte darüber, wie dankbar sie dem »Führer« für den ihnen beschafften oder erhaltenen Arbeitsplatz sind. Die anziehende Konjunktur beschert der Fried. Krupp AG Geschäftsergebnisse, die in der Tat zu schönen Hoffnungen Anlass geben. Im Geschäftsjahr 1934/35 hat sich der Ausstoß der Hochöfen und der Stahl- und Walzwerke gegenüber dem Tiefpunkt im Vorjahr mehr als verdoppelt. Die Zulieferfunktion für die Auto- und Flugzeugindustrie, für Schiff- und Maschinenbau ist das eine Standbein, die eigene Verarbeitung in den Essener, Rheinhausener, Magdeburger und Kieler Werken das andere. Die »Warenhaus-Produktpalette« aus der Nachkriegszeit spielt schon länger keine große Rolle mehr. Maschinen- und Anlagenteile, Bagger für den Braunkohletagebau, Lokomotiven und Lastwagen, Brücken und kleineres technisches Gerät – das sind die Felder, auf denen immerhin wieder ein Umsatz von 500 Millionen und ein Gewinn von 10 Millionen Mark erzielt werden. Zu einem heiklen Punkt allerdings macht der Geschäftsbericht nur allgemeine Angaben: »Erstmalig nach jahrelanger Unterbrechung haben wir auch wieder größere Aufträge der deutschen Wehrmacht ausgeführt und sind damit zu einer ehrenvollen Tradition unseres Hauses zurückgekehrt.«

Mit welcher Bereitwilligkeit hat Krupp sich ins wieder aufblühende Waffengeschäft begeben? Eine Frage, auf die es keine eindeutige Antwort gibt. Die schwedische Episode und manche andere geheime Aktivität sprechen dafür, dass man sich die Rüstungsoption immer offen halten wollte. Auch spätere Äußerungen Gustav Krupps, von denen schon die Rede war, müssen ernst genommen werden. »Krupp warf sich zum Erstaunen mancher Menschen unter anderem auf die Fabrikation von Gegenständen, von denen es schien, als lägen sie besonders weit ab von der bisherigen Arbeit der Waffenschmiede«, heißt es 1942 in einem Aufsatz, in dem der Konzernleiter beschreibt, wie er die Rüstungsarbeiter »heimlich« weiterbeschäftigte: »Selbst die alliierten Schnüffelkommissionen ließen sich täuschen. Vorhängeschlösser, Milchkannen, Registrierkassen, Gleisstopfmaschinen und ähnlicher Kleinkram schienen nun wirklich unverdäch-

Hitler 1936 bei einer Rede vor der Belegschaft der Lokomotiven-Fabrik.

tig, und auch Lokomotiven und Kraftwagen wirkten durchaus zivil. Nach der Machtübernahme hatte ich die Genugtuung, dem Führer melden zu können, dass Krupp nach geringer Anlauffrist für die Wiederwehrhaftmachung des deutschen Volkes ohne Lücken in seinen Erfahrungen bereitstehe.« Das sind eindeutige Sätze. Gustav Krupps so charakterbildende Fixierung auf Autoritäten sowie seine schwer zu erschütternde Loyalität zur Staatsmacht kommen hier verhängnisvoll zur Geltung.

Die schneidige Diktion enthält viel Prahlerei, die nach 1945 jedoch für bare Münze genommen und bitter bestraft wurde. Tatsächlich hatte es sich bei dem »Kleinkram« gerade nicht um reine Alibiproduktionen gehandelt noch hat Krupp vor 1933 übermäßig engagiert an Waffen gebaut, zumal der Versailler Vertrag hier enge Grenzen setzte, die Krupp in der Regel auch einhielt. Lediglich bei der später viel gerühmten 8,8-Zentimeter-Flugabwehrkanone (Flak), die bereits ab 1930 im Erprobungsstadium war, bewegte man sich in einer Art Halblegalität. Entwickelt hatte man verschiedene Panzer-Prototypen, und auch das in die Niederlande ausgelagerte Wissen um den U-Boot-Bau sollte sich für die Marine schon sehr bald als nützlich erweisen. Der Wirtschaftshistoriker Werner Abelshauser weist darauf hin, dass die Rüstung erst ab etwa 1935/36 aus dem Planungsstadium herausging und ein wichtiger Faktor der staatlichen Arbeitsbeschaffung wurde. Dies widerspricht im Übrigen der populären These, dass der Abbau der Arbeitslosigkeit von Beginn der NS-Zeit an nur mit Rüstung erzielt wurde. Ganz so einfach war es nicht.

Krupp ist trotz dieser Aktivitäten wenig geneigt, sich erneut in das finanzielle Abenteuer einer groß angelegten Waffenproduktion zu stürzen. Dabei geht es weniger um Moral als vielmehr um nüchternes Kalkül. Man hat in Essen durchaus nichts gegen eine stärkere Rolle des Militärs und damit auch nichts gegen Aufrüstung einzuwenden. Für Gustav Krupp sind dies Eckpfeiler eines souveränen Staates. Doch die Erinnerung an die Katastrophe am Ende des Ersten Weltkriegs, als die Firma wegen ihrer praktisch hundertprozentigen Ausrichtung auf die Rüstung an den Rand des Zusammenbruchs geriet, ist durchaus noch präsent. Krupp hat sich unter riesigen Mühen hochgerappelt und steht jetzt relativ gut da, ohne dass in nennenswertem Umfang Waffen dazu beitrügen. Warum also sollte man dies radikal ändern?

In Berlin drängelt das Waffenamt der Wehrmacht. Krupp soll, wie andere Firmen auch, aufhören mit dem sich Zieren und Zaudern. Das nach wie vor gültige Versailler Vertragswerk mit seinen festgeschriebenen Einschränkungen ist für den »Führer« bestenfalls Fassade, die man zwecks Täuschung des Auslands noch eine Weile aufrechterhalten muss. Hitler, Kriegsteilnehmer des Ersten Weltkriegs, kann und will sich Aufrüstungspläne ohne Krupp nicht vorstellen. Die Firma und ihr Mythos gelten ihm, der sonst wenig von Unternehmern hält, als etwas Besonderes. Nicht von ungefähr heißt es wenig später in einem viel zitierten Dreizeiler, die deutsche Jugend solle »hart wie Kruppstahl« werden.

Es mag eine Mischung aus Druck und echter Bewunderung für Hitlers vermeintliche Erfolge gewesen sein, die Gustav Krupps vielleicht vorhandene Bedenken schließlich zerstreut. Dass Hitler politische Friedhofsruhe in Deutschland erzwingt, ist dem Firmenleiter ganz recht, über die Art und Weise, wie dies geschieht, sieht er hinweg. Mit ehrlicher Begeisterung erfüllt ihn, dass Deutschland außenpolitisch seine Fesseln abwirft und wieder eine Großmachtstellung anstrebt. Mit der Gemeinschafts-Ideologie, die die Nazis der Wirtschaft verordnen, der Negierung von unterschiedlichen Interessen und Differenzen, hat man bei Krupp keinerlei Probleme, entspricht dies doch schon seit Alfreds Tagen weitgehend der im Haus mit Verve gepflegten Weltanschauung. Die Brutalitäten auf allen Ebenen, die Konzentrationslager, die staatlichen Auftragsmorde, die Diskriminierung der Juden – all dies blendet Gustav Krupp von Bohlen und Halbach mit Erfolg aus, ohne dass man daraus aktive Zustimmung ablesen müsste. Es gilt der Grundsatz: Hitler ist legal an die Macht gekommen, also haben die Dinge ihre Ordnung, also verbittet sich Gustav Krupp jede Kritik in seiner Gegenwart. Das ist der politisch leider enge Horizont des Firmenleiters, der 1935 das Ruhestandsalter erreicht hat, ohne freilich daran zu denken, das Zepter aus der Hand zu geben.

Zu Hause auf Villa Hügel wird die Haltung des Familienoberhauptes nur bedingt geteilt. Von Gattin Bertha heißt es, dass sie den Emporkömmling aus Österreich schon wegen seines ordinären Wesens nicht ausstehen kann. Krupp-Biograph William Manchester findet indes auch hier das Haar in der Suppe, wittert nichts als großbürgerliche Arroganz und stichelt, Berthas Urteil wäre wohl anders ausgefallen, hätte der neue Kanzler Adolf von Hitler geheißen und im Ersten Weltkrieg einen Offiziersrang bekleidet, statt nur Gefreiter zu sein. Das ist natürlich Unsinn, denn dann wäre Hitler nicht der gewesen, der er war. Wenn man den spärlichen, meist auf mündlicher Überlieferung basierenden Informationen glauben darf, sieht Bertha Krupp, nüchtern wie sie ist, den Dingen durchaus auf den Grund. Sie spürt, dass die Nazis die scheinbar unverrückbaren Werte ihrer bürgerlichen Welt mit Füßen treten werden.

»Gehen Sie raus und sehen Sie, wie tief wir gesunken sind«, soll sie einer Bediensteten gegenüber geäußert haben, als auf Geheiß ihres Mannes auf dem Hügel-Dach zum ersten Mal die Hakenkreuzfahne am Mast hängt.

Berthas Antipathien verhindern allerdings nicht, dass, wie früher der Kaiser, nun Hitler und seine Paladine häufig zu Gast sind. Insgesamt vier Besuche Hitlers auf dem Hügel und drei in der Fabrik verzeichnet das Protokoll. Sicher erreicht das Verhältnis nicht jene Herzlichkeit wie zum früheren Monarchen, der sogar auf dem Hügel zu übernachten pflegte. Dennoch: Es sind peinliche Jubel-Arien, nachzulesen in der vierzehntäglich erscheinenden Werkszeitschrift, die Gustav Krupp anlässlich der Besuche des »Führers« sowie bei Jubilarehrungen und vielen anderen Gelegenheiten zum Besten gibt. »Er sagt, was man von ihm erwartet«, meint Gert von Klass, der Krupp-Biograph der 1950er Jahre und als solcher gefangen in den Rechtfertigungsreflexen der Nachkriegszeit. Tatsächlich aber sind es Reden, die das Maß nicht zu umgehender Anpassung oft überschreiten und eben deshalb auch durchaus die ehrliche Gesinnung des Firmenleiters widerspiegeln. Von Hitlers »staatsmännischem Genie« ist da die Rede, von der »überwältigenden Kraft dieser Persönlichkeit«, und selbst religiös anmutende Formeln sind nicht selten: »Hitlers gedenken wir in Verehrung und Glauben, in Liebe und Dank.«

Gast auf dem Hügel, wenn auch nicht über Nacht: Hitler mit Gustav und Bertha Krupp von Bohlen und Halbach im Hügel-Park, wohl Ende der 1930er Jahre.

Zur Ehrenrettung von Gustav Krupp ist festzuhalten, dass er sich meist auf die außen- und wirtschaftspolitischen »Erfolge« beschränkt und sich ausnahmslos jeder antisemitischen Hetze enthält. Selbst Krupp-Gegner wie der Schriftsteller Bernt Engelmann räumen ein, dass Krupp an den jüdischen Kruppianern festhielt, solange es ging. Bis zu seinem Tod im Jahr 1938 gehörte mit Arthur Klotzbach ein »Halbjude« dem Direktorium an. Eine schwierige Gratwanderung war der Umgang mit einer exponierten Persönlichkeit wie Professor Benno Strauß, dem langjährigen Abteilungsdirektor und Leiter aller Krupp'schen Prüfinstitute und Versuchsanstalten. Es dürfte in der langen Krupp-Geschichte nur wenige Mitarbeiter gegeben haben, denen die Firma so viel zu verdanken hat. Der geniale Physiker ist ein Pionier der wissenschaftlichen Metallurgie, und er ist der Schöpfer des nichtrostenden Stahls – eine Erfindung, ohne die das wirtschaftliche Überleben der Firma in den Krisenjahren nach dem Ersten Weltkrieg vielleicht nicht gelungen wäre. Strauß entstammt einer jüdischen Familie aus Fürth und wird deshalb Ende 1934 mit 61 Jahren in den Ruhestand geschickt. Unter der Überschrift »Abschiedsfeiern für Professor Strauß« erscheint einige Wochen später ein bemerkenswerter Artikel in der schon durch und durch auf NS-Journalismus getrimmten Werkszeitung. Ein Bericht, der die Leistungen des jüdischen Wissenschaftlers überschwänglich lobt, freilich ohne die Gründe des so plötzlichen Ausscheidens zu nennen.

Strauß bekommt die »vollen Ruhebezüge mit allen Tantiemen und Gratifikationen«, wie Werner Abelshauser vermerkt. Einige Jahre später jedoch ein beschämendes Bild: Als die Chemischen Laboratorien und die Probieranstalt 1938 ihr 75-jähriges Jubiläum feiern, fallen viele Namen, nur einer wird verschwiegen: Benno Strauß. Statt zu fliehen und im Ausland einen angenehmeren Lebensabend zu verbringen, was bei seinem Ansehen gewiss möglich gewesen wäre, bleibt er wie so viele jüdische Patrioten in Deutschland. Da Strauß in einer so genannten »privilegierten Mischehe« lebt, bleibt ihm die Einlieferung in ein Konzentrationslager erspart, doch muss er im September 1944 als 71-Jähriger in ein Arbeitslager einrücken. Dort stirbt er noch im selben Monat.

Krupp wird 1940 zum »nationalsozialistischen Musterbetrieb« ernannt, nicht zuletzt, weil die Nazis hier eine vollendete »Betriebsgemeinschaft« zu erkennen glauben. Dennoch bleibt ein gewisses Fremdeln. Trotz der erheblichen Anpassungsleistungen, die Gustav Krupp erbringt, trotz einer scharfen NS-Publizistik in den »Krupp'schen Mitteilungen« empfinden Nationalsozialisten die Firma als zu betulich, traditionell und »beamtenmäßig« und als zu wenig revolutionär. Damit haben sie Recht. Tatsächlich bleiben Direktorium und Aufsichtsrat frei von direktem Einfluss der Partei, nicht jedoch der Betriebsrat, in dem nach der Ausschaltung der freien und der kommunistischen Gewerkschaften die NS-Betriebszelle das Sagen hat. Sie bildet bei Krupp künftig das eigentliche NS-Element. Generell sind die Arbeitnehmervertretungen ein wichtiger Hebel, um diejenigen Teile der privaten Wirtschaft auf nationalsozialistische Ideologie zu trimmen, wo sie von Haus aus nicht oder nur »formal« vorhanden war.

Dass selbst Gustav Krupp immer noch einen eigenen Kopf besaß, zeigt 1937 die versuchte Berufung des abgesetzten Leipziger Oberbürgermeisters Carl Goerdeler in den Vorstand. Der konservative Goerdeler, ein Mann mit hervorragenden Kontakten zu Militär und Finanzwirtschaft, hatte sich in seiner Position gegenüber der Partei als nicht willfährig genug erwiesen und büßte nun zunächst nur mit beruflichen Nachteilen. Krupp ließ in der Reichskanzlei anfragen, ob Goerdeler im Direktorium akzeptabel sei – ein Plazet, das laut Abelshauser um diese Zeit für große Konzerne und bei wichtigen Personalfragen bereits unumgänglich gewesen sei. Hitler ließ kühl ausrichten, er würde Goerdelers Neueinstellung »nicht begrüßen«. Also unterblieb sie. Gustav Krupp finanzierte in den folgenden Jahren Goerdelers heimliche Reisemissionen in westliche Hauptstädte, später nahm Goerdeler unter den Widerstandskämpfern des 20. Juli 1944 eine zentrale Rolle ein und wurde nach dem gescheiterten Attentat auf Hitler hingerichtet.

Zum Direktoriumsmitglied ernannt wurde 1937 Ewald Löser, ein Weggefährte Goerdelers, der sich allerdings öffentlich weniger stark parteikritisch exponiert hatte. Hält man diese dezidiert anti-nationalsozialistische Personalpolitik und Gustav Krupps zur selben Zeit dokumentierte Reden nebeneinander, ergibt sich eine tiefgreifende Diskrepanz, die Ratlosigkeit hinterlässt. Was Gustav Krupp wirklich dachte, ist – auch im Nachhinein – nicht leicht auszumachen.

Wirtschaftlich gesehen sind die späten 1930er Jahre für Krupp eine glückliche Phase, wie es sie seit Ende des Ersten Weltkriegs nicht mehr gegeben hatte. Dazu trägt neben der wachsenden Inlandsnachfrage vor allem auch der Export bei, der allerdings immer wieder gegen die eher anders lautenden Prioritäten der Reichsregierung verteidigt werden muss. Die Firma ist weltweit eine erste Adresse vor allem für Spezialanfertigungen im Maschinen- und Aggregatebau. Forschen, entwickeln, erproben ist ihre Stärke, nicht etwa die Massenproduktion, was später im Zweiten Weltkrieg noch zu Missverständnissen führen wird. Die Lok-Fabrik, 1919 aus der Not geboren und immer wieder krisenanfällig, nimmt erfreulich Fahrt auf. Anlass zur Zufriedenheit bietet auch das Gruson-Werk, das sich zum Spezialisten für Anlagenbau entwickelt. Die Maschinen aus Magdeburg sind oft genau auf die Kundenwünsche abgestimmte Sonderanfertigungen, die Stahl und Blech walzen, der Bearbeitung von Baustoffen dienen, Zuckerrohr zerkleinern und Speiseöl pressen. Kein Land ist den Krupp-Ingenieuren zu exotisch, woran sich nach dem Zweiten Weltkrieg beim Wiederaufbau von Absatzmärkten anknüpfen lässt. Selbst die Germaniawerft in Kiel, seit Jahrzehnten das Sorgenkind des Konzerns, ist leidlich gut beschäftigt, unter anderem mit dem Bau von Tankern für die Standard Oil Company.

Wenn die Gewinne etwa 1934/35 mit 107 Reichsmark pro Belegschaftsmitglied (Gutehoffnungshütte: 235 Mark) dennoch relativ bescheiden blieben, so hängt dies offenbar auch mit der sehr personalintensiven Produktion zusammen. Stolz kann Gustav Krupp bei der Maifeier 1939 verkünden, dass sich die Zahl der Mitarbeiter seit 1933 fast verdreifacht hat und im Konzern nun insgesamt wieder 125.000 Menschen beschäftigt sind.

Die gute Ertragslage gibt auch dem Sozialwesen wieder neuen Schub. Neue Wohnsiedlungen entstehen, jetzt oftmals weiter entfernt von den Werken. Die verbesserte Verkehrsinfrastruktur und das Bedürfnis, gesünder und komfortabler zu wohnen, kommen hier zusammen. Die alte Siedlung Kronenberg, noch eine Gründung Alfred Krupps und ein Stück alter Krupp'scher Identität, wird dafür abgerissen – »schweren Herzens«, wie Gustav Krupp beteuert, doch soll die Firma weiter wachsen können. Zunehmend hoher Aufwand gilt dem firmeneigenen Gesundheitswesen, dessen Ursprünge auf das Jahr 1836 zurückgehen, dem 1872 ein eigenes Hospital angeschlossen wurde und das inzwischen ein selbstständiger Betrieb mit großem Krankenhaus, Zahnklinik und vielen Erholungsheimen geworden ist. Zahlenvergleiche unter den Montanunternehmen im Sozialsektor sind für Krupp durchaus schmeichelhaft: Während Klöckner im Geschäftsjahr 1934/35 nur 18 Mark pro Mitarbeiter ausweist, sind es bei den Vereinigten Stahlwerken 54, bei der Gutehoffnungshütte 92, bei Krupp aber 140 Mark. Nur Elektrokonzerne wie Bosch und Siemens sind noch großzügiger. Interviews, die der Historiker Ulrich Herbert um 1980 mit lange pensionierten Kruppianern führte, zeigen, dass diese im Ruhrrevier einzigartigen materiellen Vorteile zusammen mit dem Sozialprestige in jenen Jahren noch nichts an Strahlkraft verloren haben. Bei Krupp zu arbeiten – »das war schon was«, erinnert sich eine Interviewpartnerin. Es sei in Essen nicht untypisch gewesen, bei der Wahl des Lebenspartners auch dessen sichere, gutes Einkommen versprechende Stellung bei Krupp ins Kalkül zu ziehen.

Bis zum Beginn des Krieges haben selbst kritische Zeitgenossen mitunter Mühe, ihre innere Distanz zum Regime aufrechtzuerhalten. Der Historiker Golo Mann, Sohn von Thomas Mann, drückt es in einem bisher nur auszugsweise veröffentlichten Essay über Gustav und Alfried Krupp so aus: »Das Dritte Reich machte einer Minderheit das Leben zur Qual, aber erhöhte die Lebensfreude einer gewaltigen Mehrheit.« Das gilt, obwohl der Wohlstand für die breiten Massen durchaus bescheiden bleibt. Denn um die Aufrüstung finanzieren zu können, werden die Deutschen bei den Konsumgütern knapp gehalten, und auch die staatlich gelenkten Löhne stagnieren. Dennoch: Wie so viele Deutsche macht auch Gustav Krupp mit wachsender Wirtschaftserholung ab 1937 mehr und mehr seinen Frieden mit dem Regime.

Dass die Firma für die Rüstung wieder bereitsteht, hatte ihr Leiter nach außen seit längerem deutlich gesagt. Nach innen ist man jedoch bemüht, nicht wieder in das Fahrwasser einer allzu einseitigen Entwicklung zu geraten. Der Anteil des Kriegsgeräts am Gesamtumsatz wächst erst langsam, dann aber doch mit Riesenschritten. Im Essener Kernbetrieb gehen im Geschäftsjahr 1938/39 deutlich über 40 Prozent des Umsatzes auf Aufträge der Wehrmacht zurück. Zum Programm gehören

Lastwagen, Teile für Kampfpanzer und die alte Spezialität, die Artillerie, darunter erneut Geschütze großen Kalibers. So entstehen in der großen Maschinenbauhalle 9 die mächtigen Geschütztürme für zwei Prestige-Projekte der Kriegsmarine, die Schlachtschiffe Bismarck und Tirpitz, die 1940 und 1941 vom Stapel laufen.

Die Schwerindustrie ist zwar weiter unverzichtbar, jedoch im wahrsten Sinne des Wortes nicht mehr alleine kriegsentscheidend. Eine bewegliche, motorisierte Offensivarmee mit starker Luftwaffe, wie sie Hitler und die Wehrmacht anstreben, ist mindestens ebenso sehr auf die Fahrzeug- und Flugzeugwerke, auf die elektrotechnische, chemische und feinmechanische Industrie angewiesen. Neben den Ruhr-Konzernen sind daher jetzt auch andere Namen stark an der Rüstung beteiligt. Daimler-Benz und BMW, Siemens und AEG, Zeiss und IG Farben. Hinzu kommen Tausende weithin unbekannte Mittelständler.

Bereits ab 1935 müssen Privatunternehmen wie Krupp zum Teil empfindliche Einschränkungen ihrer Handlungsfreiheit hinnehmen, da staatliche Stellen und auch die Wehrmacht bei Investitionsplanungen ein wichtiges Wort mitreden. Mit Beginn des Zweiten Weltkriegs 1939 wird Krupp zum »Wehrmachtsbetrieb« deklariert – kriegswichtige Bestellungen genießen nun strikt Vorrang, andere Aufträge dürfen nur angenommen werden, wenn sie nicht Ressourcen für Rüstungsaufgaben binden. Der für Krupp so wichtige Export hat kaum noch Chancen, erlaubt ist allenfalls der eingeschränkte Handel mit verbündeten Staaten. Die Ausdehnung der Rüstungsaufträge erfordert neue Werkshallen, aber Gustav Krupp ist nach dem Ersten Weltkrieg vorsichtiger geworden. Er besteht darauf, dass der Staat die betriebswirtschaftlich unerwünschten Erweiterungen bezahlt. Bei aller Rhetorik nach außen – auch der Firmenleiter bemüht gerne das Wort von der »Waffenschmiede des Reiches« – ist man in Berlin mit Krupps tatsächlichem Engagement eher unzufrieden.

Vielfach hat dies mit Missverständnissen zu tun. Der Krieg erforderte große Mengen standardisierten Rüstungsmaterials. Die Gussstahlfabrik in Essen jedoch hatte sich – verstärkt nach der Umstellung 1918/19 – zu einer Ansammlung von Spezialwerkstätten für Einzelstücke und Kleinserien entwickelt. Die Fertigungstiefe war beachtlich, das heißt, es wurden möglichst viele Vorprodukte kosten- und zeitaufwändig im eigenen

Hause gefertigt. Rationelle Massenfertigung, wie sie erstmals Henry Ford für die amerikanische Autoindustrie entwickelte, war nicht die Stärke des Unternehmens und entsprach auch nicht seiner Tradition – sieht man ab von wenigen Ausnahmen wie dem nahtlosen Radreifen. Die Rüstungsbürokraten des Dritten Reiches glaubten jedoch, es genüge, das Prinzip des »Fordismus« zu akklamieren. Die Umsetzung würde einer Firma wie Krupp, die schließlich einen Ruf wie Donnerhall genoss, mit etwas gutem Willen sicher leicht fallen. Dies erwies sich als naiv und allzu technokratisch-planwirtschaftlich gedacht, wie es dem Wesen des Dritten Reiches entsprach. Denn zum einen fehlte den Ingenieuren und Technikern das nötige Erfahrungswissen, das sich in der Kürze der Zeit auch nicht mehr heranbilden ließ. Dann scheiterten die ehrgeizigen Pläne aber auch am Durcheinander mehrerer Verwaltungsebenen von Staat, Partei und Wehrmacht und am Unwillen Hitlers, solche Kämpfe zu unterbinden. Ansätze von Rationalisierung pflegte man bis mindestens 1943 auf diese Weise zunichte zu machen. Erst unter dem Eindruck der schweren Niederlagen im Osten und durch die Berufung von Hitlers Lieblingsarchitekten Albert Speer zum Rüstungsminister mit besonderen Vollmachten kam mehr Zug in die deutsche Rüstungspolitik. Dies bedeutete auch, dass die Unternehmen in den Grundsatzentscheidungen mehr und mehr zu Befehlsempfängern von Speers »Kindergarten« degradiert wurden. Kindergarten deshalb, weil Speer junge, ehrgeizige Nachwuchsmanager um sich schart, denen die Traditionen der alten Familien-Unternehmen nicht so wichtig waren, ohne dass sie dieses Element potenzieller Widerwilligkeit völlig ausschalten konnten. Viele dieser Männer werden im »Wirtschaftswunder« der Nachkriegszeit wieder wichtige Positionen einnehmen.

Albert Speer hat sich nach Verbüßung seiner 20-jährigen Haftstrafe 1966 der historischen Forschung als Zeitzeuge zur Verfügung gestellt. Bei seiner persönlichen Kenntnis der Judenvernichtung hat er, wie man heute weiß, gelogen, in anderen Fällen aber gilt er als zuverlässiger Auskunftgeber. In Bezug auf die Kriegswirtschaft ist auch kein Grund erkennbar, weshalb Speer ausgerechnet die Rolle Krupps hätte schöner färben sollen als sie war. In einem Gespräch mit dem Historiker Gustav Hermann Seebold charakterisierte er 1978 die Haltung des Unternehmens so: »Es bestand von Seiten der Firma Krupp keine große Neigung, sich in der Rüstung zu engagieren. Die Firma war vielmehr bemüht, ihre zivilwirtschaftlichen Fertigungsprogramme auszuweiten, soweit diese in die Rüstungswirtschaft hineinpassten. Die Produktion von Lokomotiven, Motoren und dergleichen hatte bei Krupp eindeutig Vorrang vor der Herstellung von Geschützen.« Speer zufolge war etwa Krupps alter Konkurrent, der Bochumer Verein, »mit weit größerem Enthusiasmus« bei der Sache, wobei den Essenern andererseits kein Heiligenschein gebühre. »Natürlich konnte die Firma Krupp Rüstungsaufträge nicht ablehnen – schon allein wegen des damit verbundenen Verdienstes hat sich Krupp bereitwillig am Rüstungsprogramm beteiligt.«

Seebold hat in seiner Untersuchung über den Bochumer Verein im Dritten Reich, nicht zuletzt gestützt auf Speer, folgende These aufgestellt: »Angestellte Manager waren dem Nationalsozialismus gegenüber aufgeschlossener als die Mehrzahl der Firmeneigner.« Das Selbstverständnis als »neue technokratische Elite« erkläre die »frühzeitige Nazifizierung des Managements des Bochumer Vereins« – und als Folge das gegenüber anderen aktivere Engagement in der Rüstung. Bei der Abrechnung der Sieger nach dem Krieg fallen derlei Differenzierungen allerdings unter den Tisch. Man will Symbole auf der Anklagebank sehen.

Noch als die deutsche Wehrmacht von Sieg zu Sieg eilt, lernt die Familie Krupp von Bohlen und Halbach den Krieg sehr persönlich von einer anderen Seite kennen. Claus von Bohlen, der zweitälteste Sohn, als Pilot bei der Luftwaffe eingesetzt, stürzt mit seinem Flugzeug im Januar 1940 über der Eifel ab und stirbt. Der auf den vielen Familienfotos im Gegensatz zu seinem älteren Bruder Alfried immer keck und herausfordernd Dreinblickende hatte zwei Jahre zuvor mit erst 28 Jahren den Vorstandsvorsitz der Berndorfer Metallwarenfabrik übernommen. Das österreichische Unternehmen von Alfred Krupps Bruder Hermann war trotz formeller Selbstständigkeit finanziell eng mit den Essener Krupps verbunden geblieben und 1938 mangels geeigneter Nachfolger für allerdings nur wenige Jahre dann auch personell mit der „Heimat“ verflochten worden. Der frühere Krupp-Archivar Ernst Schröder vermutet wohl zu Recht, dass Vater Gustav eigentlich den zackigen Claus und nicht den introvertierten Alfried für den »innerlich berufenen Nachfolger« gehalten hat.

Die Jubilarfeier 1934 stand erstmals ganz unter dem Bann der nationalsozialistischen Herrschaft. Am Rednerpult vor der gewaltigen Kulisse des größten Schmiedehammers der Essener Fabrik ist Gustav Krupp von Bohlen und Halbach zu erkennen.

In den öffentlichen Reden Gustav Krupps ist nach dem Unfalltod seines Sohnes nichts von Zweifeln oder Nachdenklichkeit zu spüren, eher von einer gewissen Verhärtung, die nun auch alters- und krankheitsbedingt sein mag. Das Regime benutzt ihn als Galionsfigur, und man muss annehmen, dass er dies nicht einmal bemerkt. Dem über 70-Jährigen wird das Heft nun mehr und mehr aus der Hand genommen. Speer und die Waffenämter der Wehrmacht konferieren lieber direkt mit den Verantwortlichen in den Konstruktionsbüros, vor allem mit dem Chef der Abteilung Kanonen, Professor Erich Müller. Ihm gelingt noch einmal eine technische Leistung, die genau in jenes Bild passt, das sich die Welt von Krupp gemacht hat: Mit einem Kaliber von 80 Zentimetern und einer Rohrlänge von 40 Metern ist »Dora« das größte bis dato gebaute Geschütz. Entwickelt wurde es, um die sowjetische Festungsstadt Sewastopol sturmreif zu schießen. Die riesige Lafette bedarf für den Transport einer zweigleisigen Bahnstrecke, weshalb der Nutzen für die moderne, bewegliche Kriegführung kaum den Millionenaufwand gerechtfertigt haben kann. Als man sich später fragt, was mit dem Gerät anzufangen ist, soll Hitler vorgeschlagen haben, es für direkten Panzerbeschuss einzusetzen. Die lakonische Antwort des Generals Guderian: »Schießen ja, aber treffen niemals.« Eine bezeichnende Episode. Statt wie etwa die Sowjets auf simple, robuste Großserienproduktion zu setzen, neigte die deutsche Rüstungsindustrie dazu, ihre Kräfte mit technisch eindrucksvollen, aber störanfälligen Prestigeprojekten zu verzetteln. Dem aus dem Ersten Weltkrieg herrührenden Nimbus hat Krupp in den Augen des Regimes jedenfalls nur selten entsprechen können, was in diesem Fall der Firma, ohne dass man dies beabsichtigt hätte, ja durchaus zur Ehre gereichte. Ungeachtet dessen war die Kriegswirtschaft für Krupp wie für die anderen in der Rüstung tätigen Unternehmen nach einem Wort des Historikers Abelshauser ein »finanzielles Schlaraffenland« – finanziert durch die Ausplünderung der von Deutschland besetzten Länder.

Etwa um die Zeit, als der Krieg eine für die Alliierten günstige Wendung nimmt, denken Bertha und Gustav Krupp von Bohlen und Halbach darüber nach, ihr Haus zu bestellen. Für den Firmenleiter ist dabei eines unumstößlich: Das gesamte Unternehmen soll auch in der kommenden Generation in einer Hand bleiben, so wie es Alfred Krupp in seinem

Testament festgelegt hat. Ein schwieriges Unterfangen, denn die Rechtslage ist inzwischen eine andere, schließlich hat Mutter Bertha als Eigentümerin und Erblasserin sechs erbberechtigte Kinder. Mit der Verlegenheitslösung des »Reichserbhofgesetzes«, das eigentlich nur der Zersplitterung bäuerlichen Besitzes entgegenwirken soll, hofft Gustav ans Ziel zu kommen. Ein Konzern als industrieller Erbhof? Hitler beschließt, eine endgültige gesetzliche Lösung zu vertagen, jedoch in diesem Fall eine Ausnahme zu machen. Die so genannte »Lex Krupp« ermöglicht es, mit Wirkung vom 29. Dezember 1943, Krupp aus einer Aktiengesellschaft erneut in eine Einzelfirma umzuwandeln und als alleinigen Inhaber den ältesten Sohn Alfried einzusetzen. Der 36-Jährige darf sich – auch dies ist Bestandteil des Sondergesetzes – Alfried Krupp von Bohlen und Halbach nennen.

Das Denkmal Alfred Krupps vor der zerstörten Essener Marktkirche. Auf den Stufen ein amerikanischer Soldat.

Einem ernsten, stillen Mann fällt nun diese Verantwortung zu, wenn es auch zu dieser Zeit für den Besitzer eines kriegswichtigen Unternehmens kaum noch Relevantes zu entscheiden gibt. Alfried hat eine Kindheit und Jugend erlebt, die freudlos und für den Erstgeborenen noch stärker durch Pflichten und Disziplin geprägt war als bei seinen jüngeren Geschwistern. Nach dem Abitur studiert er Hüttenkunde und

Metallurgie, doch muss er sich auf Geheiß des Vaters nebenher mit dem Schmiede- und Schlosserhandwerk vertraut machen und dabei, wie jeder andere auch, am Tor die Stechuhr drücken. Kommt Alfried von Bohlen zu spät, steht sein Name an der großen Tafel am Pförtnerhaus, dort, wo die »Bummelanten« aufgeführt sind.

Nach dem Abschluss als Diplom-Ingenieur rückt er bei Krupp 1936 in Führungspositionen ein, doch bleibt er noch lange ein Lernender, wie es seiner zurückhaltenden, bescheidenen Art entspricht. Vor allem dem Vorstandsvorsitzenden Ewald Löser fällt es schwer, den jungen Krupp überhaupt ernstzunehmen. Dieser führte lange ein Leben nach einem strengen Plan, in dem es bis ins höhere Erwachsenenalter nur einmal ein eigenmächtiges Ausscheren gibt: 1937 heiratet Alfried von Bohlen gegen den ausdrücklichen Willen seiner Eltern die Hamburger Kaufmannstochter Annelise Bahr. Aus der Ehe geht 1938 Alfrieds einziger Sohn Arndt hervor. Die kurz darauf folgende Scheidung wird, so heißt es, von Bertha und Gustav Krupp mit dem Druckmittel der Enterbung erzwungen. Da sich die direkt Beteiligten zeitlebens ausschweigen, sind die Chronisten bei diesem Teil der Familienangelegenheiten auf Kolportage und die mehr oder weniger zuverlässigen Erinnerungen Dritter angewiesen. In einem der seltenen Momente, in denen er überhaupt einmal öffentliche Gefühle preisgibt, hat Alfried Krupp das enge Korsett seines Daseins einmal so beschrieben: »Mein Leben hat nie von mir selbst abgehangen.«

In seinen Funktionen im Unternehmen und in beratenden Gremien der Kriegswirtschaft erfüllt er die großen Hoffnungen, die vor allem Speer zunächst hegte, in keiner Weise. »Es fehlten ihm praktisch alle Eigenschaften, die das Regime an einem idealen Betriebsführer schätzte: robuster Egoismus, blinder Fanatismus und skrupellose Durchsetzungsfähigkeit«, urteilt Werner Abelshauser. Sein Verhältnis zur NS-Bewegung ist unklar und widersprüchlich, bekannt sind weder ausgeprägt NS-freundliche noch kritische Äußerungen. Als junger, technisch ausgebildeter Akademiker ist er zunächst gleichsam prädestiniert für eine gewisse Nähe zur nationalsozialistischen Herrschaftspraxis, was zunächst wie ein Widerspruch klingt. Doch das Regime war eben januskopfig: Einerseits raunendes Germanentum, andererseits wurde bedenkenlos die technisch-wissenschaftliche Modernisierung vorangetrieben. Auf viele nach der

Jahrhundertwende geborene Akademiker wirkt der NS-Staat mit seinem Pathos des »Anpackens«, des Strebens nach möglichst großen technokratischen Lösungen anziehend. Nicht zuletzt bietet sich dieser Generation nach oft langen Jahren der Arbeitslosigkeit oder der demütigenden Tätigkeit »unter Wert« nun der ersehnte gesellschaftliche Aufstieg in Unternehmen, Verwaltungen oder in den Reihen von Partei oder SS. Speer als gelernter Architekt ähnelt selbst in vieler Hinsicht diesem Typus. Den Hang zum kritiklosen Funktionieren, den Willen zum wissenden Wegsehen und zur ebenso stumpfen wie »fanatischen« Konzentration auf das unmittelbar zugeteilte Aufgabengebiet beschreibt der Widerstandskämpfer Helmuth James von Moltke 1943 in resignativer Stimmung einmal so: »Es scheint ein deutscher Charakterzug zu sein, dem Ob größerer Fragen aus dem Weg zu gehen und stattdessen das Wie in den Vordergrund zu schieben und sich daran zu freuen, wie gut man das macht.«

In diesem Sinne funktioniert auch Alfried Krupp von Bohlen. Ein ehrgeiziger, durchtriebener, bedenkenloser Aufsteiger ist er allerdings gewiss nicht und kann er auf Grund seiner Herkunft nicht sein. Sein unmilitärisches Wesen und Auftreten, die großbürgerliche Erdung und Erziehung stehen einer uneingeschränkten Begeisterung für Hitlers Sache im Weg. Schon habituell wirkt er auf manchen Fotos unter den Uniformträgern wie ein Fremdkörper. Andererseits sind ihm ideologische Berührungsängste mit Nazis fremd. Schon 1931, weit vor Hitlers Machtergreifung, tritt Alfried von Bohlen als förderndes Mitglied der SS bei und 1938, mit Eintritt in den Krupp-Vorstand, auch der NSDAP. Ein Schritt, der sich, so Abelshauser, aus diesem Anlass kaum vermeiden lässt.

Als der junge Krupp in Essen die formelle Führung übernimmt, sind die Fabriken bereits mehrfach durch Bombenangriffe schwer beschädigt worden. Der allen Rücksichten enthobene Luftkrieg macht allerdings auch vor der Zivilbevölkerung nicht halt, und das schon gar nicht in Essen. Das Kalkül der Alliierten ist simpel: Wer sich um sein Haus und seine Familie sorgt, wer beim Alarm aufschreckt und aus Angst vor den Bomben eine schlaflose Nacht im Keller verbringt, der wird tagsüber in der Fabrik nicht die volle Leistung für die Kriegsmaschinerie bringen können. »Moral Bombing« hieß diese Strategie und sie verdeckte nur notdürftig, dass es beim Stand der Kriegstechnik schlicht leichter und auch eindrucksvoller war, ganze Städte zu vernichten als ein genau abzugrenzendes Fabrikgelände. Jedenfalls zahlt die Stadt Essen, auf die immer auch einiges vom Glanz des Konzernnamens fiel, dafür jetzt den hohen Preis der annähernd totalen Zerstörung, und die Quartiere, in denen traditionell viele Kruppianer wohnen, trifft es besonders hart. Anfangs gelingt es allerdings erstaunlich schnell, nach jedem Angriff die Produktion wieder in Gang zu bringen, zahllose Produktionen müssen aber unter hohem Aufwand in weniger luftgefährdete Gebiete im Osten des Reichsgebiets verlegt werden.

In der Villa Hügel, die bis zuletzt vom Luftkrieg weitgehend verschont bleibt, wohnt zu dieser Zeit nur noch einer aus der großen Familie Krupp von Bohlen, und das ist Alfried. Die Eltern haben sich seit Sommer 1944 auf den Familienbesitz Schloss Blühnbach bei Salzburg zurückgezogen, die drei Brüder leisten Kriegsdienst, die Schwestern sind verheiratet und leben außerhalb Essens. Neben ausgelagerten Firmenbüros finden einige ausgebombte leitende Angestellte und Familien auf dem Hügel ein Zuhause – der Firmenchef hat ihnen in den Gästezimmern des riesigen Hauses Obdach gewährt. Es sind schweigsame, bedrückende Abende, die diese Runde miteinander verbringt. Politik spielt hier, so berichten es später Teilnehmer, keine große Rolle.

Wie es um den politischen Einfluss und das Ansehen der Krupps bei Hitler bestellt ist, zeigt sich nach dem gescheiterten Attentat auf den Diktator im Juli 1944. Wie beschrieben, unterhielt die Familie Krupp relativ engen Kontakt zum früheren Leipziger Oberbürgermeister Carl Goerdeler, der die nationalkonservative Flanke des Widerstands repräsentiert. Gustavs Schwager Tilo von Wilmowsky steht in besonders enger Fühlung. Aus diesem Grund und weil er seit langem als politisch unzuverlässig gilt, gerät er in die auf den Anschlag folgende Verhaftungswelle und wird in ein Konzentrationslager eingeliefert. Auch seine Frau Barbara, die Schwester Berthas und Tochter Friedrich Alfred Krupps, verbringt Wochen im Gefängnis. Niemanden bei der Gestapo beeindruckt die Zugehörigkeit zu einer der ersten Unternehmerfamilien des Landes. Nichts illustriert wohl deutlicher die höchst bescheidene politische Macht einer Industriellendynastie, von der Ideologen nach dem Krieg behaupten werden, in Wahrheit hätte sie Hitler am Gängelband geführt. Nur mit

Das Bild, das um die Welt ging: Alfried Krupp von Bohlen und Halbach wird am 11. April 1945 von amerikanischen Truppen verhaftet und in einem Jeep abtransportiert.

viel Glück wird Wilmowsky das KZ Sachsenhausen überleben und nach der Kapitulation freikommen.

Ein Großangriff im Oktober 1944 trifft die Werke in ihrem Lebensnerv. Die Energieversorgung, ohne die kein Elektrostahlwerk und keine Drehbank auskommen kann, ist in Essen zusammengebrochen und nur noch stundenweise wieder herzustellen. Das Knäuel aus zerborstenen Hallen, beschädigten Maschinen und unterbrochenen Leitungen ist keine Fabrik mehr. Am Ende sieht die Bilanz so aus: 55 Angriffe auf das Werksgelände führen zu 180 Toten und 300 Verletzten, verursachen einen Schaden von 728 Millionen Reichsmark und führen zum Ausfall von vier Millionen Arbeitsstunden. Die Hüttenwerke in Duisburg-Rheinhausen und Essen-Borbeck bleiben nahezu unbeschädigt, auch weil mutige Kruppianer sich dem Befehl widersetzen, sie in den letzten Kriegstagen mit Sprengungen dem Erdboden gleichzumachen.

Der letzte Akt ist spektakulär – man möchte sagen: wie es sich für Krupp geziemt: Am 11. April 1945 nähert sich in schneller Fahrt ein Jeep dem Hauptportal der Villa Hügel. Ihr Auftrag: Krupp sofort verhaften! Weil die amerikanischen Soldaten von einem, wie man hört, so finsteren Gesellen offenbar Widerstand erwarten, haben sie ein Maschinengewehr aufgepflanzt. Vielleicht wollten sie aber auch nur dem mitgefahrenen Pressefotografen ein dramatisches Bild bieten. In der Tür empfängt sie der langjährige Hausverwalter Friedrich Wilhelm Dormann, höflich und formvollendet wie immer. »Herr von Bohlen erwartet Sie. Würden Sie bitte näher treten.« Aber dem kommandierenden Hauptmann ist nicht nach Etikette. In der Bibliothek im Erdgeschoss trifft er auf den Firmeninhaber, im festen Griff führt er den »Hauptvertreter des deutschen Monopolkapitals«, wie es kurz darauf heißt, unsanft nach draußen. Das Bild, das dort aufgenommen wird, geht um die Welt. Unbewegt, scheinbar gelassen, sogar mit einer Spur Erleichterung im Blick hockt Alfried Krupp auf dem Notsitz des Jeeps, hinter ihm der grimmig dreinschauende Maschinengewehrschütze. Er ahnt nicht, dass er erst nach sechs langen Jahren wieder freikommt.

Ein Bild, das per Zufall vor einigen Jahren auftauchte: Der festgenommene Alfried Krupp von Bohlen und Halbach wird 1945 von einem amerikanischen Ermittler in Nürnberg vernommen.

Prozess, Demontage, Entflechtung

An die Arbeit und aufräumen! So lautet der erste Befehl, den die Krupp-Direktoren von den amerikanischen Kampftruppen erhalten, die Essen am 11. April 1945 besetzen. Im Lauf des Frühjahrs melden sich 20.000 Kruppianer zurück an ihre Arbeitsstellen. Die Wiederherstellung der Normalität ist damit scheinbar eingeleitet. Genau so dürfte es sich Alfried Krupp von Bohlen wohl vorgestellt haben, als er in den ersten Verhören auf die Frage, wie er sich seine Zukunft vorstellt, antwortet: »Ich werde selbstverständlich meine Werke wieder aufbauen und die Produktion aufnehmen. Wie Sie wissen, bin ich Geschäftsmann und kein Politiker.« Doch wer immer gehofft haben mag, es werde wie nach dem Ersten Weltkrieg einen vollen Neuanfang unter erschwerten Bedingungen geben, der verkennt vorerst die Realitäten. Einen Vorgeschmack darauf, dass Krupp für die Sieger nicht irgendeine Firma unter vielen ist, bieten schon die ersten Tage der Besatzung, in denen Soldaten die Verwaltungsgebäude Schrank für Schrank nach belastendem Material durchsuchen.

Im Juni übernehmen die Briten das Kommando in Essen, der Stadt, die wie das gesamte Ruhrgebiet zu ihrer Besatzungszone gehört. Der Ton ist nun noch entschieden eisiger. Während die Amerikaner im Rahmen der so genannten Entnazifizierung härter bei denjenigen durchgreifen, die im NS-Staat kleine oder große Ämter bekleideten, nimmt die britische Besatzungsmacht besonders die deutsche Großindustrie ins Visier. Die Labourpartei, die nach Churchills Abwahl regiert, kann der These einiges abgewinnen, wonach die deutsche Industrie im Hintergrund die Fäden gezogen habe. Auf Krupp konzentriert sich wie üblich der größte Hass. Alle Vorschläge, mit sinnvoller Arbeit zu beginnen, werden vom Tisch gefegt – mit ein paar Ausnahmen: Die Lok-Fabrik erhält die Erlaubnis, beschädigte Lokomotiven zu reparieren, und auch das Widia-Werk darf wieder arbeiten, weil die Hartmetalle für den Bergbau unentbehrlich sind. Eine Handvoll Nebenbetriebe, ebenfalls mit dem Schwerpunkt Reparatur, kommt hinzu. Zusammen sind das nicht mehr als ein paar tausend Arbeitsplätze. Noch ahnt kaum jemand in Essen, welches Damoklesschwert über Firma und Familie hängt. Doch im Sommer 1945 fällt in den alliierten Arbeitsstäben, die die Nürnberger Prozesse gegen die Hauptkriegsverbrecher vorbereiten, erstmals auch der Name Krupp.

Auf ein und derselben Anklagebank mit Göring und Außenminister Ribbentrop, mit dem Leiter des Reichssicherheitshauptamtes, Kaltenbrunner, und dem Chef des Oberkommandos der Wehrmacht, Keitel, soll Krupp die »wirtschaftliche Seite der nationalsozialistischen Gewaltherrschaft« repräsentieren. »Krupp ist der Brennpunkt, das Symbol und der Nutznießer der unheilvollen Kräfte, die den Frieden Europas bedrohten.« So sieht es der amerikanische Hauptankläger Robert Jackson. Und diese zerstörerische Rolle der Firma habe nicht erst 1933 begonnen, sondern schon weit vor dem Ersten Weltkrieg. In den Augen der Alliierten und großer Teile der Weltmeinung führen die Wurzeln des Hitler-Staates nicht nur in gerader Linie zu Bismarck und Friedrich dem Großen, sondern auch zu Alfred Krupp. Im Grunde sind es vier Krupp-Generationen, die unter Anklage stehen, den »deutschen Militarismus« erst ermöglicht zu haben.

Eine schwere, eine bitterernst gemeinte Anschuldigung. Der auch im Westen vom Marxismus inspirierte Zeitgeist, der den Primat der Politik für vorgeschoben hält, stattdessen »ökonomische Triebkräfte« in den Vordergrund jeder Entwicklung rückt, ist die eine Erklärung. Und dann ist da die gewiss auch selbst gestrickte Firmenlegende, die sich längst verselbstständigt hat und nicht mehr nach Fakten fragt; der fast 100 Jahre alte Mythos von den »Kanonenkönigen«, den man bei Krupp gerne gepflegt hat, denn er war nicht schlecht fürs Geschäft. Lange konnte man in Essen über die »Enthüllungsbücher« eines Bernhard Menne, über die vielen kritischen und längst nicht immer seriösen Reportagen in den amerikanischen und englischen Zeitungen kopfschüttelnd und vielleicht ein bisschen geschmeichelt hinwegsehen. Jetzt liegt all dies, geadelt als glaubwürdiges Informationsmaterial, auf den Schreibtischen der Ankläger.

So hart die Engländer in Essen auftreten, so sehr bezweifeln doch ihre Nürnberger Prozessvertreter, ob es überhaupt Sinn macht, Industrielle anzuklagen. Die Gefahr »peinlicher Freisprüche« sei zu groß, da man mutmaßlich nicht genügend Beweismaterial zusammenbringe. Doch die Mehrheit unter den Alliierten sieht dies anders. Dass es dann vorerst doch nicht zur Anklage kommt und zumindest beim Nürnberger Hauptprozess die politisch-militärisch Verantwortlichen unter sich bleiben, ist einer Mischung aus Zufall, nachlässiger Prozessvorbereitung und einem Missverständnis unter den vier Siegermächten und innerhalb der US-Delegation zu verdanken, wie Telford Taylor, der spätere Ankläger im Sonderprozess Krupp, schreibt. Während in den amerikanischen Unterlagen der Vorname Alfried auftaucht, gehen Franzosen, Engländer und Russen davon aus, dass Gustav auf die Anklagebank soll. Monatelang sucht man nach Belastungsmaterial über den inzwischen 75-Jährigen. Es herrscht, obwohl man es besser wissen könnte, offenbar Unklarheit darüber, in welch schlechtem gesundheitlichen Zustand sich Gustav Krupp zu diesem Zeitpunkt bereits befindet.

Spätestens seit Februar 1945 ist der Familiensenior nach einem Autounfall und einem Schlaganfall nicht mehr Herr seiner Sinne, liegt gelähmt und apathisch im Schloss Blühnbach bei Salzburg. Das Haupthaus hatten die amerikanischen Besatzer requiriert, sodass der Kranke mit seiner Frau Bertha und einer Pflegekraft in ein Nebengebäude, das so genannte Posthaus, umziehen muss. Selbst einem Laien ist auf den ersten Blick klar, dass dieser Mann keinen Prozess durchstehen könnte, weil er gar nicht begreifen würde, was um ihn geschieht. Als sich auch eine alliierte Ärzte-Kommission zu diesem Urteil durchringt, der Prozess in Sachen Krupp also zu platzen droht, gerät Robert Jackson in die Klemme. Der Chefankläger fürchtet Teile der öffentlichen Meinung in den Vereinigten Staaten und diejenigen in der US-Administration, die Deutschland in einen Agrarstaat umwandeln wollen. Für sie ist ein Krupp auf der Anklagebank schon aus Gründen der Symbolik enorm wichtig. Jackson schlägt vor, entweder gegen Gustav Krupp in Abwesenheit zu verhandeln oder ihn gegen seinen Sohn auszutauschen. Das wiederum empört die Briten. »Es handelt sich hier um ein Gerichtsverfahren«, erläutert der Kronanwalt Hartley Shawcross, »nicht um ein Spiel, bei dem man einen erkrankten Spieler durch einen anderen ersetzen kann.« Auch werde die Zeit nun knapp, da Alfried Krupp Gelegenheit haben müsse, sich auf die Verteidigung vorzubereiten, und der Prozessbeginn bereits feststehe.

Telford Taylor hat wohl Recht, wenn er im Rückblick schreibt, Alfried Krupp hätte 1945 »sehr viel Glück« gehabt. Ein Verfahren im Hauptprozess wäre für den Konzerneigentümer »vermutlich mit einem Todesurteil oder einer langjährigen Haftstrafe« beendet worden. Eine eventuelle spätere Begnadigung hätte die Zustimmung aller vier Siegermächte des Zweiten Weltkriegs erfordert – im Kalten Krieg nahezu aussichtslos. Der Preis dafür, dass kein Krupp neben der Nazi-Elite Platz neben muss, ist die feste Absicht der Amerikaner, über einige ausgewählte Wirtschaftsführer später getrennt zu richten, darunter natürlich Alfried Krupp.

Während sich in Nürnberg dieses Durcheinander abspielt, sind in Essen alle Krupp-Direktoren bis auf den für Bergbau zuständigen verhaftet worden. Im November 1945 bestellt Oberst Douglas Fowles die verbliebenen leitenden Kruppianer in die oberste Etage des »Turmhauses« der Krupp'schen Hauptverwaltung. »Meine Herren, da draußen wird nie mehr ein Schornstein qualmen«, sagt der kommissarisch eingesetzte Chef der Gussstahlfabrik mit einer Handbewegung in Richtung Fenster. Der einst so eindrucksvolle Rundblick ist zwar auch ohne diese Aussage trostlos genug, doch unter den zerborstenen Dächern gibt es noch viele wertvolle Maschinen und Anlagen, die durchaus intakt sind. Andere Werksteile, etwa die LKW-Montage, überlebten den Bombenkrieg sogar unversehrt, da sie frühzeitig in ländliche Gebiete ausgelagert wurden. Nur ein Drittel der Fabrik gilt als Totalschaden. Ein Jahr Reparatur, und bei Krupp könnte fast wieder gearbeitet werden wie früher. Aber von dieser mythisch aufgeladenen Firma, so fürchten die Sieger, könnte selbst bei strenger Kontrolle wieder eine Gefahr ausgehen. Außerdem scheint die Gelegenheit günstig, für die Zukunft einen Konkurrenten auszuschalten – das zumindest wird in Essen gemutmaßt. Die Demontage, versichert Fowles der provisorischen Geschäftsleitung, werde das Werksgelände in Parks und Wiesen verwandeln. »Die britische Militärregierung hat beschlossen, mit Krupp für alle Zeiten Schluss zu machen.« Eine katastrophale Ankündigung. Zu Recht sehen Zehntausende Kruppianer, Aktive und Rentner, ihre Existenzgrundlage in Gefahr.

Mit einem Kostenaufwand von rechnerisch 27 Millionen Reichsmark müssen Krupp'sche Arbeiter das Borbecker Hüttenwerk bis zur letzten Schraube abbauen, damit es als Reparationsleistung in die Sowjetunion geliefert werden kann; die 15.000-Tonnen-Schmiedepresse, die größte der Welt, ist Jugoslawien zugesprochen. Nichts von alledem geht jemals wieder in Betrieb, es verrostet ungenutzt. Um die Fabrik herum haben sich Dutzende Schrotthändler angesiedelt, die mit stiller Duldung der Besatzungsmacht kaufen, was immer ihnen Plünderer bringen. 5000 Kruppianer sind zum »Großeinsatz Stadt« abkommandiert – zum Aufräumen und zum Flicken der Straßenkanäle im zerbombten Essen. Der Arbeitseinsatz hat den Vorteil, dass die erfahrene Belegschaft erst einmal nicht in alle Winde zerstreut wird und später für Krupp reaktivierbar ist. Doch wird es überhaupt eine Zukunft geben?

Der Prozess Vereinigte Staaten von Amerika gegen Alfried Felix Alwyn Krupp von Bohlen und Halbach sowie gegen elf Mitglieder des Direktoriums beginnt am 17. November 1947. Erst kurz zuvor, im August,

Die Reparaturwerkstatt für Lokomotiven war der erste Kruppbetrieb, der 1946 die Arbeit wieder aufnehmen durfte.

war den Angeklagten nach zwei Jahren Haft und vielen Verhören mitgeteilt worden, was man ihnen eigentlich genau vorwirft. Dies führt dazu, dass die Ankläger bei Eröffnung des Verfahrens eindeutig im Vorteil sind. Es ist nur der Beginn einer Kette von Misshelligkeiten, wirkliche Waffengleichheit, wie sie jedes rechtsstaatliche Verfahren zwingend vorschreibt, wird es zu keinem Zeitpunkt des Verfahrens geben. Den drei von amerikanischen Bezirksgerichten nach Nürnberg abkommandierten Richtern mangelt es an jeder Erfahrung im internationalen Straf- und Völkerrecht. Schließlich ist da der Zeitdruck, der der komplizierten Materie nicht gerecht wird. Nur ein halbes Jahr ist veranschlagt, und das bei Hunderten von Zeugen und zigtausend Aktenseiten. Als das Gericht dazu übergeht, vor allem Entlastungszeugen nicht selbst zu hören, sondern damit Hilfsrichter zu beauftragen, kommt es zum Eklat: Die deutschen Rechtsanwälte verlassen aus Protest den Saal, werden durch Militärpolizei zurückgeholt und zu drei Tagen Haft verurteilt. Wahlfreiheit beim Rechtsbeistand – Alfried hatte einen US-Rechtsanwalt engagiert – wird aus nicht nachvollziehbaren Gründen abgelehnt. Der Eindruck auf deutscher Seite, hier handele es sich um Siegerjustiz, wird durch solche Episoden natürlich verstärkt.

Alfried Krupp sitzt auf der Anklagebank genau da, wo sich zwei Jahre zuvor Hermann Göring als ranghöchster lebender NS-Politiker zu verantworten hatte. Die Haft ist nicht spurlos an ihm vorbei gegangen. Sein Gesicht ist spitz, und er blickt noch ein bisschen ernster drein, als es ohnehin von jeher seine Art war. Neben ihm sitzen die Direktoren, darunter der kranke Ewald Löser, der 1943 im Streit mit dem neuen Alleininhaber aus der Krupp-Leitung ausschied. Als enger Freund Carl Goerdelers wurde Löser 1944 festgenommen und überlebte die Gestapo-Haft nur knapp. Nun sitzt er wieder ein.

Von zwei der vier Anklagepunkte – Verschwörung gegen den Frieden und Mitschuld am Ausbruch eines Angriffskrieges – spricht das Gericht die Angeklagten noch während des laufenden Prozesses frei. Es ist zu offensichtlich, dass weder Alfried Krupp noch das Direktorium Kenntnis von den Plänen Hitlers und seiner engsten Umgebung haben konnten. Selbst Rüstungsminister Speer war von diesem Vorwurf freigesprochen worden. Dass Chefankläger Telford Taylor es dennoch versuchte und von der »verruchten Lebenskraft« der Krupp'schen Tradition sprach, die »genau in die moralische Atmosphäre des Dritten Reiches passte«, zeigt noch einmal die verhängnisvolle Kraft der Legenden, die um das Haus gesponnen sind.

Alfried Krupp von Bohlen und Halbach (links stehend) auf der Anklagebank im Nürnberger Justizpalast. Neben ihm die Mitglieder des Krupp-Direktoriums.

Beim dritten Anklagepunkt ist Taylor erfolgreicher. Krupp, so seine These, habe in einigen der von der Wehrmacht besetzten Ländern hemmungslos Industriebetriebe annektiert. Damit sei der Tatbestand der Plünderung erfüllt, die in der Haager Landkriegsordnung von 1907 ausdrücklich untersagt ist. Der unstrittige Kern dieses Vorwurfs ist, dass Krupp Betriebe in weniger bombengefährdete Gebiete auslagerte und dabei dort vorhandene Werksanlagen zu nutzen suchte. Auch versuchte man, »Beutemaschinen« als Ersatz für das in Deutschland Zerstörte zu bekommen. Das private Eigentum Dritter wurde dabei aber sehr wohl geachtet. Alfried Krupps Anwälte führen den Nachweis, dass die Firma sich in Zweifelsfällen an den Richtlinien orientierte, die Wehrmacht und Speer-Ministerium vorsahen, und also hier die Verantwortung für Härten und Ungerechtigkeiten zu sehen ist. Man habe sich als kriegswichtiger, staatlicher Weisung unterliegender Betrieb der Ersatzbeschaffung im Ausland nicht durch Nichtstun entziehen können. Das Gericht aber schließt sich der Auffassung der Anklage an, die von einem gezielten Plünderungsplan ausgeht, motiviert durch Habgier und Expansionsdrang. Ein dubioser Zeuge, der gesehen haben will, wie Alfried persönlich – über eine holländische Landkarte gebeugt – »wie ein Aasgeier« Einflusszonen absteckte, hat das Gericht in diesem Zusammenhang sehr beeindruckt. Dazu will allerdings nicht recht passen, dass Krupp in Holland während des Krieges überhaupt nicht aktiv war. Der Historiker Werner Abelshauser hält den Schuldspruch in diesem Punkt jedenfalls für ein gravierendes Fehlurteil.

Ernster und berechtigter ist die Frage der Zwangsarbeit, die den vierten Komplex der Anklage umfasst. Insgesamt durchlaufen während des Krieges rund 100.000 ausländische Arbeiter die Krupp-Betriebe. Die Art dieser Arbeitsbeziehungen ist vielfältig: Facharbeiter aus dem westlichen Ausland, deren Arbeitsbedingungen sich kaum von ihren deutschen Kollegen unterscheiden, gehören ebenso dazu wie absolut rechtlose KZ-Insassen. Anfang 1943 arbeiteten allein in den Essener Werken fast 25.000 Ausländer – rund 40 Prozent der Gesamtbelegschaft. Nichts Ungewöhnliches in der deutschen Wirtschaft, die ja insgesamt wegen der Einberufungen zur Wehrmacht an Arbeitskräftemangel litt, andererseits großem Produktionsdruck ausgesetzt war. Die Reichsregierung forderte und organisierte im Ausland zunächst die Anwerbung von Freiwilligen, später mussten auch Kriegsgefangene, zwangsweise Verschleppte und zuletzt auch KZ-Insassen die Lücken auffüllen. Dies geschah sicher nicht zur Freude der Industrie, die schon aus vielen praktischen, aber auch finanziellen Gründen lieber ihre erfahrene Stammbelegschaft behalten hätte. Nur auf den ersten Blick erscheint dies paradox. Denn entgegen vieler Legenden, die bis auf den heutigen Tag Bestand haben, war die Zwangsarbeit für die Unternehmen alles andere als ein gutes Geschäft. Die Ausländer erhielten durchaus Lohn, der ihnen oftmals aber nicht ausgezahlt wurde, weil der Staat diese Summen abschöpfte und sie der Kriegskostendeckung zuführte. Außerdem waren von den Unternehmen die nicht geringen Kosten für Verpflegung, Unterbringung und Bewachung aufzubringen – all dies unter den erschwerten Bedingungen des Bombenkrieges. Das Revisionsbüro von Krupp bezifferte diese Kosten unter Berücksichtigung der erheblich geringeren Arbeitsleistung der ausländischen Arbeiter auf 160 bis 190 Prozent im Vergleich zu den Löhnen der Stammarbeiter – das heißt, die Firma zahlte drauf, gab diese Mehrkosten allerdings in der Regel an den Staat weiter, der in den letzten Kriegsjahren als praktisch einziger Auftraggeber übrig geblieben war. Verbürgt ist, dass Gustav Krupp 1940 ausländische Hilfen ablehnte mit dem vielleicht vorgeschobenen Argument, sie plauderten doch nur Betriebsgeheimnisse aus. Damit drang er aber natürlich nicht durch. Das Gericht will im Fall Krupp allerdings nicht glauben, dass das Unternehmen keine Möglichkeit hatte sich zu verweigern. Schon Gustav Krupps angebliche »Freundschaft mit Hitler« hätte derlei Ungehorsam dem Regime gegenüber sehr wohl möglich gemacht, heißt es.

Alfrieds Onkel Tilo von Wilmowsky, der ein parteiergreifendes, insgesamt aber sachliches Buch über den Krupp-Prozess geschrieben hat, beklagt zu Recht die Ahnungslosigkeit der Richter, die die Macht Krupps heillos überschätzten, über die Herrschaftsstrukturen des Dritten Reiches nicht genug wussten und sich in die Atmosphäre des Terrors in Deutschland weder einfühlen konnten noch wollten. Während in der Zwangsarbeiterfrage bei den Prozessen gegen Flick und die IG Farben eine Art Befehlsnotstand der Unternehmen und die Hauptverantwortung des Staates anerkannt wurden, kann das Krupp-Tribunal sich dazu jedenfalls nicht entschließen.

Wie ist es den ausländischen Arbeitern, die erst freiwillig kamen, später mehr und mehr gezwungen wurden, nun bei Krupp ergangen? Vor allem die russischen Kriegsgefangenen litten besonders 1941/42 oft Hunger, waren erbärmlich untergebracht und wurden in seltenen Fällen auch im Betrieb körperlich misshandelt. Insgesamt aber waren die Zustände keineswegs schlechter als anderswo auch. Im Bergbau und in den Staatsbetrieben war die Behandlung in der Regel sogar weit schlimmer. Viel hing wie überall davon ab, ob sich Aufseher und Vorgesetzte schikanös, gleichgültig oder sogar wohlwollend und human verhielten. Alles dies kam vor, auch bei Krupp. Eine besonders brutale Behandlung, die im Nürnberger Prozess unterstellt wurde, schließt Werner Abelshauser in Einzelfällen nicht aus, sie hatte aber offenbar kein System. Der Historiker merkt an, dass Ostarbeiter ab 1942 »paradoxerweise eine Verbesserung ihrer Lebens- und Arbeitsverhältnisse« erfuhren. Nicht nur Krupp hatte höheren Orts auf die unsinnige Praxis hingewiesen, die darin bestand, Menschen hungern zu lassen, die doch arbeiten sollten. Betont wurden bei solchen Gelegenheiten betriebswirtschaftliche Notwendigkeiten. Jeder konnte sich ausmalen, dass humanitäre Beweggründe – sofern sie vorhanden waren – bei den zuständigen Stellen keine große Zugkraft entfalten würden. In einem 1957 geführten Radio-Interview mit einem holländischen Journalisten berichtet Alfried Krupp von in den Akten belegten Versuchen, die Versorgung zu verbessern: »Das war zunächst nicht zulässig, dann hat man's hintenrum getan. Wir haben Lebensmittel sogar geschmuggelt aus Holland für die ausländischen Arbeiter und Kriegsgefangenen.« Im Zuge eines gewissen Umdenkens entstanden beispielsweise auch Bunker für die Ostarbeiter. Die Beweise, nämlich Bunkerreste und entsprechende Beschriftungen, fanden sich jüngst bei Erdarbeiten auf dem Firmengelände. Das sind alles keine Heldentaten, aber immerhin mildern sie das Bild.

Über 300 Lager für ausländische Hilfskräfte hat es in Essen gegeben, 22 davon nur für Krupp-Arbeiter. Alfried Krupp bekannte in besagtem Interview, er sei »häufig« in den Lagern gewesen. »Stellenweise« sei es schlecht gewesen, doch »bis die schweren Lagerzerstörungen durch den Bombenkrieg kamen, bis dahin war es recht ordentlich«. Das dürfte so nicht zu halten sein.

Bekannt geworden ist vor allem das Barackenlager an der Humboldtstraße, in das im Sommer 1944 etwa 520 jüdische Frauen aus Ungarn einzogen und das damit eine Außenstelle des KZ Buchenwald wurde. Dieser Fall spielte im Krupp-Prozess eine entscheidende Rolle.

Krupp hatte die Beschäftigung von Häftlingen lange abgelehnt und bei den staatlichen Stellen stattdessen Fachkräfte angefordert, die es aber selbstredend nicht gab. Eine Einstellung, die allerdings spätestens im Juni 1944 so streng nicht mehr galt, da Alfried Krupp persönlich beim Generalstaatsanwalt in Hamm anfragen ließ, »ob nicht die gesamte Belegschaft des Essener Gefängnisses geschlossen zur Arbeit im Lokomotivbau eingesetzt werden könne«, wie Abelshauser schreibt. Auch bei den jüdischen Frauen aus Ungarn gab es die klare Erwartung der staatlichen Stellen, sie bei Krupp zu beschäftigen. 2000 von ihnen waren in Gelsenkirchen mit Aufräumarbeiten beschäftigt und dort wurden sie von einem Krupp-Beauftragten in Augenschein genommen. Er stufte sie als »zarte, feingliedrige Geschöpfe« ein, die ihm für Arbeiten in der Schwerindustrie nicht geeignet schienen. Nachdem die Firma aber einen geschlossenen Bereich geschaffen hatte, in dem die Frauen an Werkzeugmaschinen Kleinteile wie etwa Schrauben fertigen konnten, »musste Krupp schließlich nach den Regularien der SS ein Kontingent von 500 Ungarinnen im Alter von 15 bis 25 Jahren ›abnehmen‹«, so Abelshauser.

Nach Ansicht des Wirtschaftshistorikers hatte die Firma in der gesamten Zwangsarbeiterfrage nur wenig Spielraum für eigenes, verantwortliches Handeln. Eine Ansicht, die nicht unwidersprochen blieb. Der Essener Historiker und Zwangsarbeit-Experte Michael Zimmermann warf Abelshauser in einer wütenden Replik sogar Unredlichkeit vor. Ihm sei »über der Verteidigung der Firma Maß und Überzeugungskraft abhanden gekommen«. Die Spielräume der Firmenleitung seien in Wahrheit »erheblich« gewesen. Auch nach Darstellung des Historikers Ulrich Herbert, der den Fall der ungarischen Jüdinnen bei Krupp in den 1980er Jahren erforschte, waren Unternehmen nicht verpflichtet, KZ-Häftlinge zu beschäftigen. »Verpflichtet« ist freilich ein schillernder Begriff. Über die Möglichkeiten der NS-Institutionen, erheblichen Druck auf allen Ebenen auszuüben, sagt er wenig aus. Die neueren Forschungen von Abelshauser stellen Krupp jedenfalls ein Zeugnis aus, das die landläufigen Meinungen über Zwangsarbeit in der Schwerindustrie in diesem Fall nicht bestätigt, um es vorsichtig zu sagen.

Wie ist ein solcher, teils zornig ausgetragener Historiker-Streit zu erklären? Man muss davon ausgehen, dass neben der Faktenlage mehr oder weniger unterschwellig auch ideologische Fragen verhandelt wurden und werden: Waren Unternehmen und Unternehmer im Nationalsozialismus eher handelnde Subjekte oder agierten sie im Räderwerk des Regimes als Getriebene? Im Zuge der jüngst zum Abschluss gekommenen Entschädigung der Zwangsarbeiter ist der Industrie nicht selten vorgeworfen worden, sie stelle sich ihrer Verantwortung nur ungenügend. Folgt man jedoch Abelshauser, war es folgerichtig, dass nicht in erster Linie Krupp und Co. in der Entschädigungspflicht standen, sondern der Staat, der schließlich auch den Nutzen der Zwangsarbeit für sich reklamierte: Dieser bestand in der gewollten Fortführung des Krieges. Wenn jemals das Primat der Politik geradezu in Reinkultur galt, dann wohl während der nationalsozialistischen Diktatur.

Zurück zu den jüdischen Ungarinnen, deren weiteres Schicksal interessant ist. Denn zunächst ging es ihnen auch nach Darstellung industriekritischer Historiker bei Krupp immerhin besser als im KZ Buchenwald, wo der Tod stets gegenwärtig war. Als ihre Essener Baracken im Oktober 1944 bei einem Bombenangriff verbrannten, begann das große Elend. Zu Fuß, mit Holzpantinen und Decken notdürftig gegen die Kälte geschützt, mussten die Frauen jeden Morgen eine Dreiviertelstunde zur Fabrik laufen, da die Straßenbahn ausgefallen war. Weil ihre Arbeitsstätten nach neuen Bombenangriffen kaum mehr existierten, wurden ihnen fortan schwere und zum Teil ganz sinnlose Aufräumungsarbeiten befohlen. Im März 1945, nach der Auflösung des Essener Lagers, hat die SS die Frauen nach Thüringen zurück geschafft. Dort haben viele in den Wirren der letzten Kriegstage überlebt, während die Richter im Krupp-Prozess davon ausgehen, dass weitaus die meisten von ihnen umkamen. Auf den Urteilsspruch sollte dies nicht unerheblichen Einfluss haben. 1959 meldeten sich jedenfalls annähernd 400 Ungarinnen beim jüdischen Interessenverband »Jewish Claims Conference«, um eine Entschädigung zu erhalten. Krupp hatte sich als eines der ersten Unternehmen nach allerdings langwierigen Verhandlungen bereit erklärt, zehn Millionen D-Mark an jüdische

Zwangsarbeiter auszuzahlen, was auf etwa 5.000 Mark »Wiedergutmachung« für jeden Betroffenen hinauslief.

Gustav Krupps Schwager Tilo von Wilmowsky hat es in seinem Buch über den Krupp-Prozess mit einem Entlastungsargument versucht, das wohl nur ihm als ehemaligem KZ-Insassen nicht als Zynismus ausgelegt wird. Und doch ist es ausweislich des Schicksals der ungarischen Jüdinnen nicht falsch. Bei Krupp, so schreibt er, war die Chance zu überleben immer noch weit größer als im Konzentrationslager.

Wer hat bei Krupp Schuld auf sich geladen? Sicher diejenigen, die schlugen, schikanierten und straften, und der Krupp'sche Werkschutz war dabei nicht zimperlich. Vor Gericht aber stehen andere Männer. »Von der obersten Spitze eines Konzerns mit 190.000 Arbeitern und Angestellten ist unmöglich zu verlangen, dass sie sich persönlich um Einzelheiten kümmert«, meint Alfried Krupps Rechtsanwalt Otto Kranzbühler in seinem Plädoyer vor den alliierten Richtern. Das ist pauschal richtig und greift doch zu kurz. Es hätte in der Macht der Leitung gestanden, den Unglücklichen ihr Los erträglicher zu machen, und selten, zu selten ist dies auch geschehen, etwa durch den Sondereinkauf und die Zuteilung von Lebensmitteln und das Bereitstellen von Schutzräumen bei Bombardierungen. Doch insgesamt blendeten Alfried Krupp und seine Direktoren das Elend offenbar aus, war die allgemeine Barbarei zu weit fortgeschritten, als dass man sich innerlich von den Missständen im eigenen Haus noch hätte berühren lassen. In dieser mitmenschlichen Gleichgültigkeit liegt ihre Verstrickung und Verantwortung. Individuelle Schuld kann hingegen keinem der Angeklagten zweifelsfrei nachgewiesen werden. Der amerikanische Journalist Norbert Mühlen formuliert später die entscheidende Frage: »Können Handlungen von Menschen unter totalitärer Herrschaft nach den Grundsätzen einer Gesellschaft beurteilt werden, die die Freiheit des Gewissens und der Handlung für jeden Bürger sichert?«

Die Richter meinen ja. Ihre Urteile, verkündet am 31. Juli 1948, sind hart, verglichen damit, wie billig andere davon gekommen sind. Alfried Krupp soll zwölf Jahre ins Gefängnis, von den Direktoren wird nur einer frei gesprochen, alle anderen erhalten Haftstrafen zwischen drei und zwölf Jahren. Eine ungewöhnliche Zusatzstrafe unterstreicht den politischen

Die fertigen Rohre für das Sewastopol-Geschütz »Dora« werden auf Befehl der Alliierten auseinandergeschweißt und unbrauchbar gemacht.

Charakter des Prozesses, der nach westlichen Maßstäben auf schwachen Beinen steht: Alfried Krupps gesamtes Vermögen, so bestimmt es das Gericht, soll zugunsten des noch bestehenden Kontrollrats der vier Siegermächte eingezogen werden. Unter allen Prozessen im Zusammenhang mit der NS-Zeit bleibt dies einzigartig. Selbst diejenigen, die persönlich an abscheulichsten Verbrechen beteiligt waren, durften ihr Vermögen behalten. Zunächst spricht nichts dafür, dass dies nicht das letzte Wort sein würde.

Unterdessen befinden sich die immer noch großen Reste der Essener Werke in raschem Verfall. Die provisorische Geschäftsführung kann daran nicht viel ändern, obwohl sie gemeinsam mit der Belegschaft unter schwierigsten Bedingungen versucht zu retten, was zu retten ist. In dieser Lage wird selbst Schrott zum wertvollen Gut, das man gerne über die Zeit bringen würde. Von den Engländern als Kriegsbeute deklariert, geht das Material jedoch zum Teil außer Landes. Überhaupt herrscht erhebliche Willkür, gefördert durch die Tatsache, dass zwei Jahre lang offiziell in der Schwebe bleibt, ob und wie es eigentlich weitergehen soll. Im Oktober 1947 bringt die »Demontageliste« erste Klarheit, im Dezember 1948 folgt der endgültige Liquidationsplan. Nun geht es erst richtig los mit dem Ausweiden des Geländes, gegen das alle Proteste wirkungslos bleiben. Von den 20.000 Kruppianern, die sich nach und nach wieder einfinden, sind nur zwei Drittel mit produktiver Arbeit beschäftigt. Die restlichen haben die demütigende und widersinnige Aufgabe, die Abrisspläne umzusetzen und damit ihre Arbeitsplätze zu vernichten. Oberst Fowles, so scheint es, wird Recht behalten mit seiner düsteren Prophezeiung. Später zeigt sich, dass eine Firma dieser Größe und Tradition mit Sprengstoff letztlich nicht auszuradieren ist, dass die Demontierer hier vielmehr einer seltsam archaischen Vorstellung von Wirtschaft erliegen. Solange in den Köpfen so vieler Mitarbeiter das Wissen und der Wille zum Neuanfang erhalten bleiben, solange es für das potenziell zu Produzierende einen Markt gibt, ist ein Unternehmen nicht völlig tot.

Zunächst aber ist die Frage nur zu berechtigt: Was soll aus der Stadt Essen werden, in der so vieles von Krupp abhängt? Aus welcher Substanz soll das Neue wachsen? Eines der drängendsten Probleme sind die 16.000 Rentner, deren Existenz von der Zahlung der Betriebsrente abhängt. Die bescheidenen Erlöse aus der Produktion reichen bei weitem nicht, um diesen Verpflichtungen nachzukommen. Es gibt allerdings noch flüssige Mittel – unter anderem dank des heimlichen und nicht ungefährlichen Verkaufs von Staatsanleihen in den letzten Jahren des Krieges. Der Griff in die Rücklagen ermöglicht wenigstens die Auszahlung eines Teils der Ruhegelder, obwohl dies die Firma zwangsläufig weiter schwächen muss.

Seit klar ist, dass Krupp ein Stigma anhaftet wie keinem zweiten Unternehmen in Deutschland, ist die gemeinsame Geschichte für die neuen, zunächst von der Besatzungsmacht noch ernannten Stadtväter eine Last, derer man sich so schnell wie möglich zu entledigen wünscht. Schon im März 1946 streicht das Vorgängergremium des Stadtrats außer Hitler und Göring in einem gemeinsamen Akt auch Bertha und Gustav Krupp aus der Liste der Ehrenbürger. Der von allen Parteien, auch den eher konservativen, getragene Beschluss muss nach dem immensen finanziellen Engagement, das mehrere Krupp-Generationen für ihre Vaterstadt aufbrachten, zutiefst verletzend wirken. Die Entfremdung zwischen dem offiziellen Essen und seiner prominentesten Familie ist denn auch jahrelang nicht zu übersehen. Viele Kruppianer, seit jeher und immer noch stolz auf die Firma, sind entsetzt über das Votum, zumal gerade Bertha unter ihnen Verehrung, mindestens aber Respekt genießt.

Der Vorwurf, die Stadt habe sich abgewandt, als es schwierig wurde, in guten Zeiten die sozialen Wohltaten der Firma aber keineswegs verschmäht, stand lange im Raum. Die Frage ist natürlich: Hatte man eine andere Wahl, als auf den übermächtigen Anti-Krupp-Kurs einzuschwenken, wo doch das Unternehmen offensichtlich dazu verurteilt war, für immer unterzugehen? In einer verzweifelten Resolution an die Militärregierung beteuert der Rat, er sei »nicht daran interessiert, den Krupp-Konzern zu erhalten«. Doch die Zerstörung auch jener Arbeitsplätze, die friedlichen Zwecken dienten, werde zur »Entstehung eines Elendsgebietes« führen.

Vergeblich. Der Hass, den Krupp auf sich zieht, hat vor allem in England schon etwas Pathologisches. 1950, als es überall in Deutschland auch dank der neuen Währung schon wieder aufwärts geht, unterliegt Krupp immer noch der Sonderbehandlung, erschüttern jeden Tag pünktlich um 12 Uhr Sprengungen die Stadt. Die Sorge, Essen könnte von der allgemeinen Entwicklung abgehängt und zum Armenhaus des Ruhrgebiets werden, ist zeitweise berechtigt. Daran ändert auch nichts die Tatsache, dass es mit Zustimmung Krupps als Grundeigentümer und mit Subventionen von Bund und Land gelingt, kleinere Firmen auf Teilen des riesigen Geländes anzusiedeln.

Als die Alliierten die Demontagen 1951 endlich einstellen, haben sie 40 Prozent der Gussstahlfabrik, wie sie vor dem Zweiten Weltkrieg bestand, vernichtet. Zusammen mit den mehr als 30 Prozent Totalverlusten durch unmittelbare Kriegseinwirkung ist das eine gewaltige Substanzeinbuße. Man schätzt, dass Krupp durch Krieg und Demontage einen Zeitwertschaden von 600 Millionen Mark erlitt – bei einem Gesamtwert der Grundstücke, Anlagen, Maschinen und Wohnhäuser von mehr als einer Milliarde Mark. Abgeschrieben werden muss selbstverständlich auch das Gruson-Werk in Magdeburg, da es in der sowjetisch besetzten Zone der Enteignung und der Umwandlung in »Volkseigentum« unterliegt. Zerstört und demontiert ist außerdem die Kieler Germaniawerft. Alles in allem ein gewaltiger materieller Aderlass.

Nicht besser als der Firma geht es der Familie. Man kann den Krupps manches vorwerfen, nicht aber, dass die deutsche Tragödie um sie einen Bogen machen würde, während andere leiden. Gustav Krupp dämmert, von seiner Frau gepflegt, in einem Nebengebäude seines österreichischen Jagdschlosses dem Tod entgegen, der 1950 eintritt. Nach Claus und dem Mann von Tochter Irmgard ist wenige Tage vor Kriegsende auch Bertha und Gustavs jüngster Sohn Eckbert gefallen. Sohn Harald befindet sich in sowjetischer Kriegsgefangenschaft, nachdem er 1945 zunächst unerkannt vor der Freilassung stand, dann aber von einem Kameraden verraten wurde. Die Villa Hügel ist von den Engländern für Büro- und Wohnzwecke beschlagnahmt. Hier residiert die internationale Kohlenkontrolle, deren Mitarbeiter eine eigenwillige Definition von anderleuts Eigentum pflegen – am Ende sind im Haus »Andenken«-Verluste im Wert von zwei Millionen D-Mark zu beklagen. Berthold von Bohlen, der viertälteste Sohn, ist der einzige aus der Familie, der handlungsfähig ist. Er betätigt sich als unermüdlicher Vermittler, sowohl in Prozess- als auch in Familienangelegenheiten, letzteres offenbar meist heimlich. Die Besatzungsoffiziere, die in den Krupp-Verwaltungsgebäuden die oberste Kontrolle ausüben, legen ihm dringend nahe, sich besser nicht in Essen blicken zu lassen.

Alfried Krupp erträgt die Jahre in der Haftanstalt Landsberg nach außen schweigend und in stoischer Gelassenheit. Tagsüber ist er für die Gefängnisschlosserei eingeteilt, wo er schmiedeeiserne Kerzenleuchter herstellt. Zumal im Vergleich mit anderen Unternehmern, die längst wieder bei ihren Geschäften sind, ist sich Alfried Krupp keiner Schuld bewusst, die eine solche Strafe rechtfertigen könnte. Das muss verbittern, wie auch die folgende viel zitierte Anekdote belegt. Als ihn ein wohlgesinnter Wärter fragt, wie er angeredet zu werden wünscht – Herr Krupp, Herr von Bohlen oder mit dem langen kompletten Namen –, erhält er zur Antwort: »Nennen Sie mich Krupp, wegen dieses Namens bin ich hier.« Und ironisch soll er hinzugefügt haben: »Diese Zelle ist mein Anteil am großen Krupp-Erbe.«

Nach dem Auslaufen der Demontage 1952: Die Altendorfer Straße mit der Verwaltungszentrale und einigen wiederaufgebauten Hallen.

Auf einen langen Brief an den amerikanischen Militärgouverneur Lucius D. Clay, in dem Alfried Krupp um Überprüfung des Urteils bittet, hat er nie eine Antwort bekommen. Clay bestätigt das Urteil – mit einer gewichtigen Ausnahme. Nicht dem alliierten Kontrollrat, der längst nur noch auf dem Papier existiert, soll das Krupp-Vermögen zufallen, vielmehr soll jede Siegermacht mit den in ihrer Besatzungszone liegenden Fabriken und sonstigen Werten nach Gutdünken verfahren dürfen. Der Grund für den Schachzug ist offensichtlich: Das ursprüngliche Urteil hätte gestattet, dass die Sowjets im Ruhrgebiet ein Wort hätten mitreden können. Das aber ist weniger denn je erwünscht. Der Kalte Krieg hat begonnen.

Spätestens mit dem Ausbruch des Koreakriegs 1950 hat sich die Weltlage drastisch zugespitzt. Die fragile Eintracht der Siegermächte ist offener Feindschaft gewichen, und die junge Bundesrepublik Deutschland gilt nun als wichtiges Bollwerk gegen den kommunistischen Machtblock. Ende 1950 hält der neue amerikanische Hochkommissar John J. McCloy die Zeit für gekommen, um die Urteile zahlreicher Kriegsverbrecherprozesse neu zu bewerten, darunter auch den Fall Krupp. Ende Januar fällt die Entscheidung: Gegen große Teile der öffentlichen Meinung vor allem in England werden Alfried Krupp und seine noch inhaftierten Direktoren begnadigt. Viele Argumente, die die Verteidigung erst gut zwei Jahre zuvor vergeblich vorbrachte, kommen plötzlich zu neuen Ehren. Nun ist es »außerordentlich schwierig, das Maß der persönlichen Schuld zu bestimmen«, findet McCloy, auch sei bei den in der Sache vergleichbaren Prozessen gegen Flick und die IG Farben weit milder geurteilt worden. »Ich sehe keinen Sinn darin, diesen Mann weiter einzusperren, nur weil sein Name Krupp ist«, bescheidet der Hochkommissar Kritiker. Fast noch wichtiger für Krupp ist die folgende Feststellung: »Beschlagnahme des Gesamtvermögens gehört nicht zu den Gepflogenheiten unseres Rechtssystems und widerstrebt im Allgemeinen dem amerikanischen Rechtsbegriff.« Ein Schlag ins Gesicht der Richter, denen McCloy zwischen den Zeilen die ideologische Stoßrichtung ihres Urteils bestätigt. Die Rückgabe des Vermögens wird angeordnet, die Freilassung auf den 3. Februar 1951 festgelegt.

Freundschaft in formaler Korrektheit:
Alfried Krupp und Berthold Beitz
bei einer Besprechung 1957.

Der Wiederaufstieg

Nur ein schwaches Lächeln bringt Alfried Krupp zustande, als ihn sein Bruder Berthold vor dem Landsberger Gefängnistor erwartet. Spät, sehr spät hat aus Sicht des Verurteilten »die Vernunft über den Hass gesiegt«, wie er es Jahre später aus Anlass des Totengedächtnisses für seinen mitinhaftierten Direktor Friedrich Janssen formuliert. Aus dem jungen Mann, der sechs Jahre zuvor auf den Army-Jeep klettern musste, ist ein 43-Jähriger geworden, der rein äußerlich durchaus zehn Jahre älter sein könnte. Der Presserummel ist für die damaligen Verhältnisse außergewöhnlich.

Alfried Krupp nach seiner vorzeitigen Entlassung im Februar 1951. Sein Bruder Berthold (rechts) und sein amerikanischer Anwalt Earl J. Carrol holen ihn in Landsberg ab.

Allerdings verraten Kleinigkeiten in der anschließenden Berichterstattung, dass es vor allem britische und amerikanische Reporter mit der Wahrheit nicht so genau nehmen, sobald es um Krupp geht. Als die Bohlen-Brüder ein nahegelegenes Hotel aufsuchen und der Wirt sie dort mit einer gutgemeinten Flasche Sekt »auf Kosten des Hauses« überrascht, gerät die Veranstaltung flugs als »Champagner-Frühstück«

in die Schlagzeilen. Der reiche Herr Krupp trägt den Kopf schon wieder verdammt hoch, ist die unterschwellige Botschaft.

In den ersten Interviews kommt sofort die Frage auf, die Alfried Krupp in den nächsten Jahren noch unzählige Male gestellt werden wird: »Wollen Sie wieder Waffen bauen?« Die Antwort ist ausweichend, hat längst nicht die Deutlichkeit späterer Jahre: »Ich habe nicht den Wunsch und nicht die Absicht, aber ich glaube, dieses Problem wird von der deutschen Regierung gelöst werden und nicht von meinen persönlichen Neigungen. Ich hoffe, es wird für Krupp nie wieder notwendig sein, zum Waffengeschäft zurückzukehren.« Es ist die alte Linie, die Alfried Krupp hier zunächst konsequent beibehält. Beim Thema Waffen hat der Staat das erste und letzte Wort, Krupp ist und bleibt Dienstleister.

Mit der glücklichen Amnestie sind der Krieg und seine Folgen für Krupp keineswegs erledigt. Denn da gibt es noch das alliierte Gesetz Nummer 27, das zwar alle Montankonzerne an Rhein und Ruhr trifft, Krupp aber besonders hart. Es sieht vor, die in Deutschland für schädlich befundene »Machtkonzentration« in der Hand weniger Unternehmen zu beseitigen. Natürlich spielt hier im Hintergrund die alte These von der politischen Macht der Großindustrie eine Rolle. Für Krupp bestimmt der so genannte »Entflechtungsplan«, dass der Firma ausschließlich die Stahlverarbeitung gestattet sein soll. Unter Verkaufsauflage kommen hingegen die Essener und Bochumer Zechen, die Eisenerzgruben und vor allem das größte deutsche Hüttenwerk, die Friedrich-Alfred-Hütte in Rheinhausen. Die Beschneidung wirtschaftlicher Macht gilt vielen als Königsweg zu einer besseren Welt. Selbst in den erzkapitalistischen Vereinigten Staaten waren in der von Staatsinterventionen geprägten Ära Roosevelt (»New Deal«) ab den 1930er Jahren zwangsweise Entflechtungen ernsthaft erwogen worden, jedoch am Widerstand der Industrie gescheitert. J. P. Morgan, dem amerikanischen Stahlmagnaten, ist ein anschauliches Bild zu verdanken: »Aus Rührei kann man keine Eier machen.«

Wer wollte das bestreiten? Alle Stahlkonzerne der Welt sind vertikal gegliedert, nicht allein, weil es sie nach übermäßiger Macht dürstet, sondern weil dies zweckmäßig und auch steuerlich vorteilhaft ist. Die eigene Rohstoffgrundlage, die eigene Stahlerzeugung gibt die Gewähr, dass schon das Rohmaterial genau die Qualität besitzt, die das Endprodukt erfordert. Krupp mit seinen spezialisierten Maschinen und Anlageteilen ist darauf besonders angewiesen, soll der lebenswichtige Qualitätsnimbus nicht mit der Zeit verloren gehen. Als später ausgerechnet auf einem Schiff des griechischen Jet-Set-Reeders Onassis eine bei Krupp hergestellte Turbine Schäden aufweist, wird man dies in Essen mit der unorganischen Konzernstruktur entschuldigen.

Aber das Klagen nützt nichts. In Deutschland gibt es niemanden, der die politische Kraft hätte, den Entflechtern ernsthaft in den Arm zu fallen, und bei Krupp sind sogar besondere Sicherungen geplant. Alfried sieht sich nach langen Verhandlungen schließlich gezwungen, mehrere Verträge zu unterzeichnen, darunter im März 1953 das »Mehlemer Abkommen«, benannt nach dem Ort Mehlem südlich von Bonn, wo der amerikanische Hochkommissar residiert. »Ein Unikum des internationalen Vertragsrechts«, schreibt später Alfrieds Nichte Diana Maria Friz. Die drei Mächte Großbritannien, Frankreich und USA schließen einen völkerrechtlich verbindlichen Kontrakt mit einem Privatmann, nämlich Alfried Krupp, dem damit quasi der Status eines Staates zuerkannt wird. Kaum vorstellbar, dass das Bundesverfassungsgericht diesen durchaus skurrilen Versuch, Krupp an die Kette zu legen, akzeptiert hätte. Andererseits hat Krupp zwar manchmal damit gedroht, es jedoch nie riskiert, Mehlem juristisch anzufechten. Neben der Entflechtung enthält das Abkommen die Bestimmung, dass Alfrieds vier lebenden Geschwistern und Claus' Sohn Arnold spätestens 1963 jeweils elf Millionen Mark in bar oder in Aktienwerten auszuzahlen sind. Damit sollen ihre Ansprüche am Firmen-Erbe, die Gustav Krupp mit der »Lex Krupp« außer Kraft gesetzt hatte, abgegolten werden. Ansonsten aber bleibt das von Hitler unterzeichnete Sondergesetz in vollem Umfang in Kraft.

Konkret heißt das: Alfried Krupp bleibt Alleininhaber einer Einzelfirma. Der Konzern ist zwar zerschlagen, Alfrieds Unterschrift, das Abfinden mit dem Unvermeidlichen, hat aber zumindest verhindert, dass die abzutrennenden Unternehmensteile im Extremfall enteignet und sofort verschleudert würden. Sie bleiben sein Eigentum und arbeiten auf seine Rechnung, obwohl dort offiziell Treuhänder das Sagen haben. Auf dem Papier hat sich Krupp zudem verpflichtet, für seine Zechen und

Stahl produzierenden Werke binnen fünf Jahren einen Käufer zu finden. Für einen Unternehmer stellt all das sicherlich eine schwierige Gratwanderung dar. Unmittelbar kann Alfried Krupp aber nun immerhin wieder über die Essener Stahlverarbeitung verfügen, die nach alter Sitte allgemein weiterhin »Gussstahlfabrik« genannt wird. Hinzu kommen diverse Handelsgesellschaften, die Bremer Werft AG Weser, schließlich der Stahl- und Maschinenbau Rheinhausen, nicht zu verwechseln mit der räumlich benachbarten Hütte, die der Entflechtung unterliegt. Zwischen den beiden Rheinhausener Unternehmen wird ein hoher Drahtzaun errichtet. Nichts symbolisiert wohl stärker den politisch motivierten Unsinn der Bestimmungen. Die Firma hofft, dass man sie später wird umgehen oder gar weitgehend wird ignorieren können, was auch geschieht.

Solange er nicht offiziell wieder in sein Eigentum eingesetzt ist, hat Alfried Krupp auch nach der Haftentlassung bewusst davon abgesehen, die alte Hauptverwaltung des Unternehmens zu betreten. Im März 1953 ist es dann soweit, und die Belegschaft begrüßt ihn herzlich mit dem Gefühl und der Erwartung, dass es nun weiter aufwärts gehen wird. In zeittypischer Manier gibt der Spätheimkehrer bei der ersten Jubilarehrung im Januar 1954 die Parole aus, »die Vergangenheit ruhen zu lassen und den Blick in die Zukunft zu richten«. Eine spätere Generation wird dieses Verhalten Verdrängung nennen, doch die Zeitgenossen finden es näher liegend, sich auf die Arbeit zu konzentrieren und sich dabei nicht durch allzuviel Vergangenheitsbewältigung stören zu lassen. Die politische Grundeinstellung, ob bürgerlich oder links, spielt dabei kaum eine Rolle. Stillschweigend gilt bei Krupp vielmehr allgemein der Konsens, dass der »Chef« zu Unrecht eingesessen hatte.

In den zwei Jahren seit seiner Entlassung hatte Alfried Krupp sich die Freiheit genommen, das zu tun, was ihm Spaß macht – erstmals in seinem Leben, wie viele glauben. Vor allem ist er – stets fotografierend – auf Reisen gegangen, was zahlreiche Fotobücher dokumentieren. Und er hat in aller Stille und fern von Essen noch einmal geheiratet. Vera Hossenfeldt heißt die Braut, die man wegen ihrer drei geschiedenen Ehen und ihres turbulenten Lebenslaufs im etwas verklemmten Sprachgebrauch der Fünfziger Jahre gerne als »lebenslustig« bezeichnet. Um es vorwegzunehmen: Für die Rolle an der Seite eines Mannes, dem seine

Acht Jahre nach seiner Verhaftung, am 12. März 1953, betritt Alfried Krupp erstmals wieder die Krupp-Hauptverwaltung. Seine zweite Frau Vera begleitet ihn. Rechts Finanzdirektor Johannes Schröder.

Industriebetriebe immer noch das Wichtigste sind, sollte sie sich als ungeeignet erweisen. Auch diese zweite Ehe von Alfried Krupp scheitert nach wenigen Jahren.

Wirtschaftlich geht es bei Krupp wieder bergauf, und das in großen Sprüngen. In Deutschland ist Wirtschaftswunderzeit, und schon 1951 kann die Firma wieder Gewinne verbuchen. Abgesehen von Waffen, nimmt Krupp die ganze Vorkriegspalette der Stahlverarbeitung auf, ergänzt um vieles Zeitgemäße, das der Markt fordert: Lastwagen und Busse, Kräne und Bagger, Brücken und Schleusen, Maschinen für alle erdenklichen Zwecke, selbst Schrauben und Muttern – das Krupp'sche »Warenhaus« aus den 1920er Jahren scheint Auferstehung zu feiern. Alfried Krupp hatte wie einst sein Vater die Losung ausgegeben, alle

Aufträge anzunehmen, »wie sie sich uns bieten«, und noch mehr als damals haftet der wilden Mischung von Aktivitäten etwas Unorganisches an.

Eine kluge Entscheidung ist es, konsequent den Export wiederzubeleben. Überall da, wo kriegsbedingte Ressentiments nicht zu sehr im Wege stehen, hat der Name Krupp weiter einen guten Klang. Ganze Walzwerke, Zementfabriken oder Chemieanlagen gehen nach Südamerika, Asien und auch ins europäische Ausland. 1951 wird ein Umsatz von 1,385 Milliarden D-Mark erzielt, davon im Export 150 Millionen, und für 1954 lauten die Vergleichszahlen 2,14 Milliarden Mark und 334 Millionen. Ein erstaunlicher Kraftakt, bedenkt man, aus welchem Tief sich Krupp herauswinden musste. Ohne den Stamm erfahrener Facharbeiter wäre dies nicht gelungen, wie Alfried Krupp bei der Jubilarfeier betont. Es erweist sich nun, dass die Demontage auch ihre Vorteile hatte. Während Konkurrenten oft mit veralteten Anlagen und Maschinen arbeiten, steht bei Krupp notgedrungen das neueste und modernste Material. Erkauft wird dies allerdings mit einer Kreditlast, die der Firma noch zu schaffen machen wird.

Man könnte recht zufrieden sein, wenn es da nicht den Entflechtungsvertrag gäbe, der Fristen setzt, die allerdings dank geschickter Formulierungen durchaus schwammigen Charakter haben. Alfried kommt jedoch nicht umhin, einige kleinere Betriebe, für die es ernsthafte Interessenten gibt, zu verkaufen, 1954 etwa das Bergwerk Emscher-Lippe in Datteln und 1956 die Aktienmehrheit des Bergwerks Constantin in Bochum. Letzteres verkauft Krupp an den Bochumer Verein und damit indirekt an sich selbst, da der Bochumer Verein zu dieser Zeit bereits in Fusionsverhandlungen mit den Hüttenwerken Rheinhausen steht. Man erkennt hier das Prinzip: Alfried Krupp will die von seinen Vorfahren geschaffene, auf Stahl basierende Struktur des Unternehmens um jeden Preis erhalten, ja diese nach Möglichkeit sogar vergrößern. Begründet wird dies nicht zuletzt mit den sozialen Verpflichtungen, die selbstverständlich auch für jene Kruppianer gelten, die den Betrieben unter Verkaufsauflage angehören. Wie die alte Einheit, die gefühlt weiter existiert, auch real wieder herzustellen ist, ohne offen vertragsbrüchig zu werden, das muss die Zeit zeigen.

Krupp-Lastwagen in Reih und Glied, 1953: Eine Großlieferung für die Türkei.

Bereits kurz nach der Haftentlassung wird klar: Der Alleininhaber will beim Wahrnehmen der Gesamtverantwortung einen Vertrauten an seiner Seite wissen, allerdings soll es keiner aus der Familie sein, auch nicht sein unternehmerisch tätiger Bruder Berthold. Auserkoren ist vielmehr ein Mann, den Alfried Krupp ganz zufällig 1952 kennen- und rasch schätzen lernte: Berthold Beitz. Der erst 38-jährige gebürtige Pommer hat bereits eine respektable Karriere gemacht, als sich seine und Alfried Krupps Wege kreuzen. Der Sohn eines kleinen Reichsbankbeamten lernte ebenfalls das Bankfach, um nach verschiedenen Stationen 1949 Generaldirektor der Iduna-Versicherung in Hamburg zu werden.

Zunächst ist es nur die Kunst, die den einschlägig interessierten Beitz ins Ruhrgebiet lockt: Bei dem überregional bekannten Essener Bildhauer Jean Sprenger will er eine Skulptur in Auftrag geben, die die neue Zentrale seines Unternehmens schmücken soll. Sprenger wiederum ist gut bekannt mit Berthold von Bohlen, zu dritt geht man zum Abendessen. Ob er nicht Lust hätte, auch einmal seinen Bruder Alfried kennenzulernen, fragt Bohlen. Beitz hat Lust. »Schließlich war ich jung, und der Name Krupp hatte einen magischen Klang für mich.«

Auf den ersten Blick könnten die beiden Männer, die sich kurz darauf zwanglos zum ersten Mal begegnen, unterschiedlicher kaum sein. Hier der menschenscheue, schweigsame, überkorrekte, auf seine Art aber durchaus charismatische Alfried Krupp, gezeichnet durch sechs Jahre

Anknüpfen an alte Qualitäten: Ansichtskarte vom interessant gestalteten Krupp-Stand auf der Industriemesse in Hannover, 1951.

Haft, gebeugt durch die Last der Familientradition und durch jämmerlich gescheiterte menschliche Beziehungen. Dort der kontaktfreudige, lebensfrohe, hemdsärmelige und auch noch glänzend aussehende Sonnyboy Berthold Beitz. Hier der große Tragiker, dort ein »Liebling der Götter«, der selbst unter widrigen Umständen wie einem grundstürzenden Weltkrieg den Kopf oben behalten und durch vorbildliches Verhalten Ehre eingelegt hatte – darauf wird noch zurückzukommen sein. Jedenfalls sind es wohl gerade diese Gegensätze, die auf die Beteiligten anziehend wirkten.

Zu Beitz' Überraschung schlägt Alfried Krupp einige Wochen später, Ende September 1952, ein erneutes Treffen vor, diesmal in Beitz' Wahlheimat Hamburg. Beim Spaziergang an der Binnenalster unterbreitet Alfried dann das berühmte Angebot, das in die Industriegeschichte eingegangen ist: Ob Beitz Interesse hätte, sein Generalbevollmächtigter bei Krupp zu werden, und mit ihm den Konzern wiederaufzubauen, ausgestattet mit allen Befugnissen und Durchgriffsrechten, rechenschaftspflichtig nur ihm, dem Alleininhaber: »Sie können handeln wie ein Eigentümer.« Beitz schlug ein, zumal auch das Gehalt ihm zusagen musste. Eine Million Mark pro Jahr – Beitz hat diese Summe nie dementiert – ist für einen Manager in den bescheidenen 1950er Jahren ein sensationell hohes Salär. Allerdings ist Beitz eben tatsächlich weit mehr als nur ein Angestellter. Er ist Helfer, Vertrauter und – bei aller höflich-formalen Distanz – auch Freund. »Er war sehr darauf bedacht, dass ich nur für ihn da war«, sagte Beitz in der Rückschau der Journalistin Nina Grunenberg.

Zugegeben, mit Berthold Beitz betritt ein Mann die Bühne der Ruhrindustrie, der den ehrwürdigen Bochumer Verein zunächst für einen Fußballclub hält, der wenig Ahnung hat vom Stahlgeschäft, von Ritualen und Gepflogenheiten, von den Direktoren der Montankonzerne, die stolz sind auf ihre Bergassessoren-Titel. Die Steifheit, die Krupp seit Generationen prägt, ist dem Neuen zuwider. Seine Sätze schmückt er gerne mit damals neumodischen amerikanischen Redewendungen wie »Okay«, ist überhaupt vom ganzen Auftreten her eine einzige Provokation. Der »Revierfremde« wird man ihn abschätzig nennen, und das richtige Alter fehlt ihm auch, als er im November 1953 in Essen antritt. »Mit 40 Jahren ist er für den Geschmack der Revierherzöge noch nass hinter den Ohren«, beschreibt der Wirtschaftspublizist Heiner Radzio im Rückblick die eisige Empfangsatmosphäre.

Sicher konnten gerade an der Ruhr auch Neulinge ihre Karrieren machen – immer vorausgesetzt, sie fingen bescheiden unten an und spuckten den Alten nicht in die Suppe. Quereinsteiger auf einer solch hohen Ebene aber waren bis dato praktisch unbekannt. Im eigenen Haus gibt es einen regelrechten Kulturschock. Völlig zu Recht befürchten die Krupp-Direktoren, dass Beitz ihnen die Kompetenzen beschneiden und den direkten Zugang zum Alleininhaber verstellen wird. Es ist dies genau der heilsame Schock, den Alfried Krupp für nötig hält. Er weiß, dass die Firma droht, in Ehrfurcht vor sich selbst zu erstarren, und gibt Beitz volle Rückendeckung. Gerade das Unbekümmerte, von der Krupp'schen Tradition Losgelöste, gerade der selbstbewusst vorgetragene Unwille, sich in den Details zu verlieren, ist offenbar erwünscht. Auch die neue Lage, die durch die drohende Zerschlagung des Konzerns entstanden ist, mag ein Grund für die Bestallung eines Außenseiters gewesen sein.

Die Legende will, dass Beitz als erste Amtshandlung den recht behäbigen Paternoster in der Essener Hauptverwaltung schneller fahren lässt. Das weist symbolisch die Richtung. Die Firma ist trotz vieler Erfolge schwerfällig geworden. Während der Gefängnisjahre des Inhabers fehlte es an einer zentralen Leitungsinstanz, als Folge herrschen die Direktoren – von der britischen Besatzungsmacht dazu ermutigt – wie kleine Monarchen über die ihnen unterstehenden Geschäftsfelder. Bürokratische Verkrustungen haben sich eingeschlichen, das Zusammenspiel im Konzern ist verbesserungsfähig. Auch bisherige Würdenträger in der Leitungsebene können mit keinerlei Rücksicht rechnen. Ob es wahr sei, dass er dem Direktor Hans Herrmann nur fünf Minuten Zeit ließ, um die Hauptverwaltung für immer zu verlassen, wird Beitz später einmal gefragt. »Da sehen Sie, wie die Leute übertreiben«, lautet die gern zitierte Antwort, »ich ließ ihm eine ganze Viertelstunde«. Hermann, so die Kolportage des »Spiegel«, soll nicht nur sein Drang zur Macht zum Verhängnis geworden sein, vielmehr habe seine Frau der Gattin von Beitz ein »Schmuckgeschenk anzutragen« versucht.

Auch sonst liebt der Generalbevollmächtigte Klartext. Was Alfried Krupp bestenfalls andeutet (Beitz: »Das ist sein anerzogener Respekt vor Maßnahmen der Obrigkeit«), das spricht der Generalbevollmächtigte offen aus: »Die Verkaufsauflagen müssen fallen, denn die Krupp-Betriebe gehören genau so zusammen wie ein Bauernhof, der gute und schlechte Felder hat.« Der Abgang einiger kleinerer Betriebe ließ sich, wie erwähnt, nicht verhindern. Ab jetzt aber gilt Beitz' Motto: »Wir verkaufen keinen einzigen Ziegelstein mehr.« Die anderen deutschen Montankonzerne, die ebenfalls der Entflechtung unterlagen, sind längst dabei, sich vertikal zu strukturieren. Sie haben es leichter, denn im Gegensatz zu Krupp fesselt sie kein völkerrechtlich bindender Vertrag.

Nachdem die Bundesrepublik die volle Souveränität erlangt, ist es eigentlich Aufgabe der Bundesregierung, auf die Erfüllung der Verkaufsauflagen zu dringen. Doch im Wirtschaftsministerium nimmt man es stillschweigend und heimlich zustimmend hin, dass sich Beitz im Gegenteil bemüht, die Bande zwischen den getrennten Krupp-Betrieben Zug um Zug wieder enger zu knüpfen. Demonstrativ nimmt er etwa

Krupp-Reisebusse für den französischen Markt. Ein Werbeprospekt aus den 1950er Jahren.

an Hauptversammlungen der Hüttenwerke Rheinhausen teil und lässt sich in den Aufsichtsrat wählen, 1958 wird gar der Hauptsitz nach Essen verlegt. All das geschieht trotz großer Bauchschmerzen der Treuhänder, die über die Einhaltung der Regeln wachen sollen, denen jedoch aus der Bundeshauptstadt bedeutet wird, es sei schon alles in Ordnung so. Aus Gründen der diplomatischen Rücksichtnahme gegenüber den ehemaligen alliierten Mächten und der öffentlichen Meinung vor allem in Großbritannien bleibt es noch lange bei diesem Drahtseilakt. Klar ist andererseits: Würde Krupp gegen seinen Willen zum Verkauf gezwungen, hätte dies einen Aufschrei der deutschen Öffentlichkeit und eine lange juristische Auseinandersetzung zur Folge. Und auch daran hat niemand Interesse.

Beitz selbst treibt gelegentlich der Gedanke um, ob es ökonomisch denn eigentlich klug ist, so sehr am Montanbesitz, an den Zechen und Stahlwerken zu hängen. Dass die großen Wachstumsschübe eher von anderen Branchen zu erwarten sind – Automobile, Chemie, Elektronik –, ist Ende der 1950er Jahre absehbar, als mit Beginn der ersten Kohlekrise der Absatz erstmals dramatisch zurückgeht und sich das Ende des Montan-Booms ankündigt. Alfried Krupp allerdings ist Stahl-Industrieller mit Leib und Seele. Letztlich, meint der Wirtschaftshistoriker Werner Abelshauser, gehen Krupp und Beitz auch hier im Gleichschritt vor: »Bevor nicht die Krupp'sche Unternehmenskultur wiederhergestellt war, erschien beiden der Versuch einer zukunftsorientierten Neuorganisation des Konzerns weder sinnvoll noch erfolgversprechend.«

Beide bleiben sie Stahl-Männer, denen der Sinn eher sogar nach Zukäufen steht. Dabei hilft ein alter Freund des Hauses: Axel Wenner-Gren. Der schwedische Multimillionär und Spekulant hatte bereits in den 1930er Jahren Geschäfte mit Krupp gemacht, als er Gustav Krupp ein Aktienpaket der schwedischen Rüstungsschmiede Bofors abkaufte. Wenner-Gren besitzt die Mehrheit am Bochumer Verein, die er im Zuge der Entflechtung der Vereinigten Stahlwerke erwarb, und er ist bereit, diese Mehrheit an Alfried Krupp abzutreten. Diese Aktion sorgt im Revier begreiflicherweise für einiges Aufsehen, gehört doch das Bochumer Hüttenwerk mit seinen Verarbeitungsbetrieben seit mehr als einem Jahrhundert zu den schärfsten Konkurrenten der Essener Firma – wechselseitige Animositäten inklusive. Mit einem Schlag hat Krupp nun jedenfalls einen Teil seiner Probleme gelöst, denn der Bochumer Verein hat sich nach den Kriegszerstörungen auf die Produktion von Edelstahl spezialisiert und bietet somit genau das, was Krupp seit der Demontage des Borbecker Hüttenwerks so schmerzlich fehlt. Ein Schönheitsfehler ist allerdings, dass das Aktienpaket der Holding Rheinhausen zugeschlagen wird, da die Einzelfirma Krupp zumindest im Inland selbstredend kein Montanunternehmen kaufen darf. So entsteht eine paradoxe Situation: Die Holding Rheinhausen wird immer größer, wertvoller – und immer unverkäuflicher. Nichts zeigt wohl deutlicher, wie wenig ernst Alfried Krupp und Beitz den Vertrag noch nehmen. Die Buchstaben will man beachten, den Geist nicht. Ohne dass man dies groß verheimlicht, ist Krupp de facto wieder ein Konzern, ist gemessen am Umsatz für einige Jahre sogar wieder das größte deutsche Unternehmen.

Und kaum zu glauben: Keine zehn Jahre nach Ende des Krieges und dem tiefen Fall des Hauses Krupp fassen es gekrönte Häupter und Staatspräsidenten wieder als Ehre auf, in der Villa Hügel empfangen zu werden. Alfried Krupp und seine Mutter Bertha verstehen es, die Aura einer alten Industriellenfamilie zu entfalten, der man sich nur schwer entziehen

Drei Generationen Krupp: Bertha Krupp im Gespräch mit ihrem Sohn Alfried, Enkel Arndt fixiert den Vater.

kann. Mit der Rückgabe des Vermögens und der Räumung durch die Kohlenkontrollkommission fiel auch das allerdings arg gefledderte Haus wieder an die Firma zurück, und es dient nun wie eh und je repräsentativen Zwecken. Wohnen allerdings wie vor 1945 möchte dort weder der Alleininhaber noch seine Mutter, ja, die Familie hatte sogar erwogen, den Hügel für einen symbolischen Preis an die Stadt Essen zu verkaufen. Berthold Beitz fand diesen Plan grundfalsch, wie er einmal dem Autor gegenüber bekundete: »Ich sagte zu Alfried: ›Herr von Bohlen, das können Sie nicht machen, Sie können doch nicht Ihr Elternhaus weggeben.‹« Zum Glück kam es dazu nicht. Alfrieds kunstsinnigem Bruder Berthold von Bohlen sowie Tilo von Wilmowsky ist die Idee zu verdanken, Villa Hügel für Kunst und Kultur zu öffnen und somit für jedermann zugänglich zu machen, sie aber im Besitz der Firma, später der Krupp-Stiftung zu belassen. »Kunstwerke aus Kirchen-, Museums- und Privatbesitz« heißt 1953 die erste, in Zusammenarbeit mit dem Essener Folkwang-Museum organisierte Ausstellung. Nichts, was die Massen anziehen würde, sollte man meinen, und doch zählt man während der 175 Ausstellungstage insgesamt 400.000 Besucher. Wie viele wegen der Exponate kommen und wie viele, um erstmals das geheimnisumwitterte Haus der Krupps besichtigen zu können, darüber lässt sich trefflich spekulieren.

Bei den Auslandsreisen ergibt sich zwischen dem Inhaber und seinem Generalbevollmächtigten eine Arbeitsteilung. Alfried Krupp ist in vielen Entwicklungsländern, besonders in Asien, Nordafrika und Südamerika ein gerngesehener Gast, weil hier sein »Kriegsverbrecher«-Stigma kaum ins Gewicht fällt. Berthold Beitz' Aufgabe ist es hingegen, bei den früheren Kriegsgegnern, insbesondere in Polen und der Sowjetunion Geschäfte anzubahnen.

Wer wäre dafür besser geeignet als eben Beitz, der die NS-Zeit nicht nur mit blütenweißer Weste überstand, sondern gemeinsam mit seiner Frau Else auch ungewöhnliche Zivilcourage bewies. Als junger kaufmännischer Leiter bei Shell in der ostpolnischen Erdöl-Stadt Boryslaw hatte er ab 1941 Hunderten polnischer Juden das Leben gerettet, indem er sie vor der Deportation in die Vernichtungslager oder vor dem Erschießungskommando bewahrte. Der SS erzählte Beitz, die Menschen seien mit »kriegswichtigen Arbeiten« beschäftigt, was in vielen Fällen leicht

»Kinder statt Kanonen« schrieb das Magazin »Der Spiegel« Ende der 1950er Jahre unter solche Bilder, die Berthold Beitz daheim im Kreis seiner Familie zeigen. Das im Ausland oft noch finstere Image des Unternehmens wurde auch durch solche »Homestories« freundlicher.

als Vorwand zu erkennen war. Bei alldem half ihm sein selbstbewusstes Auftreten. Die SS-Offiziere glaubten, dass Beitz beste Beziehungen nach Berlin und ins Oberkommando der Wehrmacht haben müsse – anders konnten sie sich seine feste Haltung einfach nicht erklären. »Ich habe keinen Zweifel daran gelassen, dass ich an höherer Stelle intervenieren würde, wenn sie nicht nachgeben«, erzählte Beitz im Februar 2008 der Süddeutschen Zeitung in einem langen Interview über jene Jahre. Und weiter: »Das hat oft funktioniert – aber nur, weil sie meinen Einfluss überschätzten.« Dann folgen bittere Sätze: »Ich kenne die Deutschen. Wenn man fest, klar und bestimmt auftritt, dann respektieren sie das. Wenn man weich ist oder verzweifelt, bringen sie einen um.«

Beitz' ursprünglich national-konservatives Weltbild, resümiert der Historiker Thomas Sandkühler, ging in Boryslaw in die Brüche. Ebenso erhielt hier sein Menschenbild einen deutlichen Schlag ins Pessimistische, und dies mag mit ein Grund sein für das in späteren Lebensphasen spürbare Misstrauen. Auf die Frage, ob er eine Erklärung habe, warum normale Männer zu Mördern wurden, antwortet Beitz: »Ich kann Ihre Frage nicht beantworten. Ich weiß es einfach nicht. Mit welcher Selbstverständlichkeit die Leute auf ihre Opfer schossen, mit welcher Leichtigkeit – wie beim Tontaubenschießen.« Beitz hatte viel, zuviel gesehen, als dass er einfach zur Tagesordnung hätte übergehen können. Eine Passage aus dem besagten Interview sei hier im Wortlaut zitiert:

Beitz: Ich stand im November 1942 auf dem Bahnhof in Boryslaw, da waren diese Waggons voller Menschen, die Fenster vergittert mit Draht und es rief jemand immerzu »Herr Direktor! Herr Direktor!« Ich bestand darauf, dass der Waggon geöffnet wurde, und sah eine meiner Mitarbeiterinnen vor mir, eine junge Jüdin aus Berlin (...) Ich hatte sie schon aus dem Zug herausgeholt, da sagte sie zu mir: »Meine Mutter ist noch da drin.« Ich habe sie auch geholt, aber da kam ein SS-Mann und sagte: »Was machen Sie hier?« Ich habe gesagt: »Ich hole meine Leute aus dem Zug.« Aber in diesem Fall konnte ich nichts machen.

Frage: Warum nicht?

Beitz: Der SS-Mann sagte, die Mutter sei viel zu alt zur Arbeit, sie müsse zurück in den Waggon. Ich konnte sie nicht als Arbeiterin meiner Ölfirma ausgeben. Und er hat sie zurück geschickt. Da sah das Mädchen mich an, ganz ruhig, Anfang 20, ohne Bewegung beinahe, große, dunkle, braune Augen, und fragte: »Ist es erlaubt, Herr Direktor, dann gehe ich auch zurück«. Es war erschütternd.

Frage: Und sie ist dann wirklich zurückgegangen?

Beitz: Ja, sie ist zurückgegangen in den Waggon und zu ihrer Mutter und in den Tod. Das werde ich nie vergessen.

Beitz' Ruf als »Vater der Juden«, als Deutscher, der sich menschlich verhielt, konnte natürlich nicht geheim bleiben. Auch in Boryslaw gab es überzeugte Nazis, die ihn denunzierten. Einmal zog er seinen Kopf wohl nur deshalb aus der Schlinge, weil bei der zuständigen Gestapo-Leitstelle Breslau ein Schulfreund von ihm tätig war und die Angelegenheit niederschlug.

Umstrittene Gespräche: Berthold Beitz wird 1963 im Kreml vom Ministerpräsidenten der Sowjetunion Nikita Chruschtschow empfangen.

Die Parallelen zu Oskar Schindler, dessen ganz ähnliches Handeln der Regisseur Steven Spielberg in »Schindlers Liste« verarbeitete, sind nicht zu übersehen – mit der Einschränkung, dass Schindlers Spielräume als Chef einer eigenen Firma in der besetzten Tschechoslowakei noch größer waren. Beitz hatte es zudem mit einem NS-Vernichtungsapparat zu tun, der gerade in Polen besonders brutal vorging. Er hat es dennoch immer abgelehnt, seinen Mut als »Widerstand« zu bezeichnen, sondern einfach eine menschliche Haltung als Grund angeführt. »Ich habe darüber eigentlich gar nicht nachgedacht. Ich habe spontan gehandelt, aus dem Gefühl heraus. Ich musste es einfach tun.«

Beitz ist mit seinem vorbildlichen Verhalten nie hausieren gegangen, zumal die deutsche Öffentlichkeit in den Nachkriegsjahrzehnten daran ohnehin kein sonderlich großes Interesse gehabt hätte. Man hatte eben mitmachen müssen, um Schlimmeres für sich und andere zu verhindern – das war die allgemein anerkannte Sprachregelung, natürlich auch bei Krupp. Niemand fand zum Beispiel seltsam, dass Hans Herrmann bei Krupp Direktor war, ein langjähriger leitender Krupp-Mitarbeiter, der vor 1945 in Albert Speers Rüstungsstäben und im besetzten Teil Russlands durch seine besonders »stramme Haltung« aufgefallen war. Sogar Karl Fuß, in der NS-Zeit Hauptschriftleiter der »Krupp'schen Mitteilungen«, und ausweislich seiner Texte ein fanatischer Nazi, konnte hie und da in den 1950er Jahren im firmeneigenen Mitarbeiterblatt wieder Artikel zu allerdings unverfänglichen Themen unterbringen. Beitz' Lebensgeschichte musste in solchen Kreisen fast wie eine Provokation wirken.

Erst die 1973 erfolgte Ehrung als »Gerechter unter den Völkern« durch Israels nationale Holocaust-Gedenkstätte Jad Vashem machte seine Boryslaw-Episode allgemein bekannt. Unter Deutschlands früheren Kriegsgegnern war sie freilich schon vorher kein Geheimnis gewesen. In den 1950er Jahren hilft die politisch weiße Weste des Generalbevollmächtigten, um in Polen, der Sowjetunion und überhaupt im Ostblock manche Tür zu öffnen. Der Zwang, im Export jene Umsätze und Gewinne zu erzielen, die im Inland nicht mehr möglich sind, treibt Krupp auch Richtung Osten. In der kältesten Phase des Kalten Krieges ist das allerdings aus vielerlei Gründen kein leichtes Geschäft: Beitz gerät mit einer gewissen Zwangsläufigkeit in die Mühlen der großen Politik und muss vorsichtig lavieren. Schon 1957 schließt Krupp mit Moskau ein erstes Großgeschäft über ein Kunststofffaserwerk ab. In den Jahren darauf unternimmt Beitz ausgedehnte Geschäftsreisen in den Osten und wird 1963 sogar vom sowjetischen Partei- und Regierungschef Nikita Chruschtschow empfangen. Der Führer der kommunistischen Welt und der zweite Mann der vormaligen, immer noch verfemten Waffenschmiede – ein Bild, das begreiflicherweise für Aufsehen sorgt.

Die Sowjetunion verfolgt die Strategie, im westdeutschen Teilstaat ein »Kriegslager« mit Bundeskanzler Konrad Adenauer an der Spitze gegen ein »Friedenslager« auszuspielen. Krupp soll möglichst ins Friedenslager eingemeindet werden, was nicht ohne Risiko ist, denn an einer grundlegenden, anhaltenden Konfrontation mit der Bundesregierung kann keinem gelegen sein. Die Firma pocht auf ihre wirtschaftlichen Interessen, sieht sich zum Export-Erfolg verurteilt und erklärt sich ansonsten für »unpolitisch« – wie so oft in ihrer Geschichte. Bei Adenauer und den Westmächten, fest verbunkert in den Schützengräben des Kalten Krieges, reichen die Reaktionen von Verwunderung bis Empörung. »Warum tragen Sie keine rote Nelke in Knopfloch?«, geht der alte Kanzler gewohnt bissig

Beitz mal in aller Öffentlichkeit an. Krupp, so der Vorwurf, könne unmöglich blauäugig den Handel vorschieben und nebenbei die Politik des Westens konterkarieren. Richtig daran ist, dass die Kommunisten neben Geschäften natürlich auch den Propagandaerfolg im Sinn haben, wenn sie Krupp quasi rehabilitieren. Auf höheren Befehl verschwinden bei der Leipziger Messe Plakate, die Krupps angebliche Verbrechen während des Nationalsozialismus anprangern. Der Journalist und Krupp-Autor Norbert Mühlen, ein emigrierter Deutscher und eingebürgerter US-Amerikaner, formuliert es 1960 so: »Auf dem schon ausgetretenen Pfad zur Firma Krupp folgte Chruschtschow nun dem deutschen Kaiser Wilhelm II., Hitler und vielen anderen.«

Bertha Krupp und ihr Sohn Harald, 1955, kurz nach seiner Entlassung aus zehnjähriger sowjetischer Kriegsgefangenschaft.

Das mag man polemisch finden, doch die Sowjetunion war nun einmal eine Diktatur und unzweifelhaft eine Bedrohung für den freien Teil der Welt. Und für das, was einmal Entspannungspolitik heißen wird, ist die Zeit einfach noch nicht reif. Krupp – genauer: Beitz – hat aber durchaus dazu beigetragen, den späteren Initiativen Willy Brandts den Weg zu ebnen – und sei es nur atmosphärisch, indem man den Russen das geradezu Dämonische nimmt. »Diese Leute«, bemerkte der Generalbevollmächtigte einmal über seine Gesprächspartner, »haben auch saubere Fingernägel.« Beitz wird in späteren Jahren, als dies wegen der inzwischen vollzogenen Entspannungspolitik opportun ist, den politischen Charakter der Mission stärker betonen.

Fest steht: Krupp ist wieder wer in der Welt, viele Türen öffnen sich. Das alte Stigma ist nicht vergessen, aber es verblasst nun doch zusehends, wobei England, teilweise auch die USA hier auszunehmen sind. Noch

1962, als Alfried Krupp auf seiner Yacht »Germania« an einer Regatta an der amerikanischen Ostküste teilnehmen will, gibt es Probleme mit dem Visum. Der lebenslang begeisterte Segler versteht den Wink mit dem Zaunpfahl und verzichtet auf die Einreise. Es sollte der letzte Eklat dieser Art sein. Selbst in den Vereinigten Staaten macht durchaus Eindruck, dass Krupp sich zu einem Zeitpunkt zu einer Teilschuld in der Zwangsarbeiterfrage bekennt, als andere noch mit Leugnen oder Abwiegeln beschäftigt sind. Eine gewisse Rolle spielt, dass die entsetzlichen Vorgänge wegen der Kriegsverbrecherprozesse eigentlich nur bei Krupp, Flick und der IG Farben dokumentiert sind, wobei namentlich der Flick-Konzern wenig Schuldbewusstsein erkennen lässt. Die 10 Millionen Mark, die Krupp 1959 für die Entschädigung jüdischer Zwangsarbeiter – und nur für diese – zahlt, sind jedenfalls für damalige Verhältnisse keine kleine Summe, obwohl Geld eben letztlich derartiges Leid nicht »wiedergutmachen« kann. Zu erkennen ist hier aber allemal ein Zeichen des guten Willens, eingefädelt nicht zuletzt von Berthold Beitz.

Auch andere Türen könnten sich wieder öffnen, doch die lassen Krupp und Beitz lieber zu. Schon 1955 weiß der »Spiegel« zu berichten: »Es gibt eindeutige Hinweise darauf, dass zumindest das amerikanische Kriegsministerium eine Einschaltung Krupps in die westliche Aufrüstung begrüßen würde. Denn besonders die skandinavischen Nordatlantikpakt-Staaten würden eine Belieferung mit Krupp'schen Qualitätskanonen anstelle amerikanischer oder französischer Geschützlieferungen vorziehen.« Gerade Alfried Krupp müssen solche Sätze, nach allem was passierte, seltsam berührt haben. Die Zeiten sind offensichtlich schnelllebig. »Wir verdienen unser Geld auch so« – mit diesen kühlen Worten zitiert ihn der »Spiegel« zu dem Vorgang. Und Berthold Beitz hat die ewige Frage nach dem Waffenbau bei Krupp einmal mit der süffisanten Bemerkung bedacht, »die nächsten Kriegsverbrecher« würden »aus der chemischen und elektronischen Industrie stammen«. Sprich: Kanonen, die man rein technisch wieder schmieden könnte, sind ohnehin von gestern. Das demonstrative Desinteresse in der Rüstungsfrage schmeckt den Antikommunisten im Westen nicht mehr so ganz; sie wittern einen ganz leisen Geruch politischer Unzuverlässigkeit. Krupp-Autor Norbert Mühlen jedenfalls kann sich den

Spott nicht verkneifen, »selbst in der wohlsortierten Spielzeugabteilung ihres Essener Kaufhauses würde kein Kunde auch nur einen einzigen Zinnsoldaten oder Spielzeugpanzer gefunden haben«. Man kann es mit der Friedfertigkeit auch übertreiben, soll das wohl heißen. Nicht auszudenken, hätte hingegen nur wenige Jahre später ein William Manchester derlei im »Krupp'schen Konsum« entdeckt. Der amerikanische Publizist und entschlossene Krupp-Hasser, der ebenfalls in Essen für sein Buch recherchierte, hätte dies vermutlich als Vorboten neuen verbrecherischen Unheils interpretiert.

Das absolute Nein zur Rüstung gilt allerdings nur für die Krupp-Stammbetriebe – und auch da nur für eigene Endfertigungen. Spätestens seit dem Zweiten Weltkrieg und der Etablierung der hochtechnisierten Armeen ist eine trennscharfe Unterscheidung zwischen Kriegs- und Friedensmaterial immer schwerer, wenn nicht unmöglich. Was mit dem so genannten Halbzeug geschieht, das die Stahl- und Walzwerke verlässt, um weiterverarbeitet zu werden, das kann und will keiner so genau wissen. Später produziert Krupp – von der breiten Öffentlichkeit fast unbemerkt – bei den Töchterunternehmen Atlas Elektronik in Bremen und MaK Maschinenbau in Kiel auch wieder Waffenkomponenten, vor allem für die Bundesmarine.

»Krupp ist nicht Essen, Krupp ist in Essen« – der Ausspruch des ersten SPD-Oberbürgermeisters Wilhelm Nieswandt fasste die tiefe Entfremdung zwischen der örtlichen Politik und dem Konzern in griffige Worte. Die Aberkennung des Ehrenbürgerrechts für Bertha und Gustav Krupp 1946 ließ an Deutlichkeit, aber auch Undifferenziertheit nichts zu wünschen übrig. Bedenkt man, was Krupp für Essen geleistet hat – auch baulich und auf gemeinnützigem Gebiet –, ist das ein übler Affront, den die Familie indes offiziell nie kommentierte. Man lebt nebeneinander her. Andererseits ist die Verbundenheit vieler Essener Bürger mit der Firma und das Interesse an der Familie, gerade auch an ihren privaten Angelegenheiten, immer noch sehr groß. Die Rückkehr des viertältesten Sohnes Harald von Bohlen aus sowjetischer Kriegsgefangenschaft 1955, die Hochzeiten der Bohlen-Geschwister und Bertha Krupps plötzlicher Tod 1957 sind Ereignisse, die auch jene bewegen, die mit Krupp ansonsten wenig zu tun haben. Für die im Vergleich mit heute noch ziemlich harmlose

Ende der Spannungen zwischen Stadt und Firma: Alfried Krupp erhält aus der Hand des Essener Oberbürgermeisters Wilhelm Nieswandt den Ehrenring der Stadt.

Klatschpresse sind die Krupps und ihr Schicksal jedenfalls ein wichtiges Thema. Von der »ersten Familie« des Ruhrgebiets zu sprechen, erscheint durchaus nicht übertrieben.

Als Krupp wieder erholt dasteht, wieder weit über 100.000 Menschen Arbeit gibt, kurzzeitig sogar das größte deutsche Unternehmen ist und der politische Zeitgeist sich dreht, hat die Stadtspitze das dringende Bedürfnis, endgültig Frieden zu schließen. Die Gelegenheit bietet sich 1961, als die Firma ihr 150-jähriges Jubiläum feiern kann. Alfried Krupp erhält aus der Hand des ehemaligen Kruppianers Wilhelm Nieswandt den neugestifteten Ehrenring, die höchste Auszeichnung, die Essen zu vergeben hat und die seither nur ganz selten vergeben wurde, darunter viel später auch an Berthold Beitz. Damit ist der alte Hader zu den Akten gelegt, der umso unzeitgemäßer wirkt, da Krupp das gemeinnützige Engagement in vollem Umfang wieder aufgenommen hat, vor allem beim Wohnungsbau. Im neuen, aufgelockerten Stil der 1950er Jahre entstehen in Essen und Duisburg-Rheinhausen Siedlungen, die die von Bomben geschlagenen Lücken schließen und entscheidend mithelfen, die kriegsbedingte Wohnungsnot zu mildern. Dabei erweist es sich als Vorteil, dass die Firma immer eine weitsichtige Grundstückvorratspolitik betrieben hat und deshalb jetzt gewissermaßen aus dem Vollen schöpfen kann. Geradezu ein Markenzeichen des Krupp'schen Wohnungsbaus waren immer Siedlungen mit einem hohen Anteil an Grünflächen und ambitionierten architektonischen Ansprüchen. Diesen

Geist atmen auch die Siedlungen aus den 1950er Jahren, wenngleich ihre zeitgeistgemäß nüchterne Gestaltung längst in Verruf geraten ist.

Die 150-Jahr-Feier ist ein guter Anlass, um in Anwesenheit von Wirtschaftskapitänen, Politikern und Diplomaten die für Krupp besonders lange Nachkriegszeit symbolisch zu beenden. Alfried Krupp lässt zu diesem Zweck eine Großveranstaltung organisieren, der allerdings Vertreter aus Großbritannien, Frankreich und den USA demonstrativ fernbleiben. Die westlichen Siegermächte dokumentieren so ihren stillen Protest gegen die faktische Nichterfüllung der Verkaufsauflagen. In einer riesigen Traglufthalle, die auch das zu diesem Anlass wiederaufgebaute Stammhaus umwölbt, versammeln sich 2000 Gäste. Ehrengast ist Alt-Bundespräsident Theodor Heuss, obwohl Schwabe ein sehr guter Kenner der Geschichte von Firma und Familie Krupp. Er hält eine Rede, die

Mit großem Aufwand begeht Krupp 1961 das 150-jährige Firmenjubiläum.

aufhorchen lässt, weil hier erstmals von offizieller Seite in durchaus offensiver Weise der Versuch gemacht wird, Krupp vom Stigma des Kriegsverbrechers freizusprechen. Hörbar ans Ausland gerichtet, spricht Heuss von »schwer erträglichem Pharisäertum«, das darin bestehe, die ehemalige Essener Waffenschmiede zu verdammen, hingegen die eigenen Rüstungsunternehmen aber hoch zu schätzen. Weder seien bei Schneider-Creusot, Armstrong und Bethlehem Steel reine Engel am Werk noch bei Krupp teuflische Kräfte. So weit, so richtig. Was Heuss noch hätte sagen sollen: Es macht gewiss dennoch einen Unterschied, wer die Waffen benutzt, die man baut, und vor allem zu welchem Zweck.

Krupp hat sich immer auf die Werbewirksamkeit prestige- und symbolträchtiger Produkte verstanden, etwa bei den Fackeln aus Nirosta-Stahl für die Olympischen Spiele 1936 oder der Turmspitze des Chrysler-Buildings in New York. Für den Rekordtauchversuch des Schweizer Tiefseeforschers Jacques Piccard baut Krupp 1960 die Tauchkugel, deren Stahlummantelung dem Wasserdruck in immerhin 11.000 Metern Tiefe standhält. Bei der Übergabe an Piccard inspiziert Beitz höchstpersönlich die Tauchkugel, und zwar auch von innen. Nachdem sich der immer neugierige Generalbevollmächtigte vor den Pressefotografen hemdsärmelig durch die enge Luke gezwängt hatte –, eine Prozedur, die die umstehenden Krupp-Direktoren wohl als etwas würdelos gescheut hatten – soll einer der leitenden Kruppianer leise ausgerufen haben: »Jetzt den Deckel drauf, die Gelegenheit ist günstig.« Beitz selbst erzählt diese vom »Spiegel« beglaubigte Anekdote bis heute recht gerne, unterstreicht sie doch sein Image als harter Hund, der bei Krupp die Betulichkeit bekämpfte.

Initiativen wie Piccards Tauchkugel sind für die Firma oft gar nicht sonderlich aufwändig, sie helfen aber mit, den lebenswichtigen Qualitätsnimbus lebendig zu halten. Mit der Einweihung des Hüttenwerks im indischen Rourkela, an dem Krupp maßgeblich beteiligt ist, setzt man ungleich größere Maßstäbe beim Marketing, obwohl das noch nicht so heißt. Unter größten Mühen liefert sich Krupp in dem aufstrebenden Entwicklungsland ein Wettrennen mit Russland und Großbritannien, die jeweils eigene Stahlwerks-Komplexe in Indien errichten. Nach großen Anfangsschwierigkeiten, die ihren Grund auch im unzureichenden heimischen Facharbeiterstamm haben, entwickelt sich das Krupp-Werk

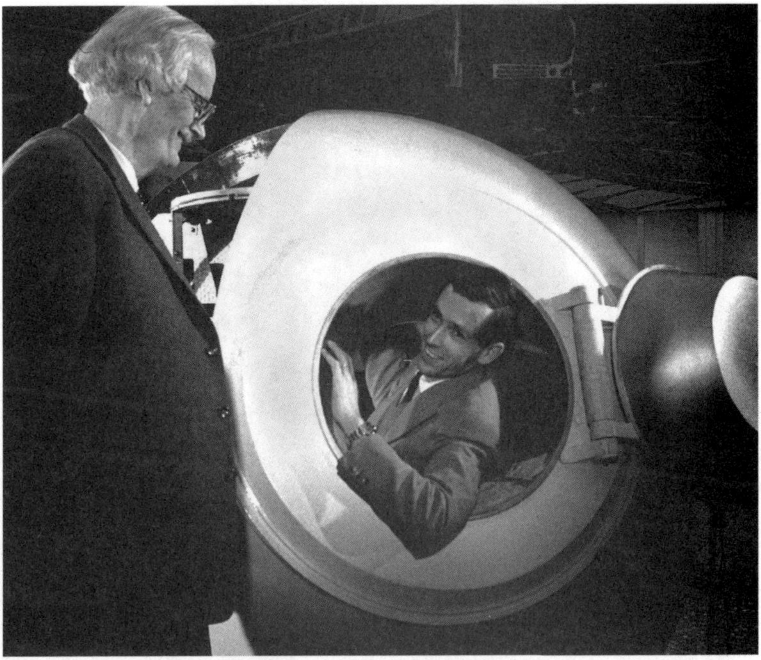

Mit dem Bau der Tauchkugel für den Tiefseeforscher Jacques Piccard 1959 bewies Krupp wie so oft ein Gespür für imagefördernde Einzelstücke.

ab etwa 1961 erfreulich und stellt in punkto Effizienz die Konkurrenzprojekte in den Schatten. 8.000 Kilometer von Essen entfernt und gemessen an den damaligen Möglichkeiten von Logistik und Kommunikation ist das eine erstaunliche Leistung. Ein Triumph der deutschen Ingenieurskunst – und für den Namen Krupp. Zusätzlich plant und baut die Firma gleich neben dem Werk eine Stadt für 100.000 Menschen, in welche die Erfahrungen des Wohnungs- und Städtebaus der Essener Nachkriegszeit einfließen. Auf die ganz anderen Traditionen Indiens wird – wie gewünscht – nur wenig Rücksicht genommen.

Das Jahr 1961 markiert somit in vielerlei Hinsicht den Höhepunkt der Krupp'schen Nachkriegszeit. Sorgenvolle Jahre werden folgen.

Als Mensch zurückhaltend, aber nicht abgehoben: Alfried Krupp von Bohlen und Halbach im Gespräch mit zwei Lehrlingen Anfang der 1960er Jahre in den Essener Werken.

Vom Mythos zur Normalität

Die Weltläufigkeit, die Alfried Krupp und Berthold Beitz auf ihre jeweils eigene Weise demonstrieren, steht in einem gewissen Gegensatz zur Betulichkeit, die in Essen gepflegt wird. Noch immer nennen sich die Angestellten bei Krupp »Beamte«, noch immer folgen die alljährlichen Jubilarehrungen einem geradezu höfischen Protokoll. Weil der nicht bilanzpflichtige Alleininhaber hier – und zwar nur hier – einige dürre Auskünfte zum Geschäftsverlauf abgibt, sind auch stets Journalisten anwesend, manchmal hin- und hergerissen zwischen Spottlust und der Einsicht, dass der Mythos Krupp auch dank solcher Rituale funktioniert. »Das stolze Gefühl der Zugehörigkeit zum Hause Krupp wird stets wie eine Tradition von der älteren Generation zur jüngeren weitergegeben«, lässt sich der Sprecher der Jubilare etwa 1965 vernehmen. »Wo hört man in unserer Zeit aus Arbeitermund noch einen solchen Satz?«, bemerkt staunend Heiner Radzio im Handelsblatt.

Allerdings: Der Alt-Kruppianer, der so hoffnungsfroh die Kontinuität besingt, irrt. Der sich immer stärker entwickelnde Sozialstaat hat zu diesem Zeitpunkt längst vieles übernommen, für das sich einst die Firma verantwortlich fühlte. So macht zum Beispiel die 1957 in der Bundesrepublik eingeführte dynamische Rente die betriebliche Alterssicherung zwar nicht überflüssig, relativiert sie in ihrer Bedeutung aber doch stark. 1962 schließt die so traditionsreiche firmeneigene Zahnklinik – auch dies ein Hinweis darauf, dass sich die Zeiten ändern und der Staat die Daseinsvorsorge nun als sein Metier betrachtet. Durch die »allgemeinen Entwicklungen der Zeit«, bemerkt der Historiker Lothar Gall, lockern sich im Lauf der 1960er Jahre auch bei Krupp die alten patriarchalischen Bindungen und Loyalitäten – dies geschieht zwar vergleichsweise spät, aber eben doch durchgreifend.

Die Auslandsvertreter auf der Gartenterrasse der Villa Hügel, 1961. (Vorn v. re.:) Berthold Beitz, Alfried Krupp von Bohlen und Halbach und sein Sohn Arndt.

Und die Zeiten ändern sich auch wirtschaftlich, was Krupp schmerzhaft zu spüren bekommt. Der Export macht immer noch Freude, Verkehrstechnik und Maschinenbau ebenfalls, und unterm Strich können die Umsätze weiterhin leicht gesteigert werden. Aber Umsätze sind nicht alles, der Kapitaleinsatz muss auch ausreichend Gewinn einbringen. Und da stehen die Dinge bei Krupp nicht zum Besten. Krisenhaft entwickelt sich etwa die Stahlproduktion, also ausgerechnet der Bereich, in dem Krupp sich erst wenige Jahre zuvor massiv einkaufte und vergrößerte. Die Hochöfen des Bochumer Vereins erkalten schon 1965 für immer, Krupp konzentriert die Roheisenproduktion fortan auf das Rheinhausener Werk. Das hat neue, teure Zwänge zur Folge. In eigens angefertigten Spezialwaggons muss das Roheisen quer durchs Ruhrgebiet gefahren werden, um die Stahl- und Walzwerke in Bochum zu bedienen. Das ist nur der Anfang. Die Überkapazitäten zwingen auch Krupp nun mehr und

Ein tiefer Diener vor dem Alleineigentümer bei der Entgegennahme der Ehrennadel. Noch bis in die 1960er Jahre glichen die Jubilarfeiern einem beinahe höfischen Zeremoniell.

mehr zum sozialverträglichen Arbeitsplatzabbau. Eine Tendenz, die sich zumindest in den Produktionsbetrieben nie mehr ganz umkehren wird.

Im Jahr 1962 gibt es auch öffentlich erste Hinweise, dass der Konzern eine zu schwache Eigenkapitalbasis besitzt, ein Umstand, der bislang diskret in Bankenkreisen kursierte, wo Krupp ein schwer durchschaubares Geflecht von Kreditlinien unterhält. Ein entscheidender Hinweisgeber für die Probleme kommt aus dem eigenen Haus: Finanzdirektor Johannes Schröder, zum 30. Juni 1962 nach allerlei Kompetenzgerangel mit Beitz ausgeschieden, hatte kurz darauf das Forum des »Handelsblatt« genutzt, um scheinbar abstrakt auf die Kapitalprobleme eines Familienunternehmens hinzuweisen. Firmen ohne Berichtspflicht und ohne die damit verbundene Kontrolle der Öffentlichkeit, las man da, liefen ständig Gefahr, sich zu überheben. Natürlich war jedem klar, dass er Krupp meinte. Ein Racheakt, keine Frage, vor allem gegen Beitz gerichtet. Schröder nimmt in Kauf, dass die Nervosität der Banken wächst, ja manches Misstrauen überhaupt erst geweckt wird. Der Artikel ist für Krupp nichts weniger als ein Desaster, doch aus der Luft gegriffen sind die Anspielungen eben keineswegs.

Krupp war seit jeher ein sozial eingestelltes Unternehmen. Zu sozial, sagen manche, die mit Sorge sehen, dass vor schmerzlichen, aber offenbar erforderlichen Schritten zurückgeschreckt wird. »Kruppianer können Sie nicht einfach entlassen«, sagt Beitz 1967 dem »Spiegel«. Das ist sicher gut so, aber Beitz und das Direktorium stoßen selbst dann auf energischen Widerstand des Alleininhabers, wenn sie vorschlagen, unrentable Unternehmensanteile auf sozialverträgliche Weise stillzulegen oder grundlegend umzustrukturieren. Das tief in der Krupp-Geschichte verankerte Dogma vom Erhalt aller Arbeitsplätze geht vor. Sympathisch, aber hochgefährlich. Die ungeheuer breite Produktpalette, eigentlich Krupps ganzer Stolz, erweist sich mehr und mehr als Problem. Die kleinen Serien binden sehr viel Kapital, ohne dass sie ausreichend Gewinn abwürfen. Schließlich sind da noch die von Beitz eingefädelten und weiter mit Elan betriebenen Ostgeschäfte, welche die Firma meist vorfinanzieren muss. All das zehrt an den Eigenmitteln, die sich bei Krupp nur durch Erlöse vermehren lassen, nicht durch die Ausgabe neuer Aktien. Man ist ja keine AG und war immer stolz darauf keine zu sein. »Auf der ganzen Welt gibt es keine Firma vergleichbarer Größe mehr, die einem einzelnen Menschen gehört«, schreibt der »Spiegel«. Krupps große Stärke, die unmittelbare Verantwortung des Eigentümers, ist gleichzeitig seine größte Schwäche. Denn diese Verantwortung ist so umfassend und gleichzeitig so kleinteilig, dass Alfried Krupp »sie eigentlich nicht tragen konnte«, wie es Deutsche Bank-Chef Hermann Josef Abs später kritisch formulierte.

Mit der Ausfuhr-Kredit-Gesellschaft (Aka) hat die Bundesbank gemeinsam mit 54 Geschäftsbanken ein Instrument geschaffen, das exportabhängigen Firmen die Kreditierung der Geschäfte erleichtern soll. Kaum ein Unternehmen ist darauf so angewiesen wie Krupp, und die

Vater und Sohn am Krupp-Stand der Hannover-Messe, 1960. Arndt von Bohlen, der nach den Vorstellungen Alfried Krupps in die Verantwortung hineinwachsen sollte, wirkt auch auf diesem Foto wie abwesend.

Essener bedienen sich aus diesem Fonds reichlich. Zu reichlich, finden nun die Großbanken, die zunehmend misstrauisch das in ihren Augen anachronistische Eigentümer-Konstrukt bei Krupp betrachten. Um die Jahreswende 1966/67 spitzen sich die Dinge zu. Krupp braucht eine weitere dreistellige Millionensumme aus dem Aka-Topf, um kurzfristige Schulden ablösen zu können. Nun sperren sich die Banken, und sie sind fest entschlossen, ein Exempel zu statuieren. Krupp soll zur Räson gebracht werden. Plötzlich droht schlicht die Zahlungsunfähigkeit. Es ist beinahe unvorstellbar, aber Krupp mit seinen rund 100.000 Mitarbeitern könnte ganz einfach zusammenbrechen. Nur über den Weg einer Bundesbürgschaft von 300 Millionen und einer weiteren Landesbürgschaft von 150 Millionen Mark sind die Geldhäuser bereit, die lebenswichtige Kreditlinie zu verlängern. Sie wird gewährt, aber die Bedingungen sind hart und werden Krupp für immer verändern.

Bei der Jubilarfeier am 1. April 1967 gibt Alfried Krupp von Bohlen und Halbach auf Villa Hügel offiziell bekannt, dass er sein privates und industrielles Eigentum in eine Stiftung überführen wird. Wie immer bei Krupp geschieht das im perfekten äußeren Rahmen.

Alfried Krupp hat sich dem Blitzlichtgewitter der Finanzkrise durch eine Reise nach Nordafrika entzogen. Beitz wird nach Bonn ins Bundesfinanzministerium zitiert, wo der »Fall Krupp« inzwischen ein Politikum geworden ist. Vor laufenden Kameras hat Finanzminister Karl Schiller seinen großen Auftritt. »Im schneidigen Stil eines Staatsanwalts«, so der »Spiegel«, verkündet der Sozialdemokrat seine Bedingungen. Krupp hat einen Verwaltungsrat einzurichten, der die Rechte und Pflichten eines Aufsichtsrats wahrnimmt, die Betriebe sind durchgehend zu straffen, es soll Rationalisierungen geben, was offensichtlich auch das Aus unrentabler Produktionen einschließt; schließlich sind »unverzüglich« Vorbereitungen zu treffen, das Unternehmen in eine Kapitalgesellschaft umzuwandeln – gegebenenfalls über eine Stiftung, diesen Weg lässt Schiller offen. Die Chefs der Deutschen und der Dresdner Bank, Abs und Werner Krüger, sowie Berthold Beitz hören dem Diktat zu. Das Bild, wie sie an einem Tisch sitzend ostentativ aneinander vorbeisehen, spricht Bände. Hier sind Wunden geschlagen worden, die lange nicht verheilen werden.

Für Beitz ist es die wohl bitterste Stunde seines Berufslebens, denn wo es keinen Alleineigentümer mehr gibt, gibt es auch keinen Bedarf mehr für einen Generalbevollmächtigten. Ein Vorstand mit einem Vorsitzenden an der Spitze wird künftig die operativen Entscheidungen treffen, und dieser Vorsitzende wird garantiert nicht Beitz heißen – dafür werden die Banken sorgen. Über Beitz, damals 54 Jahre alt, ergießt sich Schadenfreude. »Er hat in guten Zeiten Feinde gesammelt wie andere Leute Briefmarken«, merkt Diana Maria Friz an. Und die schlagen jetzt zurück. Aber: Die Bürgschaften werden nur in geringem Umfang in Anspruch genommen, und schon zwei Jahre später steht Krupp nach allerdings herben Einschnitten wieder gut da. Das hat Fragen provoziert: War es wirklich eine Krupp-Krise oder die Krise einiger Banken, die schlicht die Nerven verloren und vielleicht auch ihre Macht demonstrieren wollten? Bis heute ist Beitz dieses Thema sehr wichtig. Der greise Hermann Josef Abs hat Beitz zum 80. Geburtstag 1993 vielleicht das schönste Geschenk gemacht, als er vor versammeltem Publikum und in Anwesenheit des Bundeskanzlers Helmut Kohl sagt: »Es war keine Krise Krupp.« Vielmehr seien die Geldhäuser »nicht Herr der Lage« gewesen. Es hätte demnach also nicht unbedingt so weit kommen müssen. Da Abs sich aber 1967 mündlich

Eine Geste, die nicht gespielt ist: Berthold Beitz ist für Arndt von Bohlen und Halbach ein väterlicher Freund.

wie vor allem auch schriftlich so gänzlich anders äußerte, liegt die Frage nahe, ob hier nicht vielleicht ein 92-Jähriger nun mit einer womöglich übertriebenen Altersmilde die Dinge betrachtete. Beitz erklärte sich das Umdenken des 1994 verstorbenen Bankchefs einmal fröhlich so: »Abs war strenggläubiger Katholik. Vielleicht hatte er das Gefühl, noch etwas gutmachen zu müssen.« Wie auch immer: Der Schock war insoweit heilsam, als bei Krupp von nun an mehr Kostenbewusstsein einzieht.

Es gibt noch mehr ernste Probleme, die der Lösung harren. Schon Anfang der 1960er Jahre war Alfried Krupp klar geworden, dass sein einziger Sohn weder den Willen noch die Fähigkeit hat, einen Weltkonzern zu leiten. Zwar lässt sich der scheu und sensibel wirkende junge Mann bei den jährlichen Jubilarehrungen in die Pflicht nehmen und ist auch sonst gelegentlich an der Seite seines Vaters zu sehen, doch geschieht dies »ohne Begeisterung«, schreibt Cousine Diana Maria Friz. Ihre These für Arndts Unlust: Eine Erziehung »in der strengen Obhut des Krupp'schen Geistes und des Hügels« habe er eben entbehren müssen. Dies ist insoweit richtig, als die inoffizielle Verwalterin dieses Geistes, Großmutter Bertha, gerade diesen Enkel für das Ergebnis eines ehelichen Fauxpas ihres ältesten Sohnes hielt. 1938 geboren, war Arndt nur wenige Jahre alt, als sich seine Eltern scheiden ließen – angeblich auf Geheiß von Bertha Krupp, die Alfried mit der Drohung der Enterbung zugesetzt haben soll. Während des Zweiten Weltkriegs und in den Gefängnisjahren des Vaters wuchs Arndt bei seiner Mutter Annelise und in Internaten auf. Vater und Sohn haben sich erst sehr spät überhaupt etwas besser kennengelernt. Doch sie finden nicht mehr zueinander – und das sicher auch, weil die emotionale Ebene nicht Alfried Krupps Stärke ist. Berthold Beitz hat hingegen einen guten Draht zum jungen Bohlen, der zunächst durchaus auf sein Erbe vorbereitet wird und – wie einst der Vater – zu diesem Zweck verschiedene Praktika in der Firma absolviert. Zu diesem Zeitpunkt, Anfang der 1960er Jahre, gilt es noch als ganz undenkbar, die Tradition bei Krupp abbrechen zu lassen, wonach das jeweils älteste Kind eines Tages den Alleinbesitz übernimmt.

Mit Arndt von Bohlen wäre die sechste Generation ans Ruder gekommen. Doch die Dynastie ist, zumindest in der direkten Folge, an das Ende ihrer unternehmerischen Kraft gelangt. »Arndt war ein kluger Kopf, ein begabter Junge, aber er hatte eben keine Lust zu arbeiten«, erinnert sich Berthold Beitz. Arndts Biograf Hanns Bruno Kammertöns sieht es durchaus anders und lässt anklingen, Arndt habe nicht wirklich die Möglichkeit erhalten, sich zu beweisen. Doch wäre es sicher keine leichte Entscheidung gewesen, das Schicksal von 100.000 Mitarbeitern und eines großen Namens abhängig zu machen von den mindestens schwankenden Fähigkeiten eines jungen Mannes, der ab etwa Mitte der 1960er Jahre mit beängstigender Konsequenz eine Laufbahn als so genannter »Playboy« einschlägt. Als dies auch dem Vater endgültig klar wird, hatte Alfried zunächst seinen Sohn auf den Pflichtteil gesetzt und seinen ebenfalls unternehmerisch tätigen Bruder Berthold zum Erben bestimmt. Eine

Plauderstunde mit den Goldjubilaren: Wer 50 Jahre bei Krupp beschäftigt war, wurde nach der offiziellen Ehrung noch auf einen Cognac ins Privathaus von Alfried Krupp von Bohlen und Halbach eingeladen.

Lösung, die aber schon aus finanziellen Gründen verworfen wird, da die im Erbfall fällige Steuer dem Konzern schwer zugesetzt hätte. Nach langen Gesprächen erreicht der Generalbevollmächtigte schließlich im September 1966, dass Arndt auf sein Milliardenerbe verzichtet und sich mit einer jährlichen Apanage von zwei Millionen Mark zufrieden gibt. Damit ist der Weg frei für die Gründung einer Stiftung, der Alfried sein gesamtes Vermögen übertragen will. Wenigstens der Erbverzicht trägt dem Sohn die väterliche Anerkennung ein: »Für seine verantwortungsbereite Einsicht möchte ich ihm vor aller Öffentlichkeit ausdrücklich danken«, sagt Alfried in jener denkwürdigen Jubilarehrung am 1. April 1967, in der er die Änderung der Firmen-Rechtsform offiziell bekannt gibt. Es liegt so etwas wie Abschied in der Luft – und dass dies im doppelten Sinne zutreffen sollte, ahnt noch niemand. Nur Alfried Krupp selbst weiß vielleicht, wie es gesundheitlich um ihn steht.

Von Arndt von Bohlens Unterschrift hängt jedenfalls unglaublich viel ab. Mit der nun möglichen Stiftung hofft Alfried Krupp die Einheit des Unternehmens wahren und es vor der alleinigen Dominanz privater Kapitalinteressen schützen zu können – so wie es der Krupp-Tradition entspricht. Die Erlöse, die Krupp in Zukunft über die erforderlichen Rücklagen hinaus erwirtschaftet, sollen gemeinnützigen, »philantropischen« Zwecken zufließen. Theoretisch ist das Stiftungskonstrukt für die Ewigkeit gedacht. Der Historiker Lothar Gall fasst die Grundidee so zusammen: »Die Firma sollte gleichsam sich selbst gehören.«

Nach dem Tod seines Vaters und dem Erbverzicht wählt Arndt von Bohlen und Halbach immer mehr die Rolle des Lebemanns – mit den entsprechenden Inszenierungen.

Klar ist nun allerdings auch, dass mit Alfried Krupps Tod die mehr als 150 Jahre alte Tradition der Alleininhaber enden wird. Nicht nur er selbst dürfte dies als schmerzlich empfunden haben. Auch viele Kruppianer, der Firma wie der Familie nicht selten in echter Zuneigung verbunden, reagieren verstört. Entrüstung macht sich an Arndt von Bohlens unstetem Leben fest, das von männlichen Liebhabern, adeligen Hofschranzen und teuren Spielzeugen wie Booten und Schlössern geprägt und längst ein Thema für die Boulevard- und Klatschpresse geworden ist. »Er war etwas zu flott beim Geldausgeben«, berichtete Beitz einmal, und das ist noch zurückhaltend formuliert. Die zugestandenen zwei Millionen Mark pro Jahr reichen jedenfalls selten aus – sehr zum Verdruss der Familie und des Unternehmens. Mitte der 1960er Jahre ist das Arbeitsethos noch rigoros und die Sexualmoral noch rigide. Und für manchen rechtschaffen arbeitenden Kruppianer ist es schwer fassbar, dass sich ausgerechnet »ein Krupp« lieber in südlichen Gefilden dem Müßiggang und den Party-Freuden hingibt, statt im damals rußgeschwärzten Essen die Ärmel aufzukrempeln. »Playboy« heißt so jemand damals, und in den Siedlungen der Krupp-Arbeiter hat das keinen guten Klang. Beitz erzählte einmal die Anekdote, eine seiner Töchter habe Arndt eines Tages energisch das intensive Schminken ausreden wollen – vergeblich natürlich. Gegen Ende seines Lebens – Arndt stirbt 1986 – verdeckt der Puder dann auch die Folgen unzähliger Schönheitsoperationen, denen sich der psychisch und physisch schwer angeschlagene Erbe unterzog. Die hierbei eingegangenen medizinischen Risiken haben nach Recherchen seines Biografen maßgeblich zum frühen Krebstod beigetragen. Ein tragisches und damit für einen Krupp durchaus nicht untypisches Leben.

Wir sind vorausgeeilt, denn im Schlüsseljahr 1967 neigt sich zunächst das Leben von Alfried Krupp dem Ende entgegen. Lothar Gall bemerkte einmal, ihn erinnere Alfried Krupp an einen konstitutionellen Monarchen englischen Zuschnitts, ausgestattet mit hohem Verantwortungsethos für die ihm anvertrauten Mitarbeiter. Die Stiftungslösung, die er noch möglich machen konnte, hat dieser noblen Gesinnung Form gegeben. Der Mann, dessen Pate der letzte Kaiser war, dessen Leben einen weiten Bogen schlägt, der Gefängniszellen ebenso wie Schlösser bewohnte, dieser Mann ist müde geworden. Und er ist, was kaum jemand weiß, schwer krank. Zeitlebens ein starker Raucher, leidet Alfried Krupp an Bronchialkrebs, eine Herzerkrankung kommt hinzu. Am Abend des 30. Juli 1967 verschlechtert sich plötzlich sein Zustand. Der letzte Krupp stirbt einsam, nur mit einer Krankenschwester an seiner Seite. Zwei Wochen später wäre er 60 Jahre alt geworden.

Die Anteilnahme gerade der einfachen Kruppianer ist überwältigend. Alfried Krupp war für viele, besonders für die Älteren, eine unbedingt vertrauenswürdige Vaterfigur, ihrem Alltag zwar weit entrückt, dabei aber immer bescheiden auftretend. Er hatte wie alle Krupps nichts Leutseliges, nichts Volkstümliches an sich, obwohl sein Charisma beträchtlich war und etwas Aristokratisches hatte. Nicht erst seit der Haft, sondern eigentlich schon auf den Jugendbildern umflorte sein Wesen etwas Tragisches und zutiefst Einsames, die Unmöglichkeit, anderen Menschen wirklich nahe zu kommen, war ihm ins Gesicht geschrieben. Befreit lachen hat man diesen Mann selten gesehen, am ehesten wohl, wenn Berthold Beitz in der Nähe war, den er manchmal im Übermut »Bautz« nannte, und dem gegenüber er dennoch stets das distanzierende »Sie« wahrte. Dass man sich auf sein Wort verlassen konnte, haben alle betont, die bei der Trauerfeier Reden hielten, allen voran diejenigen, die Arbeitnehmerinteressen nahestanden oder vertraten. Sie konnten bezeugen, dass die Kernsätze seiner letzten Jubilarrede, die sich wie ein Vermächtnis liest, keine Floskeln waren: »Sie, meine Jubilare, wissen, welch große Bedeutung die Sozialverpflichtung des Eigentums in der Geschichte meiner Familie und unserer Firma spielt. Für diesen Grundsatz hat unsere Firma heute wie in der Vergangenheit große Opfer gebracht. Und ich bekenne offen: Ich bin darauf stolz.« – Während der zwei Tage, an denen Alfried Krupps Sarg in der Villa Hügel aufgebahrt ist und von Bergknappen bewacht wird, nehmen Tausende persönlich Abschied. Viele schämen sich nicht ihrer Tränen.

Abschied von Alfried Krupp von Bohlen und Halbach, der am 30. Juli 1967 stirbt. Links Berthold Beitz am offenen Sarg in der Villa Hügel.

Die Freundschaft in formaler Distanz ist mit Alfrieds Tod beendet, Beitz' starke Stellung bei Krupp aber bleibt, auch wenn es zunächst ganz und gar nicht danach aussieht. Denn die Finanzkrise hat ihn seiner einzigartigen Machtposition vorerst enthoben. Zwar ist Beitz, wie es Alfried wünschte, einer der drei Testamentsvollstrecker, zwar steht er, wichtiger noch, an der Spitze des Kuratoriums der Alfried Krupp von Bohlen und Halbach-Stiftung, der zum 1. Januar 1968 die gesamte Firma gehört. Doch solange die Banken bei Krupp das Sagen haben, bedeutet das nicht viel. Da alle Gewinne auf absehbare Zeit der Schuldentilgung und der Stärkung des Eigenkapitals dienen, gibt es für die Stiftung zunächst auch wenig zu verteilen. Erst nach einigen Jahren soll sich zeigen, dass an dem Bonmot viel Wahres dran ist, wonach Alfrieds Testament aus Beitz einen Krupp gemacht hat.

Die starken Männer in der neu gebildeten »Fried. Krupp GmbH« sind jedoch vorerst der Aufsichtsratsvorsitzende Hermann-Josef Abs und vor allem der Vorstandschef Günter Vogelsang. Letzterer kehrt von Mannesmann zu Krupp zurück, wo er seine Karriere begonnen hatte und von Beitz früh gefördert wurde. Die neuen Machtverhältnisse bringen es mit sich, dass aus der einstmals klaren Unterordnung Rivalität wird, denn Vogelsang hält nicht nur die Stiftung knapp, er genießt das volle Vertrauen der Banken und das ist bei Krupp zunächst das Wichtigste. Vogelsang spart auch im Rückblick nicht mit Spitzen gegen Beitz. In einer Krupp-Fernsehdokumentation berichtete er vor Jahren von seinem durchaus vorhandenen Unbehagen, bei Dienstantritt eben nicht Alfried Krupp oder ein anderes Familienmitglied als Kapitalvertreter vorzufinden. Mit diesem »erheblichen Wandel der Unternehmenskultur« habe ein junger Manager wie er erst einmal umgehen müssen.

Für Vogelsang ergibt sich in seinem nicht konfliktfreien Verhältnis zu Beitz ein gewisses Dilemma: Je besser der Vorstand arbeitet, je durchgreifender Krupp wieder Herr im eigenen Hause wird, desto stärker kommt auch Berthold Beitz wieder ins Spiel. 1970 ist die Durststrecke überwunden, bei Krupp wird wieder gutes Geld verdient und die Banken brauchen keine Angst mehr um ihr Geld zu haben. Die Bürgschaften, das betont Beitz bis heute, wurden nie in Anspruch genommen. Abs legt den Aufsichtsratsvorsitz nieder, Beitz beendet die Jahre einer gewissen

Emigration und rückt an die Spitze des Kontrollgremiums just in dem Moment, »als die Bude über den Teich war«, wie Vogelsang heute flapsig formuliert. Wenngleich er dies »menschlich verständlich« findet, wie er leicht süffisant in der TV-Dokumentation bemerkt, ist für Vogelsang damit die Sache klar: »Der Hügel will wieder die Herrschaft übernehmen.« Ein Berthold Beitz würde sich nicht damit zufrieden geben, alle paar Monate Bilanzen vorgelegt zu bekommen.

Als 1972 die Verlängerung seines Vertrags als Vorstandsvorsitzender ansteht, lehnt Vogelsang dankend ab. Es sollte nicht der letzte Fall bleiben, dass Eigentümervertreter Beitz und der jeweilige Vorstandschef bei Krupp nicht ganz auf einer Linie liegen.

Bis sich die Wege wieder trennen, leistet Vogelsang indes erst einmal jene unumgängliche Sanierungsarbeit, die lange liegen geblieben war. Wurden unter Alfried Krupps Ägide auch unrentable Betriebe mit durchgezogen, ist der hoffnungslos defizitäre Lastwagen-Bau, die »Krawa«, jetzt nicht mehr zu retten. Daimler-Benz und die MAN sind in dieser Sparte zu weit davongeeilt, als dass Krupp noch aufholen konnte. 3.200 Mitarbeiter produzieren und vermarkten zuletzt pro Jahr gerade mal 1.500 Krupp-Lastwagen – es ist klar, dass das so nicht mehr weitergeht. Einen Teil der Belegschaft übernimmt Daimler-Benz, der Rest geht in Frühpension oder wechselt innerhalb des Konzerns. Eine sozialverträgliche Lösung also, aber es wird dennoch demonstriert und sogar gestreikt. Die Zeiten sind Ende der 1960er Jahre rebellischer geworden, und als Kruppianer ist man soviel Marktwirtschaft eben nicht gewohnt.

In diesem Stil geht es weiter, behutsam zwar, um die Mitarbeiter und die Gewerkschaften nicht über die Maßen zu verschrecken, aber eben doch so konsequent wie möglich. Zuviel hat sich bei Krupp angesammelt, das mit dem Kerngeschäft nichts zu tun hat und über das die Zeit hinweg gegangen ist. Braucht ein Stahlkonzern einen üppigen eigenen Baubetrieb, gar eine eigene kleine Supermarktkette? Offenbar nicht. Der gute, alte »Konsum«, dessen Wurzeln bis in die Zeiten Alfred Krupps reichen, der aber längst seine damalige Daseinsberechtigung verloren hat, wird an die co-op verkauft. Ein weiteres Problem ist, dass es ein- und dieselben Fabrikationen – etwa Gießerei, Maschinen- und Anlagebau – im Konzern gleich mehrmals gibt, was ineffizient und teuer ist. Doch

Offenbar eine überraschende Begegnung auf der Tanzfläche: Beim Presseball in Bonn treffen Else und Berthold Beitz auf Ruth und Willy Brandt – letzterer zu dieser Zeit Bundeskanzler.

lässt sich nicht alles, was in Jahrzehnten wucherte, in wenigen Jahren zurecht schneiden. Da kommt die ab 1969 einsetzende Hochkonjunktur wie gerufen, deren Wachstumsziffern manches überdecken helfen.

Als Vogelsang 1972 geht, ist das ein herber Verlust. Nichts braucht Krupp eigentlich mehr als Ruhe und Beständigkeit im Management. Nachfolger Jürgen Krackow braucht nur sechs Wochen, um sich mit Beitz und dem Aufsichtsrat zu verkrachen und als Folge das Handtuch zu werfen. Der vielleicht kürzeste Vorstandsvorsitz in der deutschen Wirtschaftsgeschichte trägt Krupp nicht wenig Spott und Kopfschütteln ein. Der ehemalige Thyssen-Manager Ernst-Wolf Mommsen, der Krackow beerbt, kann schon altersbedingt nur eine Zwischenlösung sein. 1975 gibt er den Stab an Heinz Petry weiter, einen alten Kruppianer aus Rheinhausen. Auch Petry wird nur viereinhalb Jahre bleiben und vor Ablauf seiner Amtszeit ausscheiden. Beitz hat später selbst eingeräumt, dass er in dieser Phase kein sehr glückliches Händchen bei der Besetzung der Top-Position hatte.

Auch wenn die Konkurrenten etwas besser durch die Zeit kommen, ist es in den 1970er Jahren objektiv nicht einfach, einen Konzern wie Krupp zu leiten, dessen Wertschöpfung immer noch zur Hälfte vom Stahl abhängt. Der Edelstahlbereich bereitet durchaus meist Freude, doch besonders der Massenstahl steckt in einer tiefen Krise, deren Gründe in den riesigen Überkapazitäten und der umstrittenen Subventionspolitik in anderen europäischen Ländern zu suchen sind. Im besten Fall erreicht man ein Auf und Ab. Auf ein Jahr mit halbwegs befriedigendem Ergebnis folgt beinahe sicher eines, in dem bei der Tochter Krupp Hüttenwerke AG in Bochum tiefrote Zahlen geschrieben werden. Beim Anlagenbau muss sich Krupp international mit harter Konkurrenz herumschlagen, was entsprechend niedrige Preise zur Folge hat. Der Schiffbau ist ohnehin ein Dauerproblem, und die sonstige Weiterverarbeitung sowie der Handel sind auch nicht so gewinnträchtig, dass diese Bereiche die Verluste vergessen machen können. Es ist das alte Dilemma: Die Umsätze stimmen, nur die Gewinne lassen zu wünschen übrig, sie versickern in einem Konzern, der bei weitem noch nicht so straff organisiert ist wie es nötig wäre und dessen Verwaltung noch deutliche Züge der alten »Beamten«-Herrlichkeit trägt. Im Gespräch mit dem »Handelsblatt« räumt Beitz 1973 ein, dass Krupp noch immer unterkapitalisiert ist.

Im Jahr darauf macht der Aufsichtsratsvorsitzende mit einem Paukenschlag deutlich, wie er die Kapitalbasis zu verbreitern gedenkt: Am 17. Juli 1974 geht die Sensationsmeldung um die Welt, wonach der durch Öl reich gewordene Staat Iran 25,04 Prozent der Krupp Hüttenwerke AG erworben hatte und bereit war, dafür 350 Millionen Mark auf den Tisch zu legen. Wie in einem modernen Märchen ließ Reza Pahlevi, der Schah von Persien, das Geld in dicken Bündeln per Flugzeug nach Deutschland schaffen. Es war erst der Anfang. Der vertrauliche Kontrakt sieht außerdem vor, dass der Iran 1976 auch an der Krupp-Holding die Sperrminorität erwirbt. Insgesamt 1,4 Milliarden Mark bares Geld spült der Deal in die Krupp-Kassen. Ein hohes Eintrittsgeld für eine Firma, bei der Nimbus und Ertrag doch arg weit auseinander klaffen.

Wie kam es dazu? Es gab schon länger Überlegungen in der deutschen Wirtschaft, den Reichtum der Ölländer in irgendeiner Form anzuzapfen. Bei den Besuchen in Persien hatte dann Beitz seine große Stärke ausgespielt: das Anbahnen und Vertiefen von Kontakten. Zwischen ihm und dem Schah stimmte einfach die Chemie – »Handschlag genügte«, wie Beitz im Rückblick stolz erzählt. Zwar hätte der Schah zweifellos eine renditeträchtigere Anlagemöglichkeit in Deutschland finden können, offenbar aber keine in seinen Ohren klangvollere. Wieder einmal ein Beleg, dass der Name Krupp – zumal außerhalb Europas – nichts von seinem magischen Klang verloren hatte. Für die in Wahrheit teilweise marode Firma ist dies ein echter Glücksfall, denn die Finanzspritze wird man noch bitter brauchen, um künftige Krisen zu überstehen, ja ohne dieses Geld wäre man um radikale Maßnahmen womöglich kaum herumgekommen. Das Unbehagen einiger Traditionalisten darüber, dass sich ausgerechnet das urdeutsche Unternehmen Krupp an das »Morgenland« verkauft, ist demgegenüber zu verschmerzen. Und Krupp hat Glück: Erst kurz nachdem die letzte Rate 1978 in Essen eingetroffen ist, fegte die islamische Revolution den Schah von seinem »Pfauenthron«. Der neue Machthaber Ayatollah Chomeini lässt die Beteiligung bestehen – abstoßen ließe sie sich ohnehin nur mit großen Verlusten.

Ein gutes Geschäft, soviel ist sicher, war Krupp für den Iran jedenfalls jahrzehntelang nicht – wobei vorerst offen bleiben muss, inwieweit der Iran vom Technologietransfer via Krupp profitiert hat.

Auch die Strukturprobleme des Unternehmens bleiben selbstverständlich bestehen, sie anzupacken wird durch den Geldsegen wohl geradezu verzögert, nicht wenige bei Krupp wiegen sich in einer komplett falschen Sicherheit. Schon 1978 muss Petry bei der Jubilarfeier einräumen, Krupp befinde sich in einer ähnlich schwierigen Lage wie 1927 – es drücken hohe Lohnkosten und Überkapazitäten. Deutlich wird: Solange die Stahl- und in zweiter Linie die Werften-Probleme nicht grundsätzlich gelöst sind, solange kann es Krupp einfach nicht gut gehen. Der 1980 vollzogene Wechsel im Vorstandsvorsitz von Petry zu Wilhelm Scheider ändert an dieser Lage nichts. Wenig später kursieren erste Überlegungen, die Stahltöchter von Krupp und Thyssen zusammenzulegen und die Zahl der Standorte zu verringern. Doch dazu kommt es nicht – noch nicht. Bald aber kann sich niemand, der in Deutschland Stahl produziert, der Einsicht entziehen, dass das fruchtlose Lavieren aufhören muss, weil die deutschen Konzerne im Weltmaßstab immer kleiner und unbedeutender werden und gegen die riesigen, effizient organisierten Verbundstahlwerke in Japan, Korea und den USA auf der Kostenseite nicht mehr mithalten können.

Im Jahr 1986 findet Berthold Beitz den Manager, der die Weitsicht, den Mut und die unumgängliche Sturheit aufbringt, den Knoten durchzuhauen: Gerhard Cromme. Der damals jungenhaft wirkende 1,95-Meter-Mann unterbreitet Beitz den bis dato undenkbaren Vorschlag, das Hüt-

Arbeiter des Rheinhausener Hüttenwerks dringen 1987 in die Villa Hügel ein, um gegen die Schließung des Werks zu protestieren.

tenwerk Rheinhausen schlicht und einfach stillzulegen und damit den Weg zu gehen, den Thyssen in Hattingen und Duisburg-Meiderich ebenfalls zu gehen im Begriff ist. Nur: Krupp ist eben Krupp. Ende 1987 macht die Neue Ruhr Zeitung (NRZ) Crommes Pläne öffentlich. Ein Sturm der Entrüstung bricht los, und es ist kein Zufall, dass Krupp wieder mal einen Superlativ produziert, diesmal den längsten, härtesten, medienwirksamsten Kampf um Sein oder Nichtsein eines Stahlwerks. 5.000 Menschen und ihre Angehörigen treibt zweierlei um: Angst und Wut. Angst um den Arbeitsplatz und vor dem sozialen Abstieg, Angst auch vor dem Abbruch einer fast 100 Jahre alten Industrietradition, die das ursprünglich unbedeutende linksrheinische Bauerndorf Rheinhausen erst zu dem machte, was es ist. Unbändige Wut aber gilt den »Plattmachern« mit Cromme an der Spitze. Die kühlen Berechnungen der Betriebswirte, die die wirtschaftliche Vernunft auf ihrer Seite wissen, vermögen gegen die elementaren Gefühle nichts auszurichten. Es nützt nichts, dass der Konzern zusagt, seine soziale Grundeinstellung auch in diesem Fall nicht zu vergessen, dass betriebsbedingte Kündigungen schon im frühen Stadium ausgeschlossen werden. Ein jahrelanges erbittertes Tauziehen, das Sozialgeschichte schreiben wird, nimmt seinen Lauf.

Warum gerade hier diese Explosion, da doch im Revier seit bald 30 Jahren immerzu stillgelegt wird? Weil in Rheinhausen eben vieles zusammenkommt: Die große Zahl der Betroffenen, die Monostruktur dieses Duisburger Stadtteils, manche Ungeschicklichkeit der Manager, die nicht unerhebliche Anzahl überraschend feuriger Redner in der Belegschaft – all das ist zu nennen. Schließlich ist da die Allgegenwart der elektronischen Medien, die – ob gewollt oder nicht – die Emotionen aufpeitschen. Die wenigsten Journalisten verspüren den Drang, außer Protest ab und zu auch die wirtschaftlichen Zusammenhänge zu transportieren. Diana Maria Friz hat noch eine weitere These: »Für fünf Generationen von Kruppianern war dieser Name gleichbedeutend gewesen mit Sicherheit, Geborgenheit und einem Zusammengehörigkeitsgefühl zwischen Unternehmern und Mitarbeitern.« Wenn dies tatsächlich bei den Älteren eine Rolle gespielt haben sollte, so ist es damit ganz offenkundig vorbei. Enttäuschung, Wut und Ohnmacht konzentrieren sich auf Gerhard Cromme. Er wird nicht müde, immer wieder zu erklären, warum das Opfer Rheinhausen sein muss, weshalb der Dreierbund zwischen Krupp Stahl, Thyssen Stahl und Mannesmannröhren-Werke die besten Perspektiven für den Erhalt immerhin der meisten Arbeitsplätze bietet. Doch scheint seine Sachlichkeit eher noch provozierend zu wirken. Hier die Schurken, da das runde Dutzend Volkshelden, vom Pfarrer bis zum Betriebsratsvorsitzenden – die Rheinhausener Welt ist in jenen turbulenten Wochen doch etwas arg einfach. Nicht einmal vor Mahnwachen vor Crommes Privathaus schrecken Gewerkschaft und Betriebsrat zurück. Beiden Organisationen droht das Geschehen allerdings ohnehin mehr und mehr aus der Hand zu gleiten. Niemand, schon gar nicht die Politik, kann es wagen, ungestraft für Vernunft einzutreten, die sich nur sehr mühsam Bahn bricht.

In dieser Situation wird selbst die ehrwürdige Villa Hügel zur Demo-Kulisse. Als dort am 9. Dezember 1987 unter Vorsitz von Berthold Beitz der Aufsichtsrat tagt, brennen draußen Feuer, an denen sich die durch-

Duisburg-Rheinhausen 1987: Aus Protest gegen die Schließung der Friedrich Alfred-Hütte blockieren Stahlarbeiter die Brücke über dem Rhein, die heute offiziell »Brücke der Solidarität« heißt.

gefrorenen Stahlarbeiter wärmen. Dann passiert es: Hunderte Demonstranten gehen zum Haupteingang der Villa, drücken den Werkschutz zur Seite und die schweren Türen auf und dringen mit zahlreichen Journalisten im Schlepptau in die untere Halle ein. Dort herrscht angesichts des riesigen Raumes mit den respektheischenden Ölgemälden der Familie erst einmal Schweigen, bevor jemand mit den klassischen Worten »Und dafür haben wir geschuftet« die Stille bricht. Schon vieles hatte der Hügel gesehen, den unangemeldeten Besuch zorniger Kruppianer jedoch nicht. Aber es bleibt alles heil.

Die Hoffnung, Berthold Beitz werde die Dinge noch einmal wenden, erfüllt sich jedenfalls nicht. Cromme hat sein Vertrauen, und das ist bei Krupp allemal das Wichtigste. »Was hätte Alfried an meiner Stelle getan«, hat Beitz sich nach eigenem Bekunden in Krisensituationen oft gefragt. Den Fall Rheinhausen, bekannte Beitz 1993 dem Handelsblatt-Redakteur Heiner Radzio, hätte Alfried Krupp wohl anders entschieden. Die Gründung seines Großvaters aufzugeben, hätte außerhalb seiner Vorstellungskraft gelegen. Rheinhausen galt schließlich lange als die Perle des Konzerns, die unzerstört durch die Zeitenwenden gekommen war. Beitz: »Ich habe in diesem Fall gegen mein inneres Gefühl Ja zur Stilllegung gesagt. Und das ist mir sehr schwer gefallen und bewegt mich bis heute.«

Das darf man ihm abnehmen. Alfried Krupp kam zu Lebzeiten gerade noch um Schließungsbeschlüsse herum, doch mit dem manchmal starrsinnig wirkenden Verharren in der Vergangenheit ist es nun endgültig vorbei. »Von allen großen Traditionskonzernen an Rhein und Ruhr war Krupp am tiefsten und längsten in dem Bewusstsein befangen, neue anstehende Probleme mit den herkömmlichen Methoden, das heißt halbherzig, lösen zu können.« Soweit das Urteil von Heiner Radzio, zu Lebzeiten einer der besten Revier-Kenner, der im »Handelsblatt« die Firmenpolitik oft unbarmherzig schonungslos analysierte und von Beitz' Management-Qualitäten nie so recht zu überzeugen war. Im Jahr 1993, genau ein Jahrhundert nach Beginn der ersten Planungen, erlischt jedenfalls der letzte Hochofen in Rheinhausen. Das Aus kam später als geplant – möglich machte dies die Hochkonjunktur nach der deutschen Wiedervereinigung. Die Verzögerung half, den Abbau der Belegschaft ausgesprochen sozialverträglich zu gestalten. Das riesige Gelände wird abgeräumt, es entsteht im Laufe von Jahren ein ebenso riesiges Logistikzentrum, das Rheinhausen neue Hoffnung und neue Arbeitsplätze brachte, wenn auch bei weitem nicht so viele wie wegfielen. Zurück bleiben Reste des legendären Tor 1, das wochenlang als Kulisse in den Nachrichtensendungen diente, und einige einst vornehme Häuser für die leitenden Herren der Hütte, gebaut 1903 im typisch idyllisierenden Stil, den das Krupp'sche Baubüro um diese Zeit pflegte. Die denkmalgeschützte so genannte »Beamtenkolonie Bliersheim«, zu der ein Casino gehört, könnte ein erstrangiger Erinnerungsort sein, doch fällt es offenbar schwer, neue Nutzungen zu finden.

Wir haben vorgegriffen. Die letztlich gelungene und auch von damaligen Betriebsräten heute gelobte Befriedung Rheinhausens löst nur einen Teil der Strukturprobleme des Unternehmens. Bevor bei Krupp die gewiss ersehnte Ruhe einkehren kann, sind noch ein paar harte Jahre zu überstehen. Geht Scheider? Geht gar Beitz? Verkaufen die Iraner ihre Anteile und wenn ja, an wen? Das sind die immer wieder anders variierten Fragen, mit denen die Wirtschaftsredaktionen 1988 das Publikum fast mehr unterhalten als informieren. Dann ist da der peinliche Prozess gegen die ehemaligen Top-Manager von Krupp Stahl, Werner Resch und Alfons Gödde, denen Untreue und Unterschlagung nachgewiesen wird. Kein Geheimnis bleibt auch, dass Thyssen-Chef Spethmann bei Beitz anklopft und für zwei Milliarden Mark plus fünf Prozent der Thyssen-Aktien die Komplett-Übernahme des Krupp-Konzerns anbietet. Beitz' Entgegnung wird so kolportiert: »Herr Spethmann, Sie müssen sich das Testament angucken. Ich kann nicht verkaufen und werde es auch nie tun.« Verkaufen kann Beitz vielleicht nicht, fusionieren aber schon, wie die Zukunft zeigt. Alfried Krupp hätte sich bestimmte Entwicklungen wohl nicht vorstellen können, doch dass sich Krupp strategischen Neuorientierungen verweigert, wenn nur so das Überleben zu sichern ist, wäre auch nicht in seinem Sinne gewesen – so jedenfalls interpretiert es Beitz, der 1989 den Aufsichtsratsvorsitz nieder legt, zugleich Ehrenvorsitzender des Kontrollgremiums wird, vor allem aber in allen Fragen grundsätzlicher Bedeutung die unangefochtene Entscheidungsinstanz bleibt. Dafür sorgt seine starke Stellung in der Stiftung, die ihn quasi zum Eigentümer erhebt. Immer mehr bewahrheitet sich der Satz, den der Publizist Claus

Jacoby schon Anfang der 1970er Jahre prägte: »Krupp ist Beitz, Beitz ist Krupp – Deutschlands einzige Industriedynastie hat sich durch Adoption am Leben erhalten.« Das ist zwar nicht *de jure*, wohl aber de facto richtig. Zumal nach dem Tod Arndt von Bohlens 1986 geht die melodramatische Wendung »Der letzte Krupp« in der medialen Überschriftenproduktion immer öfter auf Berthold Beitz über – mag dieser auch gelegentlich widersprechen und in Anbetracht seiner drei verheirateten Töchter von sich selbst als »letztem Beitz« sprechen.

Beitz widmet sich jetzt stärker der Stiftung. Aus den bescheidenen Anfängen, in denen die geringen Überschüsse des Konzerns nur ebenso geringe Zuweisungen an den Eigentümer erlaubten, ist eine der wichtigsten Industriestiftungen der Republik geworden. Rund 300 Millionen Mark hat man bis 1989 ausgegeben, und zwar für wissenschaftliche Forschung, für Erziehung und Bildung, für Literatur, Musik und bildende Kunst, für den Sport und das Gesundheitswesen – eine Summe, die sich bei Erscheinen dieses Buches auf mehr als 500 Millionen Euro vervielfacht hat. Kritiker wie Diana Maria Friz monieren allerdings, Krupp habe dieses Geld jedenfalls in den kritischen Jahren nur unter Schmerzen entbehren können, weshalb es angebracht gewesen wäre, hätte Beitz sich auf ein absolutes Minimum beschränkt.

Aber der Konflikt zwischen Alfried Krupps Nichte und dem Kuratoriumsvorsitzenden sitzt in Wahrheit sehr viel tiefer. Seit jeher herrscht eine gewisse Grundspannung zwischen der Familie von Bohlen und Halbach auf der einen und Beitz auf der anderen Seite. Frau Friz räumt ein, dass dem jungen Generalbevollmächtigten anfangs eigentlich nur Alfried Krupps Mutter Bertha und deren Schwester Barbara von Wilmowsky freundlich begegneten. Vor allem die Brüder Harald und Berthold von Bohlen hatten sich immer ein wenig zurückgesetzt gefühlt, die »geradezu manische Anständigkeit meiner rührenden Onkel« (Frau Friz) hat jedoch, soweit bekannt, handfesten Streit verhindert. Der Alleininhaber hatte ihnen unmissverständlich zu verstehen gegeben, dass er über das rein Repräsentative hinaus keinerlei Beteiligung der Familie an den Unternehmensgeschäften wünsche. All das hat Wunden hinterlassen, und auch die Tatsache, dass im Rahmen des Mehlemer Abkommens den Geschwistern erhebliche Mittel zuflossen, die sie teils zum Aufbau eigener, gut florierender Unternehmen nutzten, konnte diese Wunden nicht schließen. Im Gegenteil: Als Alfried Krupp starb, mochten sie sich insgeheim für die eigentlich berufenen Nachfolger gehalten haben – qua Herkunft und Fähigkeiten.

Da aber war das Testament vor, und das sicherte eben Beitz die Macht. Es lag in der Natur der Sache, dass der schwelende Unmut nur größer wurde, als er diese auch wahrnahm. Beitz, ebenfalls gekränkt und mit einem langen Gedächtnis ausgestattet, tat seinerseits wenig, um die Wogen zu glätten. Sätze wie: »Es gibt keine Familie Krupp mehr« oder »Ich bin derjenige, der den Namen Krupp hochhält«, mussten die Verbitterung steigern. Doch erst die Söhne von Berthold und Harald, Eckbert und Friedrich von Bohlen, forderten kategorisch, im sieben-, später neunköpfigen Kuratorium der Stiftung müsse die Familie vertreten sein.

Als sie bei Beitz damit auf Granit bissen, strengten sie ein Gerichtsverfahren an, das für erhebliches Aufsehen sorgte, ihnen jedoch keinen Erfolg brachte. Beitz erklärte, er habe der Familie im Kuratorium sogar Sitz und Stimme einräumen wollen, doch Alfried habe diesen Passus in dem von ihm, Beitz, vorbereiteten Satzungsentwurf eigenhändig gestrichen – im Rahmen eines Vier-Augen-Gesprächs, ohne Zeugen. »Die Anrufung des Alfriedschen Strich-Gespenstes«, spottet Frau Friz über diese Sicht der Dinge, der sie keinen rechten Glauben schenken mag. Die Richter, die über die Klage der Familie Bohlen zu befinden hatten, schlossen sich indes Beitz' Interpretation an. Die Sache ist letztinstanzlich entschieden, und im Kuratorium sitzen weiter Persönlichkeiten, die der Vorsitzende handverlesen auswählt: viele Wissenschaftler, teils ehemalige, teils aktive nordrhein-westfälische Politiker, aber auch Manager, so derzeit Gerhard Cromme.

Zurück ins Jahr 1989. Nach dem erfolgreich bestandenen Meisterstück in Rheinhausen tritt Gerhard Cromme an die Spitze des Gesamtunternehmens. Es gibt noch viel zu tun für den »Plattmacher«, wie ihn die Stahlarbeiter wenig respektvoll nennen. »Die selben Probleme, die wir beim Stahl hatten, waren auch in anderen Bereichen des Krupp-Konzerns anzutreffen«, erinnert sich Cromme in der Rückschau. Die Konzentration der Stahl-Standorte ist nur der erste Schritt. Cromme ist der festen

Überzeugung, dass Krupp, ja dass die gesamte deutsche Stahlindustrie nur im Verbund eine gedeihliche Zukunft hat, und er kann davon auch Beitz, den Hüter des Krupp'schen Erbes, überzeugen. Als erstes wirft der Krupp-Vorstandsvorsitzende ein Auge auf Hoesch. Die Hoesch-AG hat eine völlig andere Eigentümerstruktur als Krupp: viel Streubesitz, einige große Aktienpakete im Besitz der Banken. 1991 gelingt es Cromme, mit Hilfe befreundeter Geldhäuser still und heimlich die Mehrheit zu erwerben – eine klassische »feindliche Übernahme«, die in Dortmund, wo Hoesch zu diesem Zeitpunkt auf eine 120-jährige Tradition zurückblicken

Ernste Gesichter, wie so oft bei Krupp in der Phase der Umstrukturierung: Vorstandsvorsitzender Gerhard Cromme bei einer Protestversammlung der Widia-Belegschaft 1993 in Essen.

kann, begreiflicherweise nicht auf Begeisterung stößt. Die »Hoeschianer« sind im Westfälischen damals eine Kaste für sich: mindestens ebenso selbstbewusst wie die Kruppianer in Essen, dabei um einiges aufmüpfiger und stark gewerkschaftlich orientiert. Belegschaft und Vorstand ziehen zunächst an einem Strang, um die Übernahme abzuwenden. Man hält sich für stark genug, um alleine am globalen Markt zu bestehen, und die Geschäftsergebnisse können sich in der Tat sehen lassen. Sie sind gemessen am Umsatz besser als bei Krupp.

Aber Cromme zwingt mit der Bankenmacht im Rücken die Fusion herbei und kann nach langem Hin und Her Anfang Januar einen vorläufigen Schlussstein setzen. Die Aktie der neuen »Fried. Krupp AG Hoesch-Krupp« wird erstmals gehandelt. 182 Jahre nach der Gründung ist Krupp auf dem Börsenparkett angekommen, dort also, wo Alfred Krupp nie hinwollte. »Es warten keine Aktionärs auf die Dividende«, hatte der eigentliche Schöpfer der Gussstahlfabrik einst stolz bemerkt und dies als unbedingten Vorteil für das Gedeihen der Firma angesehen. Nun warten sie doch, allerdings vorerst vergeblich. Denn wie Recht Cromme hatte, als er schwere Zeiten prophezeite, die nur gemeinsam und mit harten Einschnitten zu bewältigen sein würden, zeigen die Geschäftsjahre 1992 und 1993, die das neue Unternehmen mit einem Gesamtverlust von 250 und 540 Millionen Mark abschließt. Die Zahl der Mitarbeiter ist im freien Fall und sinkt allein zwischen diesen beiden Geschäftsjahren um rund zehn Prozent auf 78.000. Die Stahlindustrie insgesamt kämpft ums nackte Überleben. An einer völligen Umstrukturierung und der Trennung von traditionsreichen Konzernteilen führt kein Weg mehr vorbei. Auch einstige »Perlen« stehen jetzt auf der Verkaufsliste, etwa die »Widia« und die Verkehrstechnik, die die Triebköpfe der ICE-Lokomotiven fertigte – um nur einige Beispiele aus Essen zu nennen. Am Ende des Konzentrationsprozesses wird sich Krupp von 85 Geschäftsfeldern getrennt haben.

Cromme glaubt indes an die Zukunft des Unternehmens – und die Börsen schließlich auch. 1994 kommt die Wende, sowohl beim Aktienkurs als auch beim Jahresüberschuss, der mit 40 Millionen Mark noch bescheiden bleibt. Ein Jahr später dann der Durchbruch: Der Konzern erzielt einen Überschuss von 500 Millionen Mark. Vom »Wunder an der Ruhr« spricht das Handelsblatt. Besonders florieren die Edelstahl-Produkte, die immer noch unter dem 1912 kreierten Namen »Nirosta« vermarktet werden. Krupp ist hier zum Weltmarktführer aufgestiegen – mit Thyssen Stahl in diesem Fall als Juniorpartner.

Cromme weiß, dass Krupp noch nicht über den Berg ist. Er sinnt auf mehr, und das mutet auf den ersten Blick aberwitzig an. Der Krupp-Chef will die Komplett-Fusion mit dem viel größeren Thyssen-Konzern erzwingen und plant das Spiel der feindlichen Übernahme ein zweites Mal. Bei den Banken hat man 15 Milliarden Mark für diesen Zweck locker gemacht und damit begonnen, Thyssen-Aktien aufzukaufen. Diesmal aber geht die Sache schief, denn Thyssen-Aufsichtsratsvorsitzender Heinz Kriwet kriegt Wind von der Sache – ausgerechnet vom damaligen NRW-Finanzminister und SPD-Politiker Heinz Schleußer. Der Protest in Duisburg ist gewaltig und erreicht beinahe wieder jene Ausmaße wie in Rheinhausen. Bei Thyssen fürchten nicht nur die Vorstände um ihren Job, auch die Mitarbeiter erwarten nichts Gutes von einer Fusion, die in der Tat nur Sinn macht, wenn Kräfte gebündelt und damit Arbeitsplätze eingespart werden können. Thyssen-Vorstandschef Dieter Vogel zeigt sogar ermunterndes Verständnis für mögliche Streiks – der durchaus seltene Fall eines Konzernlenkers, der die Arbeitnehmermacht gegen den Kapitalmarkt mobilisieren will. Dieser verblüffende Vorgang dokumentiert aber auch, mit welch hohem Einsatz Cromme agiert: Es geht um nichts weniger als den sozialen Frieden in Nordrhein-Westfalen. Der damalige Thyssen-Betriebsratsvorsitzende gibt die Stimmungslage wieder, die in einer Demonstration an den Frankfurter Bankentürmen ihren Höhepunkt findet: »Voll draufhalten auf die Schweine, die unsere Familie zerstören«, brüllt er ins Publikum.

Zu Angst und Wut gesellt sich ein Quäntchen Arroganz. Denn Krupp gilt beim viel größeren, viel erfolgreicheren Branchenprimus Thyssen als nicht ganz satisfaktionsfähig. Anders als Krupp habe Thyssen zu diesem Zeitpunkt seine Hausaufgaben bei der Straffung und Umstrukturierung des Unternehmens längst erledigt gehabt, meint Heinz Kriwet. Das mag sein, doch am Kapitalmarkt und bei feindlichen Übernahmen sind dies keine Kategorien, und ohne Schleußers Indiskretion wäre Crommes Coup vermutlich sogar gelungen. Weil aber neben Thyssen auch die Landesregierung massiv interveniert, bricht Krupp den Versuch ab und steuert auf die friedliche Fusion zu, die so etwas wie Crommes Minimalziel ist. Streng paritätisch besetzte Arbeitsgruppen mühen sich, die zwei Unternehmen mit ihren jeweils eigenen Kulturen zusammenzuschweißen, wobei bei Thyssen die Vorbehalte nach wie vor groß sind. Verbreiteter Tenor: Warum eigentlich diese Fusion, was scheren uns die Probleme der Essener?

Hier kommen zwei ältere, erfahrene Männer ins Spiel, die sich mehrfach diskret treffen, wenn die Sache ins Stocken zu geraten droht: Berthold Beitz, der Vorsitzende der Krupp-Stiftung, und Günter Vogelsang, der Ehrenvorsitzende des Thyssen-Aufsichtsrats und bei Thyssen so etwas wie die graue Eminenz. Vogelsang, der beide Konzerne gut kennt, teilt Crommes Meinung, dass auch Thyssen am Ende mit einer Fusion besser fährt, mag dies auch jetzt noch nicht jedem einleuchten. Beide setzen schließlich auch pragmatisch die Doppelspitze durch in der Erkenntnis, dass das prekäre Konstrukt zweier Vorstandsvorsitzenden in der Phase des Zusammenwachsens nötig ist, sich jedoch schon bald überholt haben wird. So kommt es: Gerhard Cromme für Krupp und Ekkehard Schulz, bisher schon im Vorstand von Thyssen, treten gemeinsam an die Spitze, Dieter Vogel macht dafür notgedrungen den Weg frei, was noch einmal andeutet, wo die größeren Widerstände zu überwinden waren. »Ohne Vogelsang wäre die Fusion nicht möglich gewesen«, räumte Beitz im Rückblick denn auch ein. Als Sitze des neuen Unternehmens Thyssen-Krupp sind Duisburg und Essen vorgesehen, die lange Verbundenheit der Teilkonzerne mit diesen Städten steht für diese Besonderheit Pate. Der Verwaltungsstandort ist das berühmte Dreischeiben-Haus in Düsseldorf, ein Beschluss, der nicht für die Ewigkeit gilt, wie sich zeigen wird.

Was kaum jemand geglaubt hätte, gelingt: Die 1999 rechtlich vollzogene Fusion verläuft alles in allem ordentlich, sie schafft einen Konzern von einer Größe, der auch im internationalen Maßstab sehr respektabel ist und auf den Weltmärkten eine entscheidende Rolle spielen kann. Fast 200.000 Mitarbeiter sind bei ThyssenKrupp beschäftigt, Qualitätsflachstahl, Edelstahl, Maschinen- und Anlagenbau, Autokomponenten, Werften, Aufzüge, Industriedienstleistungen sind bis heute die zentralen Geschäftsfelder, eine Struktur, die sich ähnlich bereits bei der Fusion herausgeschält hatte. Und auf fast allen Feldern zählt ThyssenKrupp derzeit zur Weltspitze.

Schon 2001 hat sich die Doppelspitze überlebt, wie es erwartet worden war. Gerhard Cromme, ohne den es vielleicht gar keinen deutschen

»Global Player« beim Stahl mehr gäbe, beendet mit 57 Jahren seine aktive Manager-Karriere und wechselt als Vorsitzender in den Aufsichtsrat. Ein »kreativer Zerstörer«, ein Mann mit Mut, Weitblick und dem nötigen Quantum Sturheit, der am Ende das Wesentliche richtig gemacht hat – allen Unkenrufen und Widerständen zum Trotz. Rückblickend gibt es, soweit bekannt, niemanden von Belang, der dies bestreiten würde. ThyssenKrupp hat bisher allen Freude gemacht: den Eigentümern mit guten Gewinnen, den Arbeitnehmern mit sicheren, gut bezahlten Arbeitsplätzen.

Der Kreis schließt sich: Auf historischem Grund und Boden, ganz in der Nähe des Stammhauses, errichtet ThyssenKrupp die neue Konzernzentrale, die 2010 fertig werden soll.

Und Berthold Beitz? Er hat letztlich das geschafft, was ihm nicht jeder zugetraut hätte: Er überführte Krupp in einen größeren Verbund und hob damit mit einem Schlag die jahrzehntelangen bangen Sorgen um die Zukunft des Traditionsunternehmens auf. Er gab als Preis dafür »seine« Firma frei, was ihm nicht leicht gefallen sein kann, und was Alfried Krupps Testament auch nur mit einigen Interpretationskünsten gestattet, denn dort ist schließlich von der »Einheit« des Unternehmens die Rede. Beitz' ausgeprägter Sinn fürs Symbolhafte war aber wach und hat im Namen ThyssenKrupp den Namen der berühmtesten deutschen Industriedynastie verankert. Auch im Firmensignet wurden die Wurzeln Krupps verankert: Die berühmten »Drei Ringe«, eines der ältesten Waren- und Firmenzeichen der Welt, finden sich darin unübersehbar wieder, wenn sie auch fürsorglich vom Thyssen-Bogen überspannt werden. Auch dies mag manchem ausgesprochen passend erscheinen. Ohne Thyssen gäbe es Krupp wohl nicht mehr, und auch Thyssen mit seinem ursprünglich breiten Streubesitz wäre heute vielleicht längst von Aufkäufern übernommen worden.

Krupp ist jedenfalls noch da, und das ist das Wichtigste. Und bei Symbolik allein ist es eben nicht geblieben. Beharrlich hat Beitz daran gearbeitet, den Einfluss der Krupp-Stiftung nicht nur zu erhalten, sondern beträchtlich zu erweitern. Zum Zeitpunkt der Fusion war sie mit knapp 17 Prozent zwar der mit Abstand größte Einzelaktionär, blieb jedoch deutlich unter der Schwelle der Sperrminorität. Doch Stück für Stück verschoben sich die Gewichte, und Ende 2006 konnte Beitz verkünden, dass er sein Ziel erreicht hat. Mit 25,01 Prozent im Rücken läuft nichts Wesentliches gegen den Willen der Stiftung, vor allem dürfte dieses Pfund denjenigen den Appetit verderben, die mit dem Gedanken einer feindlichen Übernahme spielen. Um ganz sicher zu gehen, ließ Beitz sich zusätzlich von der Hauptversammlung ein Entsenderecht für den Aufsichtsrat genehmigen: Die Stiftung kann in alleiniger Verantwortung nun drei Aufseher in das Kontrollgremium entsenden und damit gemeinsam mit den Arbeitnehmervertretern jeden unerwünschten Großaktionär blockieren. So sorgt die Krupp-Stiftung dafür, dass auch die Thyssianer einen gewissen Schutz vor den Härten und Irrationalismen genießen, die der globalisierte Kapitalmarkt mitunter mit sich führt.

Welche Macht Beitz besitzt, zeigte sich auch in dem spektakulären Coup, die Hauptverwaltung des Unternehmens nach Essen zurückzuverlegen und dafür an alter Stelle, auf dem alten Krupp-Gelände, einen neuen Bürokomplex zu bauen, der eine Akademie, ein Hotel und Parkanlagen angeschlossen sind. 2010 soll die Unternehmenszentrale bezugsfertig sein – rechtzeitig bevor sich 2011 zum 200. Mal der Tag jährt, da Friedrich Krupp an gleicher Stelle mit seinen Stahl-Versuchen begann. In gewisser Weise schließt sich so ein Kreis. Krupp ist nicht mehr selbstständig, wie es vor allem der eigentliche Schöpfer des Unternehmens, Alfred Krupp, stets für unabdingbar gehalten hatte. Auch der von ihm begründete Mythos ist Geschichte, wird gepflegt und konserviert nur noch in Erinnerungsorten, von denen das nächste Kapitel handeln soll. Krupp ist wichtiger Teil eines normalen, dafür aber gesunden Unternehmens geworden. Ein Unternehmen, das es sich leisten kann, im Triumphzug, nämlich mit neuer hochinteressanter Architektur an die Stätte zurückzukehren, an der Krupp groß wurde und mehrfach in seiner wechselvollen Geschichte wie Phönix aus der Asche stieg. Es gibt viel Grund zu der Annahme, dass Alfried Krupp und seinen Vorfahren dies sehr gefallen hätte.

Das nach der Fusion entstandene Logo von ThyssenKrupp vereint den Thyssen-Bogen und die viel älteren Drei Ringe von Krupp. Zu sehen ist das Logo hier am „Dreischeibenhaus" in Düsseldorf, das bald seine Funktion als Konzernzentrale verlieren wird.

Das 1961 im alten Stil wiederaufgebaute Stammhaus erinnert in seiner anrührenden Bescheidenheit unverdrossen an längst vergangene Zeiten. Im Hintergrund das Bürohaus, das genau an der Stelle des alten Krupp'schen Konsum steht (siehe Seite 88).

Erinnerungsorte

Krupp hat als selbstständiges, für sich allein stehendes Unternehmen zu existieren aufgehört. Die drei Ringe und der berühmte Name, früher im Ruhrgebiet allgegenwärtig, sind nur noch an »vergessenen« Gebäuden zu sehen, ausgerechnet etwa beim früheren Bochumer Verein an der Alleestraße, wo einem unerwartet das altvertraute blaue Krupp-Symbol ins Auge springt, oder aber in allerlei musealen Zusammenhängen, wie auf den Flaggen vor der Villa Hügel. In den von Industrien weitgehend entkleideten Stadtbildern muss man schon sehr genau hinsehen, um die Krupp-Symbole zu entdecken. Das heißt aber nicht, dass nur wenig übriggeblieben wäre, ganz im Gegenteil: Es gibt kein Unternehmen in Deutschland, vielleicht nicht einmal auf der Welt, das eine solche Fülle von Erinnerungsorten und Erinnerungsgegenständen hinterlassen hat wie Krupp. Man findet sie vor allem in Essen auf Schritt und Tritt, auch weil Krupp immer ein äußerst sendungs- und geschichtsbewusstes Unternehmen war. Manchmal sind es unübersehbare Siedlungen mit Tausenden von Bewohnern, manchmal unscheinbare, vergessene Denkmäler, hie und da findet sich, oft zufällig übriggeblieben, das Firmensymbol mit den drei Ringen.

Die fast 200-jährige Geschichte allein ist dafür noch keine hinreichende Erklärung. Vielmehr hat Krupp sehr früh den Wert dessen begriffen, was später Öffentlichkeitsarbeit hieß, war werbefreudiger als andere, hat weitaus mehr Denkmale gestiftet, beständiger und werthaltiger gebaut. Ganz unterschiedliche Symbole ließen sich nennen, etwa die Villa Hügel, die idyllische, leider nur teilweise erhaltene Kleinhaus-Kolonie Altenhof oder ein so irrsinnig anmutendes Unterfangen wie die Via Krupp auf der Insel Capri. Im Nachhinein will es manchmal scheinen, als hätten das Unternehmen und seine Eigentümer auf geradezu unheimlich präzise Weise immer das (Wert)-Urteil der Nachwelt im Blick gehabt, und das gilt in eingeschränktem Maß auch für die Alltags- und Zweckbauten. So gut wie überall, wo Krupp sich über eine gewisse Zeit festsetzte, war man stets expansiv und baufreudig und hat vor allem Wohnsiedlungen von guter Qualität hinterlassen. Wer hier nur an Essen dächte, läge falsch. Auch in Duisburg und Bochum, Kiel und Magdeburg tragen ganze Stadtteile den Stempel Krupp'schen Bau- und Gestaltungswillens.

Devotionalien und Bücher

Die Reise zu den Erinnerungsorten könnte an einem »Ort« beginnen, den man vielleicht nicht so ohne weiteres auf der Rechnung hat: den Auktionshäusern im Internet. Wer seit Jahren regelmäßig etwa bei Ebay den Markt für Krupp-Devotionalien im Auge hat, kann schon ins Staunen kommen. Fast das ganze 20. Jahrhundert über, zum Teil auch davor, betrieb das Unternehmen einen verschwenderischen Aufwand bei Werbemitteln, Ehrenabzeichen, Gedenkmünzen, alten Typenschildern, Ansichtskarten und allem möglichen Gedruckten. Auf Dachböden und in alten Schubläden überlebten diese Stücke, um meist nach Umzug oder Tod ihrer alten Besitzer versilbert zu werden. Die Preise sind fast durchgehend hoch, mitunter sehr hoch: so etwa bei Ehrennadeln für Firmenjubilare aus der Zeit vor 1930 oder bei Andenken aus edlen Materialien für besonders wichtige Großkunden. Die preistreibende Vielzahl der Bieter bei solchen Auktionen belegt den ungebrochenen Mythos, den die Drei Ringe umfloren.

Auch bei den Werbemitteln und werbeorientierten Alltagsgegenständen ließ sich Krupp von seinem Qualitätsnimbus leiten – alles andere hätte den gewünschten Effekt verfehlt. Der Autor kann über die Krupp'schen Manschettenknöpfe und Armbanduhren, Taschenmesser und Füllfederhalter, Zigarrenschneider oder Briefbeschwerer jedenfalls nur Gutes sagen. Kultstatus genießen die flachen, schlicht gestalteten Aschenbecher aus rostfreiem V2A-Stahl, die noch aus einer Zeit stammen, als Rauchen den Mann von Welt kennzeichnete. Und wer vierstellige Summen übrig und keine Berührungsängste gegenüber Militaria hat, konnte vor einigen Jahren eine Miniatur-Kanone vom berühmten Kaliber 8,8 ersteigern, die Krupp einst für den Schreibtisch eines vermutlich sehr wichtigen Herrn anfertigen ließ. Wer dies war, blieb offen.

Übertroffen wird das Angebot an solchen Devotionalien nur durch das an Büchern. Wer im »Zentralverzeichnis antiquarischer Bücher« (zvab.com) den Suchbegriff »Krupp« eingibt, kommt auf rund 4.000 Treffer und fast alle haben mit der Firma zu tun. Zu allen Zeiten fanden es Schriftsteller, Historiker und Journalisten faszinierend, sich mit Krupp zu befassen. Hinzu kommt eine verschwenderisch betriebene Geschichtsschreibung in eigener Sache. Die offiziösen Jubiläumsbände etwa, die zur Hundertjahrfeier 1912 erschienen, sind von einer Qualität, die sich andere Unternehmen schlicht nicht leisten konnten oder wollten. Es ist nicht übertrieben, zu sagen, dass Krupp die Kunst der werbenden, aber eben nicht platt reklamemäßigen Eigendarstellung bereichert hat. Welchen Stellenwert die eigene Geschichte bei Krupp bis heute einnimmt, belegt nicht zuletzt das Unternehmens- und Familien-Archiv, das heute unter dem Dach der Krupp-Stiftung angesiedelt ist. Es zählt mit seinen zwei Millionen Fotos und acht Regal-Kilometern Dokumenten weltweit zu den größten und bestsortierten seiner Art. Als ältestes Wirtschaftsarchiv des Landes, wahrscheinlich sogar der Welt, steht es beispielhaft für das Geschichtsbewusstsein des Unternehmens.

Capri

Vielleicht nicht der bedeutendste, sicher aber der schönste Erinnerungsort und wohl auch derjenige, der die mondäne, extravagante Seite der Krupps symbolisiert: Das ist Capri. Die Felseninsel in der Bucht von Neapel ist durch ein gnädiges Schicksal von den meisten Scheußlichkeiten des Massentourismus verschont geblieben und kann neben vielen anderen Sehenswürdigkeiten die Via Krupp vorweisen. Friedrich Alfred Krupp, der wie beschrieben in die Insel vernarrt war, hat sie Anfang des 20. Jahrhunderts gebaut. Hunderttausende Touristen haben schon vom höher gelegenen, ebenfalls durch Krupp ermöglichten »Parco« hinabgeschaut auf den aufwändig gepflasterten, in den Felsen geschlagenen Serpentinen-Weg. Breit genug für einen Eselskarren oder eine kleine Kutsche, verbindet der Weg den Hauptort Capri mit einer der schönsten Insel-Buchten – und erschließt nebenbei auch jene Grotte, über deren vermeintlich verruchtes Innenleben die Capreser

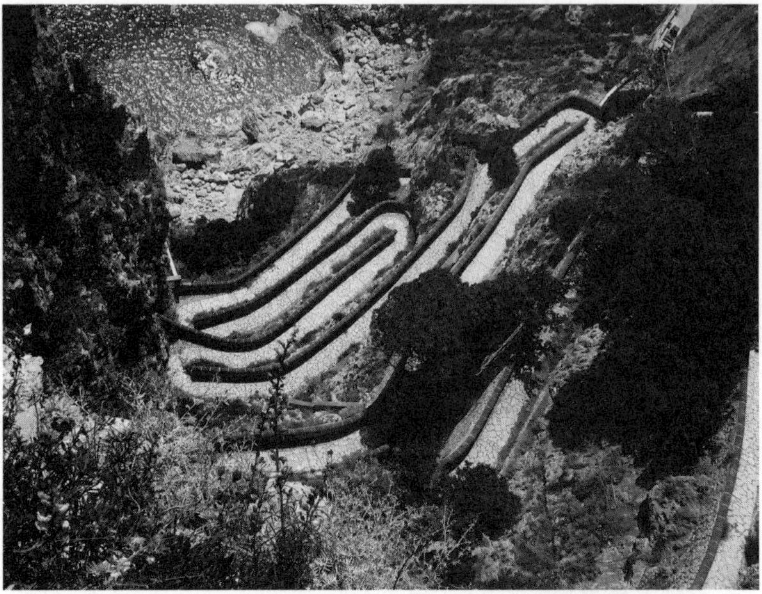

Die Via Krupp ist eine der größten Attraktionen auf Capri. Aufwändig restauriert und im Juni 2008 nach einem Festakt freigegeben, wurde der von Steinschlag bedrohte Weg kurz darauf schon wieder gesperrt. Ein Hin und Her, das sich wohl niemals ändert.

Gesellschaft so lange tratschte, bis die Sache Friedrich Alfred Krupp zum Verhängnis wurde.

Obwohl die Via Krupp nun seit Jahrzehnten wegen Steinschlags meist gar nicht oder nur eingeschränkt begehbar ist, hat das offizielle Capri das Andenken an Krupp hochgehalten, auch zu Zeiten, als dies nicht sonderlich opportun erschien. Allerdings war der Industrielle für die Insel-Mächtigen auch ein gutes Geschäft. Wie im Ruhrrevier, hatte Krupp auch auf Capri im großen Stil Grundstücke gekauft, die die bäuerliche Bevölkerung froh war loszuwerden – darunter viele, die grandiosen Meerblick boten. Nach seinem Tod schenkte die verbitterte Familie diesen Besitz der Kommune Capri mit der Maßgabe, sie für die Öffentlichkeit offen zu halten. Daraus wurde nur teilweise etwas. Längst sind die meisten dieser Grundstücke bebaut, natürlich privat.

Die Wohnsiedlungen

Wer an die Wohnsiedlungen von Krupp denkt, der hat vor allem die Margarethenhöhe in Essen im Kopf, ein Gesamtkunstwerk des Kleinwohnungsbaus und als solches in die Architekturgeschichte eingegangen. Ironischerweise ist aber gerade dieses klassische Beispiel reformorientierten Bauens keine Krupp-Siedlung im engeren Sinn, sondern ein Geschenk von Margarethe Krupp an die Stadt Essen und ihre Bürger, die als Mieter auch dann willkommen waren, wenn sie nicht bei der Firma arbeiteten. Die Verwaltung oblag und obliegt bis heute einer Stiftung.

Aber auch bei den vielen Siedlungen, die Werksangehörigen vorbehalten waren, entfaltete Krupp einen erstaunlichen architektonischen und städtebaulichen Ehrgeiz, einen Willen zur schönen Form, ein Denken, das weit über die zweckmäßige Anhäufung von Häusern hinausging. Wohnen, das war schon Alfred Krupp klar, ist mehr als nur ein Dach über dem Kopf. Es hat Einfluss auf den Charakter der Menschen und prägt das soziale Gefüge entscheidend mit. Gerade Alfred Krupp, der sich die Firma als Kleinstaat dachte, musste einfach fasziniert sein von den Möglichkeiten, die sich ihm hier boten. Schon die erste Großsiedlung Cronenberg, entstanden in den 1870er Jahren und heute restlos verschwunden, hatte einen nach außen zwar abwehrenden Charakter, war aber eben auch zentriert auf einen gepflegten Park in respektabler Größe, die Straßen waren gesäumt von Bäumen.

In den letzten zwei Jahrzehnten des Kaiserreichs hat sich Krupp der Gartenstadt-Idee, gepaart mit einer aufwändigen Idyllisierung, verschrieben, die über das hinausging, was ohnehin in der Architektur gerade Mode war. Eine beständige Hochkonjunktur lieferte dafür die nötigen Mittel. Erker, Türmchen, Lauben, Gartentörchen, sichtbares Fachwerk – es scheint, als hätten die Wohnverhältnisse die Härten des industriellen Arbeitslebens abfedern, die potenziell unruhigen Arbeiter milder stimmen sollen. Der leider nur in Resten erhaltene Altenhof I in Essen – er fiel der Abrisswut der frühen 1970er Jahre zum Opfer – rührt den empfänglichen Beobachter noch heute an. Die an geschlängelten Wegen locker hingetupften Kleinhäuser im englischen Cottage-Stil, die Friedrich Alfred Krupp pensionierten Kruppianern mietfrei überließ, entfalten mindestens auf Fotos eine Atmosphäre der Behaglichkeit, des Aufgehobenseins in einer starken Gemeinschaft, die für ihre älteren Mitglieder sorgt. Noch erhalten sind die so genannten »Pfründnerhäuser«, in denen verwitwete alte Kruppianer wohnten und beköstigt wurden – heute sind hier Pflegedienste und Fortbildungseinrichtungen des nahen Alfried Krupp-Krankenhauses untergebracht. Das Romantische ist hier schon etwas zurückgetreten zugunsten eines normannisch-skandinavischen Stils mit offenen Holzkonstruktionen

Fast komplett erhalten ist der Altenhof II, der in seiner Architektursprache erneut eine Spur nüchterner und weniger detailverliebt daherkommt. Dennoch bieten auch hier die Gärten, Veranden und geschützten Eingänge ein Bild, als wollten sie der pädagogisierenden »Empfehlung« Alfred Krupps den passenden Rahmen geben: »Nach getaner Arbeit verbleibt im Kreise der Euren ...« Eingeschränkt gilt das Idylle-Postulat auch für den Margarethenhof in Duisburg-Rheinhausen, eine Siedlung, die gemeinsam mit dem Hüttenwerk entstand, deren Verfall jedoch in den letzten Jahrzehnten mit Schließung der Hütte leider voranschritt.

Ein typisches Beispiel für die beachtliche Baukultur des Unternehmens. In der heute noch bestehenden Siedlung Brandenbusch in Essen-Bredeney wohnten früher die Bediensteten der Villa Hügel.

Wohlerhalten ist hingegen die Siedlung Dahlhauser Heide in Bochum-Hordel, die mit ihren hochkragenden, mit Fachwerk ausgestalteten Sattel-Dächern an westfälische Bauerndörfer erinnert. Auch hier hat Krupp eine Architekturmode, den Heimatstil, in besonders prägnanter und aufwändiger Form realisiert. Weil Krupp zur Bauzeit ab 1907 in Bochum nur Zechenbesitz hatte, wird die Siedlung nicht im gleichen Maße mit der Firma in Verbindung gebracht wie wenn sie in Essen stünde. Und doch ist sie ganz »Krupp-typisch« in ihrem Willen zur Idyllisierung, in der Schaffung eines Wohnens mit betont menschlichem Maß. Die ländliche Anmutung trug dem Umstand Rechnung, dass gerade Bergleute oft aus ländlichen Gegenden stammten und auch in ihrer neuen Heimat etwa auf Kleintierhaltung und Gemüseanbau nicht verzichten wollten. Ähnliches gilt für die Siedlung Heimaterde in Mülheim, die schon im Namen ausdrückt, was ihre Erbauer bewirken wollten und tatsächlich bis heute bewirken. Das gilt, obwohl die Häuser der Heimaterde – wie die fast aller anderen Krupp-Siedlungen auch – längst in Einzelbesitz übergegangen sind. Heimat sind sie noch immer.

Wieder einen anderen Charakter besitzen die erhaltenen mehrgeschossigen Wohnblöcke, von denen ebenfalls die schönsten in den Jahren vor dem Ersten Weltkrieg entstanden. Nach innen oft freundlich und auf gute Nachbarschaft angelegt, wirken sie nach außen trutzig, fast möchte man sagen: auf Abstand zur krupp-fremden Welt bedacht. Existierende Beispiele hierfür sind der Luisenhof in Essen-Frohnhausen und die Arbeitersiedlung der Germaniawerft in Kiel-Gaarden. Ein Denkmal für sich und in ihrer Art einzigartig dürfte die komplett erhaltene »Beamtensiedlung Bliersheim« für die leitenden Angestellten der früheren Rheinhausener Hütte sein, die nah am Werk zu wohnen hatten. Heruntergekommen, aber denkmalgeschützt am Rand des heutigen Logistikzentrums gelegen, erzählen die gefällig angeordneten Wohnhäuser und das Casino einiges über die soziale Schichtung innerhalb der leitenden »Beamtenschaft«. Mit einem Blick wird klar, wo der Direktor wohnte und wo der Ingenieur. Ein Denkmal, das noch auf eine gute Zukunft wartet.

Der Krupp'sche Wohnbau ist auch deshalb so breit gefächert, weil er – wenn auch reduziert – selbst zu Zeiten durchgehalten wurde, als die Geschäfte der Firma mäßig bis schlecht liefen. Krupp schuf etwa in den schwierigen 1950er Jahren als Ersatz für das viele Zerstörte neben allerlei Banalem auch Siedlungen, die den Idealen des neuen Wohnens geradezu schulmäßig entsprachen: hell, freundlich, durchgrünt und mit gehörigem Abstand zum Nachbarhaus. In Essen-Holsterhausen, leider in unschöner Nähe zur später gebauten Autobahn Ruhrschnellweg, sind solche Häuser noch heute zu besichtigen. Der weitsichtig angekaufte üppige Grundbesitz machte es Krupp oft leicht, seinen Wohnsiedlungen einen ausgesprochen großzügigen Rahmen zu geben. Der Unterschied zu den engen Quartieren der Nachbarschaft, die von Einzeleigentümern meist nur unter Renditegesichtspunkten erstellt wurden, ist bis heute frappierend.

Es gäbe zum Krupp'schen Siedlungserbe noch vieles zu sagen, doch Vollständigkeit kann und soll nicht Ziel dieses Buches sein. Konstatieren muss man allerdings zu guter Letzt, dass der inzwischen abgeschlossene Verkauf des ehemaligen firmeneigenen Wohnungsbesitzes die erwartbaren negativen Folgen für die architektonische Geschlossenheit hatte. Gegen mächtige Zeittrends wie die Individualisierung und das Einerlei der Baumärkte kann der Denkmalschutz nur in Ausnahmefällen ankommen – so etwa im Fall der Essener Margarethenhöhe, die einer strengen Satzung unterliegt.

Die Gussstahlfabrik

So vielfältig das Erbe der Siedlungen, so gering ist die bauliche Hinterlassenschaft des einst riesigen Essener Fabrikgeländes. Im Wesentlichen hat sich nur das Eingangsensemble der so genannten »Krupp-Stadt« dank glücklicher Fügung erhalten: Die 1902 entstandene 8. Mechanische Werkstatt beherbergt heute eine Musicalhalle, die 1917 gebaute Halle des Press- und Hammerwerks dient als Parkhaus. Zwischen diesen Gebäuden überspannt funktionslos die aus dem Jahr 1872 stammende Brücke der alten Werkseisenbahn die Altendorfer Straße – insgesamt eine Situation nicht ohne malerischen Reiz. Im ältesten erhaltenen Werksgebäude, einer Geschossdreherei aus den 1870er Jahren, residiert ein Institut der Universität Duisburg-Essen. Zum Kern des Mythos Krupp gehört das Stammhaus, das 1961 in unmittelbarer Nähe des Originalstandorts wiederaufgebaut wurde und ein Erinnerungsort erster Güte sein könnte. Es ist allerdings öffentlich nicht zugänglich und harrt noch einer musealen Konzeption. Sie ergibt sich vielleicht 2010, wenn die Konzernleitung von ThyssenKrupp in die neugebaute Zentrale nach Essen zieht. Das direkt benachbarte Stammhaus sollte spätestens dann sein Dornröschendasein beenden.

Die Archäologie

Mit dem Neubau der Konzernzentrale kam wegen der umfänglichen Erdarbeiten auch die Archäologie zu ihrem Recht – zugegeben, ein Erinnerungsort, der für Laien oft etwas sperrig sein mag. Ein Unternehmen, das seit fast 200 Jahren auf dem selben Gelände existiert, hat aber eben Zeit genug, sich in den Boden einzuwühlen. Das gilt gerade für die Stahlindustrie, wo Werke gebaut und zerstört, repariert und wieder eingerissen wurden, wo immer neue Techniker-Generationen auf erhöhtem Schutt-Niveau wieder neue Hallen, Hochhöfen, Gleisanlagen errichteten. Das Chaos von Bombenkrieg und anschließender Niederlegung vieler Werksanlagen per Dynamit tat ein Übriges.

Greift in ein solches Gelände der Baggerarm, können Kundige aus den freigelegten Schichten die Epochen der Industriegeschichte lesen und manches interessante Exponat bergen. Am Bauplatz der neuen Konzernzentrale fanden die Archäologen dann auch rostige Radreifen und uralte Tiegelstahl-Behälter, die Grundmauern historisch bedeutsamer Stahlwerke, dekorative gusseiserne Stützsäulen und einen 26 Tonnen schweren Amboss, der seit seiner Bergung in einer Garage darauf wartet, vielleicht eines Tages Prunkstück einer industriearchäologischen Sammlung Krupp zu werden.

Sozialhistorisch dürfte zu den bedeutsamen Funden jener Schriftzug gehören, der den Weg zu einem Bunker »für russische Arbeiter« weist. Er beweist immerhin, dass Krupp seine Zwangsarbeiter im Zweiten Weltkrieg nicht völlig schutzlos den beinahe täglichen Bombenangriffen auslieferte. Der Essener Stadtarchäologe Detlef Hopp vergleicht das Terrain der ehemaligen Gussstahlfabrik mit Schutthügeln im Zweistromland im heutigen Irak, einer der Wiegen der Zivilisation. Etwas poetisch – aber warum eigentlich nicht?

Die Denkmäler

Die späten Kaiserjahre und die Weimarer Republik waren denkmalfreudige Zeiten in Deutschland. Davon profitierten mit einer gewissen Folgerichtigkeit auch die Krupps, die unter allen Industriellenfamilien wohl die größte Verehrung genossen und entsprechend häufig von Denkmalstiftern mit Standbildern verewigt wurden. Bertha und Gustav Krupp von Bohlen und Halbach, eingeschränkt auch Alfried Krupp, sorgten dann ihrerseits noch für eine beträchtliche Vermehrung der Denkmal-Fülle. Neben Büsten und Statuen von Friedrich Alfred Krupp finden sich auch Motive der Arbeit wie das Tiegelguss-Halbrondell, das mitten im früheren Fabrikgelände in Essen liegt und hoffentlich auch nach dem Neubau der Firmenzentrale einen prominenten Platz behält.

Das Schicksal dieser Denkmäler ist ganz unterschiedlich. Man findet in Essen etwa einen Gedenkstein für den Firmengründer Friedrich

Vergessenes Überbleibsel: An der Alleestraße in Bochum ist an einem Gebäude des Bochumer Vereins noch das alte Logo von Krupp zu sehen.

Krupp, der am Standort der alten Walkmühle im Stadtteil Altenessen unscheinbar und offenbar vergessen vor sich hinrottet. Am oberen Ende der Standort-Prominenz steht das Standbild für Alfred Krupp, das die Stadt Essen stiftete und unter großer Anteilnahme der Bürger im Jahr 1889 an zentraler Stelle in der Innenstadt aufstellen ließ.

Dieses Denkmal ist in vieler Hinsicht exemplarisch. Es zeigt besonders drastisch den dramatischen Ansehensverlust, den Firma und Familie Krupp nach dem Zweiten Weltkrieg erlitten und der die Denkmäler von Alfred und Friedrich Alfred Krupp mitunter buchstäblich in den Abgrund zog. Es symbolisiert aber auch den kaum für möglich gehaltenen Wiederaufstieg, an dem Berthold Beitz maßgeblichen Anteil hatte. Der bronzene Alfred büßte postum für die tatsächlichen und vermeintlichen Missetaten der Familie Krupp, kehrte jedoch zu guter Letzt wieder an seinen alten Standort zurück. Eine Geschichte, die es wert ist, erzählt zu werden.

Im Jahr 1887 war der eigentliche Schöpfer der Gussstahlfabrik verstorben, und er hatte ein wahrhaft beeindruckendes Lebenswerk hinterlassen. Die Fabrik gab zu diesem Zeitpunkt 23.000 Menschen Arbeit, ihre schiere Größe und das Renommee des Namens Krupp trugen entscheidend dazu bei, dass Essen zur Großstadt, ja zur inoffiziellen Hauptstadt des Ruhrgebietes wurde. »Die dankbare Vaterstadt« bezeugte daher der Sockel des Denkmals – damals wie übrigens auch heute.

Dargestellt ist Alfred Krupp in der von ihm zeitlebens bevorzugten Reitkleidung. Jeder zeitgenössische Essener kannte ihn hoch zu Pferde, wenn er von der Villa Hügel zur Fabrik ritt auf einem Feldweg, der heute vier Fahrspuren hat und ihm zu Ehren immer noch Alfredstraße heißt. Seine rechte Hand ruht auf einem Amboss, die linke ist energisch an der Hüfte angewinkelt. Gesichtsausdruck und Haltung könnten sagen: Diese Stadt sähe ohne mich anders aus. Sein Blick schweift frei über die Kettwiger Straße, damals wie heute die wichtigste und belebteste Essener Innenstadtstraße.

So blieb es bis 1945. Nach dem Zweiten Weltkrieg und dem Ende der NS-Diktatur schien es nicht mehr opportun zu sein, sich als »dankbare Vaterstadt« zu erweisen, vielmehr wurde die Unternehmensgeschichte jetzt in einem ganz anderen Licht betrachtet. Hatte nicht Alfred mit dem Waffenbau begonnen, der erst dem Kaiserhaus und dann Hitler genützt hatte? Waren die Krupps nicht von Beginn an üble Militaristen gewesen, hatten sie nicht das spätere Unheil auf diese Weise mit herauf beschworen? Für die alliierten Sieger war genau dies die gültige Interpretation, der die Stadt Essen sich tunlichst anzuschließen hatte. Und die Stadtspitze fügte sich, teils aus Kalkül, teils wohl auch aus vermeintlich besserer Einsicht. Nicht Differenzierungen waren jetzt das Gebot der Stunde, sondern schnelle Absetzbewegungen von der gemeinsamen Geschichte, und das betraf eben auch die Bronzefigur vor der Marktkirche.

Alfreds Denkmal hatte den Bombenhagel und die beinahe flächendeckende Zerstörung der Altstadt wie durch ein Wunder unversehrt überstanden und diente amerikanischen Pressefotografen nach der Kapitulation als dankbare Hintergrundkulisse für Fotos. Schließlich wurde die Statue von unbekannter Hand in einen Bombentrichter gestoßen. Wer den bronzenen Alfred plus Sockel danach zum politischen Überwintern auf das Krupp-Werksgelände brachte, wo genau beides gelagert war – all das ist unbekannt. Klar ist: Erst 1952, ein Jahr nach der Entlassung von Urenkel Alfried Krupp aus alliierter Haft, ist auch der Urgroßvater wieder vorsichtig vorzeigbar; nicht in der Innenstadt zwar, aber in einem Wohngebiet, an einer Straße, die sinnigerweise den Namen seines Vaters Friedrich Krupp trägt.

Vorbereitung für den Umzug: Der bronzene Alfred Krupp wartet im April 2006 darauf, wieder auf seinen Sockel gestellt zu werden – nach 61 Jahren steht das Denkmal wieder am alten prominenten Platz.

Als sich die nachkriegsbedingten Animositäten zwischen Kommunalpolitik und dem Unternehmen wieder glätten und der Name Krupp erneut einigen Glanz verbreitet, folgt der nächste Schritt: 1961 kehrt das Denkmal an die Marktkirche und damit an den deutlich prominenteren Standort der Innenstadt zurück – pünktlich zur 150-Jahr-Feier der Firma. Allerdings, und das macht den feinen Unterschied: eine allzu offensive Zurschaustellung hielt man – wie auch bei anderen überlebenden Krupp-Denkmälern – auch jetzt nicht für angebracht. Nach dem glücklichen Überstehen schwieriger Zeiten wollte Essen den Ruf als »Krupp-Stadt« dämpfen. Dazu hätte schlecht gepasst, Alfred an den alten triumphalen Platz zu rücken. Das Denkmal musste sich mit einer bescheidenen Ecke 20 Meter weiter westlich begnügen, eingezwängt zwischen der Kirche und einer Hauswand, beschattet von einem Baum.

Erst im Jahr 2006 folgt Schritt Nummer drei: Die Statue nimmt ihren alten Platz ein, und die Tatsache, dass Berthold Beitz persönlich den neualten Standort einweiht, beweist einmal mehr, dass ihm die Symbolik des Falls durchaus bewusst ist.

Beitz' Geschichtspolitik

Genau 61 Jahre nach seinem Fall schließt sich somit der Kreis, endet endlich auch für den bronzenen Alfred Krupp die Nachkriegszeit. Vorausgegangen waren die von Beitz getroffenen oder doch forcierten Entscheidungen, mit der Zentrale von ThyssenKrupp nach Essen zurückzukehren und der Stadt aus Mitteln der Krupp-Stiftung einen Neubau ihres Kunstmuseums zu spendieren. Ein gewisser Zusammenhang ist seitens der städtischen Denkmalpflegerin eingeräumt worden, es wäre allerdings zu eng gedacht, die Umsetzung des Denkmals nur als Dank für unermüdliches Mäzenatentum zu werten. In solchen Akten zeigt sich vielmehr eine stille Geschichtspolitik, die Beitz niemals als solche an die große Glocke gehängt hat, die aber dennoch oder gerade deshalb beachtliche Durchschlagskraft besaß.

Allgemein bekannt ist, dass der Kuratoriumsvorsitzende die moralische Rehabilitation des Namens Krupp als Lebensaufgabe betrachtet, wobei der von ihm verehrte Alfried Krupp von Bohlen und Halbach naturgemäß eine besondere Rolle spielte. Beitz schaffte dies, indem er dreierlei in die Waagschale warf: Mit seinem eigenen guten Namen, den er sich nicht zuletzt durch mutige Taten während der NS-Zeit erwarb, hat er den negativ belasteten Namen Krupp im Laufe von Jahrzehnten gleichsam imprägniert. Zweitens initiierte, förderte und begleitete Beitz bedeutende historische Veröffentlichungen, die der differenzierten Aufklärung dienten, sodass einseitige, oft schlicht falsche Pamphlete nach und nach in Vergessenheit gerieten. Schließlich sind da die finanziellen Leistungen der Stiftung, die den Namen Krupp tausendfach mit gemeinnützigen Taten in Verbindung brachten, was unter dem Motto »Tue Gutes und rede drüber« alles andere als unbemerkt blieb. Dafür sorgte schon jenes »Verkaufstalent«, das selbst die vielen entschiedenen Gegner Berthold Beitz stets attestierten.

Dank dieses umfassenden Image-Wandels gelang es nicht nur, Krupp-Denkmäler wieder ins rechte Licht zu rücken, sondern auch neue, zeitgenössische zu schaffen. Wenn etwa der große Saal der vor einigen Jahren praktisch neu erbauten Essener Philharmonie den Namen von Alfried Krupp trägt, wenn der noble Kieler Yacht Club seit 2007 im »Alfried-Krupp-Haus« residiert, seine Büste weit übers Meer blickt, dann sind dafür gewiss die jeweils erheblichen Geldzuwendungen der Stiftung ursächlich. Dennoch bleibt die Namensgebung bemerkenswert, denn das Urteil im Krupp-Prozess von 1947 ist ja niemals aufgehoben worden. Es dürfte einmalig in Deutschland sein, dass im Jahr 2004 ein städtischer Konzertsaal nach einem verurteilten Kriegsverbrecher benannt wird, mögen auch noch so große Zweifel geboten sein, ob der Spruch des Nürnberger Gerichts von Weisheit und Gerechtigkeit geprägt war. Vielleicht noch erstaunlicher ist, dass die in Fragen der NS-Zeit besonders sensible und aufmerksame, zum Teil auch rasch skandalisierungsbereite Öffentlichkeit die Rehabilitierung Krupps bis heute ohne nennenswerten Protest zur Kenntnis nahm.

Welche geschichtspolitische Leistung dies darstellt, wird ersichtlich, wenn man einen Fall aus Kreuztal im Siegerland dagegen hält, wo das dortige Friedrich-Flick-Gymnasium sich jüngst nach massivem Druck genötigt sah, diesen Namen abzulegen. »Der pädagogische Anspruch einer Schule verträgt sich nicht mit dem Namen eines Kriegsverbrechers«, zog Kreuztals Bürgermeister einen Schlussstrich unter eine jahrelange Debatte. Der Industrielle Friedrich Flick war – wie Alfried Krupp –

1947 vom Nürnberger Gerichtshof verurteilt worden, allerdings nur zu sieben statt zu zwölf Jahren, und er wurde auch ein Jahr früher, nämlich 1950, begnadigt und freigelassen. Obwohl das Strafmaß das Gegenteil nahe legt, war Flick in der NS-Zeit allerdings erheblich skrupelloser vorgegangen als Krupp, was die Animosität einer kritischen Öffentlichkeit zum Teil erklären mag. Vor allem aber ließ es Flick – anders als Krupp – nach 1945 an Gesten mangeln, die auf ein gewisses Schuldeingeständnis hätten hindeuten können. Und vielleicht noch wichtiger: Es fehlte eben ein Berthold Beitz.

Villa Hügel und Historische Ausstellung Krupp

Die Villa Hügel ist ein Erinnerungsort, der sich von selbst versteht, dessen Nicht-Erwähnung aber doch ein Versäumnis wäre. Das Große und Kleine Haus sowie der sie umgebende Park bilden ein Gesamtkunstwerk, zu dem noch die weniger bekannte Siedlung Brandenbusch zu zählen wäre, in der früher die Hügel-Bediensteten lebten und die als ein besonders glückliches Beispiel für die Qualität des Krupp-eigenen Siedlungsbaus gelten darf.

Die Villa Hügel war immer mehr als ein Wohnhaus, sie leistete schon durch ihre schiere Dimension dem Mythos Krupp gute Dienste, und so ist es noch immer. Hier ist nicht der Platz, um dieses außergewöhnliche Bauwerk ausführlich zu würdigen, zumal dies an anderer Stelle im Buch geschieht. Wohl aber soll auf die vorbildliche Historische Ausstellung Krupp aufmerksam gemacht werden, die seit Anfang 2007 im grundsanierten Kleinen Haus dem Publikum zur Verfügung steht.

Auf zwei Etagen werden hier seriös, anschaulich und abwechslungsreich fast zwei Jahrhunderte Firmengeschichte ausgebreitet, die Mischung aus Originalstücken, Fotos und kurzen Dokumenten überzeugt. Der an knappen Informationen interessierte Krupp-Anfänger kann die Ausstellung mit viel Gewinn besuchen, ebenso aber derjenige, der Vorbildung und Zeit mitbringt und für vertiefende Betrachtungen offen ist.

In vielen Unternehmenschroniken ist der Nationalsozialismus der wunde Punkt, der nicht immer mit der nötigen Offenheit behandelt wird. Das ist bei Krupp längst anders. Über die Rolle der Firma und ihrer

Inhaber in der NS-Zeit ist – soweit bekannt – jeder Stein umgedreht worden. Es lag nahe, den aktuellen und ohnehin breit publizierten Forschungsstand vor dem Ausstellungsbesucher auszubreiten. Dies geschieht mit der gebotenen Ruhe und Nüchternheit, einerseits selbstkritisch und ohne Tabus, andererseits mit dem Blick auf Entlastendes, das es schließlich auch gibt. Wer von einem Unternehmen wie Krupp erwartet haben mag, dass es seine Geschichte in diesem und vielleicht auch anderen Punkten schönfärbt, wird jedenfalls angenehm überrascht. Bleibt noch zu erwähnen: Die Qualität der angebotenen Museums-Medien entspricht den erfreulichen finanziellen Möglichkeiten der Krupp-Stiftung. Es macht somit aus vielen Gründen ganz einfach Spaß, diese Ausstellung zu besuchen.

Berthold Beitz

Berthold Beitz, der im September 2008 sein 95. Lebensjahr vollendete, darf schon dank dieses hohen Alters in dieser Reihe nicht fehlen. Der mit Abstand älteste deutsche Top-Manager lässt sich täglich in die Zentrale der Stiftung bringen, die in einem früheren Gästehaus im Park der Villa Hügel residiert, um dort für einige Stunden zu arbeiten. Er hat immer noch die Aura eines Grandseigneurs alter Schule, ist korrekt gekleidet, inklusive des obligatorischen Einstecktuches. Wie schafft man es, in geistiger Frische ein solches Alter zu erreichen? Beitz' Antwort darauf war stets dieselbe: gute Gene, maßvolle Lebensführung, ein wenig Glück und Freude an der Arbeit. Zu Anfang des Jahres 2009 ist Beitz nun im 56. Jahr verantwortlich für Krupp tätig – schon diese schiere, rekordverdächtige Dauer hat aus seiner Person so etwas wie einen »Erinnerungsort« gemacht.

Als unbelasteter »Sonnyboy« der damals blühenden Montanindustrie ins Revier gekommen, ist Beitz inzwischen die letzte Symbolgestalt einer weithin untergegangenen Welt, ein Mann, nach dem schon zu Lebzeiten Straßen benannt werden. Ein Lebensweg, der mit einer gewissen Folgerichtigkeit dazu führte, dass nach Alfried Krupp und Arndt von Bohlen auch ihm, Beitz, das Etikett vom »letzten Krupp« angehängt wurde. Beitz hat das geflügelte Wort stets pflichtschuldig zurückgewiesen, aber dass es seine Berechtigung hat, sollte in diesem Buch deutlich geworden sein.

Zwei, die vieles miteinander durchgestanden haben: ThyssenKrupp-Aufsichtsratsvorsitzender Gerhard Cromme und der greise Berthold Beitz 2008 bei der Grundsteinlegung der neuen Konzernzentrale.

Auf dem Krupp'schen Familienfriedhof in Essen-Bredeney, einem Erinnerungsort eigener Qualität und von beachtlicher architektonischer Dramatik, können findige Spaziergänger zudem eine durchaus erstaunliche Entdeckung machen. In dem Geviert der großzügigen, parkähnlichen, vom Rest des Friedhofs abgetrennten Parzelle haben nicht nur die Krupps und die Bohlen und Halbachs ihre letzte Ruhe gefunden, sondern ganz am Rande auch die Eltern Erna und Erdmann Beitz, die der berühmte Sohn an diesem Ort begraben ließ. Ebenso hat Berthold Beitz genau hier schon vor langer Zeit für sich selbst die Grabstätte festgelegt. Es bedarf keines großen Scharfsinns, um zu der Erkenntnis zu gelangen, dass Beitz dem Wort vom »letzten Krupp« ganz offenbar doch einiges abgewinnen kann. Das symbolische »Zusammenrücken« im Tode, das die Familie Beitz hier mit der Familie Bohlen und Halbach zelebriert, spricht eine deutliche Sprache.

Arnold Krupp (Arndt Krupp)
† 1624
Ratmann und Rentmeister der Stadt Essen

Anton Krupp
1588–1661

Georg Krupp
um 1590–1623

Catharina Krupp

Matthias Krupp
1621–1673
Stadtsekretär in Essen

Dr. Arnold Krupp
um 1660–1734

Friedrich Jodocus Krupp
1706–1757
Kaufmann, Senator und
Rentmeister der Stadt Essen

Peter Friedrich Wilhelm Krupp
1753–1795

Friedrich Krupp
1787–1826
Gründer der Gussstahlfabrik
∞ Theresia Helena Johanna Wilhelmi
1790–1850

Ida Krupp
1809–1882

Alfred (Alfried) Krupp
1812–1887
∞ Bertha Eichhoff
1831–1888

Friedrich Alfred Krupp
1854–1902
∞ Margarethe Freiin von Ende
1854–1931

Bertha Krupp
1886–1957
∞ **Gustav Krupp von Bohlen und Halbach**
1870–1950

Alfried Krupp von Bohlen und Halbach
13. 8. 1907–30. 7. 1967

∞ 1. Anneliese Bahr
1937
(geschieden 1941)

Arndt
1938–1986

∞ 2. Vera Ossenfeldt
1952
(geschieden 1957)

Arnold
1908–1909

Claus
1910–1940

Arnold
1939

Irmgard
1912
2 Söhne und 4 Töchter

Die Familie

Margaretha Krupp

Hermann Krupp
1814–1879

Friedrich Krupp
1820–1901

Barbara Krupp
1887–1972
∞ **Tilo Freiherr von Wilmowsky**
1878–1966
2 Söhne und 4 Töchter

Berthold
1913–1987

Eckbert
1956

Harald
1916–1984

Friedrich
1962

Georg
1963

Sophie
1966

Waldtraut
1920–2005

Diana
Maria Friz
1944

Regina
1945

Eckbert
1922–1945

Literaturverzeichnis

Abelshauser, Werner: Gustav Krupp und die Gleichschaltung des Reichsverbandes der Deutschen Industrie 1933–1934, in: Zeitschrift für Unternehmensgeschichte, 47. Jg., Nr. 1/2002

Baedeker, Dietrich: Alfred Krupp und die Entwicklung der Gussstahlfabrik zu Essen, 2. Auflage, Essen 1912

Bajohr, Frank: Zwischen Krupp und Kommune – Sozialdemokratie, Arbeiterschaft und Stadtverwaltung in Essen vor dem Ersten Weltkrieg, Essen 1988

Becker-Romba, Christiane: Die Denkmäler der Familie Krupp, in: Essener Beiträge – Beiträge zur Geschichte von Stadt und Stift Essen, 108. Band, Essen 1996

Beitz, Else: »Das wird gewaltig ziehen und Früchte tragen« – Industriepädagogik in den Großbetrieben des 19. Jahrhunderts bis zum Ersten Weltkrieg, dargestellt am Beispiel der Firma Krupp, Essen 1994

Berdrow, Wilhelm: Alfred Krupps Briefe 1826–1887, Berlin 1928

—: Alfred Krupp, 2 Bde., Berlin 1927

—: Die Familie Krupp in Essen von 1587 bis 1887, Essen o. J.

Beyer, Burkhard: Von der Vaterschaft freigekauft – Zur Herkunft und Biographie von Wilhelm Alfried Löbbert, dem unehelichen Sohn von Alfred Krupp, in: Essener Beiträge – Beiträge zur Geschichte von Stadt und Stift Essen, 114. Band, Essen 2002

—: Zur Geschichte der Familie von Wilhelm Alfried Löbbert, dem unehelichen Sohn von Alfred Krupp – ein Nachtrag, in: Essener Beiträge, 115. Band, Essen 2003

—: Vom Tiegelstahl zum Kruppstahl, Technik- und Unternehmensgeschichte der Gussstahlfabrik von Friedrich Krupp in der ersten Hälfte des 19. Jahrhunderts, Essen 2007

Boelcke, Willi A.: Deutsche Rüstung im Zweiten Weltkrieg, Frankfurt/M. 1969

— (Hrsg): Krupp und die Hohenzollern in Dokumenten, Frankfurt/M. 1970

Bongartz, Wolfram: Unternehmensleitung und Kostenkontrolle in der rheinischen Montanindustrie vor 1914, in: Zeitschrift für Unternehmensgeschichte, 29. Jahrgang, Heft 1 und 2, 1984

Bondrup, Heinz-J./Zdrowomyslaw, Norbert: Die deutsche Rüstungsindustrie – vom Kaiserreich bis zur Bundesrepublik, Heilbronn 1988

Borsdorf, Ulrich: Essen – Geschichte einer Stadt, Bottrop 2002

Buchholz, Gereon: Der Hügel – Villa und Park, Essen 1998

Buddensieg, Tilmann (Hrsg.): Villa Hügel – Das Wohnhaus Krupp in Essen, Berlin 1984
Burchardt, Lothar: Zwischen Kriegsgewinnen und Kriegskosten: Krupp im Ersten Weltkrieg, in: Zeitschrift für Unternehmensgeschichte, 32. Jahrgang, Heft 2/1987
Buschmann, Walter: Gusstahlfabrik Fried. Krupp GmbH – Überlieferung eines Unternehmens von nationalgeschichtlicher Bedeutung im Bild der Stadt Essen, in: Walter Buschmann (Hrsg.): Eisen und Stahl – Texte und Bilder zu einem Leitsektor menschlicher Arbeit und dessen Überlieferung, Essen 1989
Calogeras, Roy C.: Die Krupp-Dynastie – über die Wurzeln des deutschen Nationalcharakters, München/Wien 1987
Czichon, Eberhard: Wer verhalf Hitler zur Macht? – Zum Anteil der deutschen Industrie an der Zerstörung der Weimarer Republik, Köln 1967
Der Prozess Krupp vor dem französischen Kriegsgericht, München 1923
»Der Spiegel«, Ausgaben Nr. 49/1955, 28/1959, 12/1967
Domizlaff, Svante/Rost, Alexander: Germania – Die Yachten des Hauses Krupp, hrsg. von der Alfried Krupp von Bohlen und Halbach-Stiftung, Essen 2006
Eglau, Hans Otto: Fritz Thyssen – Hitlers Gönner und Geisel, Berlin 2003
Engelmann, Bernt: Krupp – Die Geschichte eines Hauses – Legenden und Wirklichkeit, o. O. 4. Auflage, 1986
Epkenhans, Michael: Zwischen Patriotismus und Geschäftsinteresse – F.A. Krupp und die Anfänge des deutschen Schlachtflottenbaus 1897–1902, in: Geschichte und Gesellschaft 15 (1989)
Friz, Diana Maria: Die Stahlgiganten, korrigierte und erweiterte Auflage, o. O. 1990
—: Margarethe Krupp. Das Leben meiner Urgroßmutter, München 2008
Gall, Lothar: Krupp – der Aufstieg eines Industrieimperiums, Berlin 2000
— (Hrsg.): Krupp im 20. Jahrhundert, Berlin 2002
Geyer, Michael: Zum Einfluss der nationalsozialistischen Rüstungspolitik auf das Ruhrgebiet, in: Rheinische Vierteljahresblätter, 45. Jahrgang, 1981
—: Deutsche Rüstungspolitik 1860–1980, Frankfurt/M. 1984
Grunenberg, Nina: Die Wundertäter. Netzwerke der deutschen Wirtschaft 1942–1966, Berlin 2006
Hansen, Ernst Willi: Reichswehr und Industrie 1923–1932, Boppard 1978
Heistermann, Marion: Demontage und Wiederaufbau – Industriepolitische Entwicklungen in der »Kruppstadt« Essen nach dem Zweiten Weltkrieg (1945–1956), Essen 2004
Herbert, Ulrich: Apartheit nebenan – Erinnerungen an die Fremdarbeiter im Ruhrgebiet, in: Lutz Niethammer (Hrsg.): »Die Jahre weiß man nicht, wo man die heute hinsetzen soll« – Faschismuserfahrungen im Ruhrgebiet, Bonn 1983

—: Vom Kruppianer zum Arbeitnehmer, in: Lutz Niethammer (Hrsg.): »Hinterher merkt man, dass es richtig war, dass es schiefgegangen ist« – Nachkriegserfahrungen im Ruhrgebiet, Bonn 1983
—: Fremdarbeiter – Politik und Praxis des »Ausländer-Einsatzes« in der Kriegswirtschaft des Dritten Reiches, Bonn 1986
—: Von Auschwitz nach Essen – die Geschichte des KZ-Außenlagers Humboldtstraße, in: Jüdisches Leben in Essen 1800–1933, Essen 1993
125 Jahre Krupp. Sonderheft, Essen 1936
Lorenz, Raimund: Die drei Ringe als Zeichen der Treue – die Geschichte der Krupp'schen Jubiläumsnadel, Serie in den »Borbecker Nachrichten«, Essen 1999
Käppner, Joachim: Berthold Beitz über Freiheit (Interview), in: Süddeutsche Zeitung, 2. Februar 2008
Kammertöns, Hanns-Bruno: Der letzte Krupp. Arndt von Bohlen und Halbach – Das Ende einer Dynastie, Hamburg 1998
Kanther, Michael A.: Zur Geschichte der Wohnungswirtschaft des Krupp-Konzerns und der Krupp-Siedlungen im Ruhrgebiet von 1861 bis zum Beginn der »Stahlkrise« 1975, in: Essener Beiträge, Beiträge zur Geschichte von Stadt und Stift Essen, hrsg. vom Historischen Verein für Stadt und Stift Essen, 120. Band, Essen 2007
Klappheck. Richard: Siedlungswerk Krupp, Berlin 1930
Klass, Gert von: Die drei Ringe – Lebensgeschichte eines Industrieunternehmens, Tübingen 1953
—: Aus Schutt und Asche – Krupp nach fünf Menschenaltern, Tübingen 1961
Knight, Carlo: Die Capri-Utopie von Krupp (L'utopia Caprese di Krupp), Capri o. J.
Köhne-Lindenlaub, Renate: Die Familie Krupp – fünf Unternehmergenerationen 1811–1967, in: Neue Deutsche Biographie, Berlin 1982
—: Die Villa Hügel – Unternehmerwohnsitz im Wandel der Zeit, München/Berlin 2002
Kösters, Hans G.: Villa Hügel, Serie in Neue Ruhr Zeitung (NRZ), Essen 1978/79
Krupp 1812–1912 – Zum 100-jährigen Bestehen der Firma Krupp und der Gussstahlfabrik zu Essen, Jena 1912
Krupp Mitteilungen, Sonderausgabe 150 Jahre Fried. Krupp, Essen 1961
Lindenlaub, Jürgen: Die Finanzierung des Aufstiegs von Krupp, Essen 2007
Manchester, William: Krupp – zwölf Generationen, München 1968
Menne, Bernhard: Krupp – Deutschlands Kanonenkönige, Zürich 1937
Metzendorf, Rainer/Mikuscheit, Achim: Margarethenhöhe – Experiment und Leitbild, Essen 1997

Muehlon, Wilhelm: Ein Fremder im eigenen Land – Erinnerungen und Tagebuchaufzeichnungen eines Krupp-Direktors 1908–1914, Bremen 1989
Mühlen, Norbert: Die Krupps, Frankfurt/M. 1960
Neebe, Reinhard: Großindustrie, Staat und NDSAP, Göttingen 1981
Paul, Johann: Alfred Krupp und die Arbeiterbewegung, Düsseldorf 1987
Probst, Anke: Helene Amalie Krupp, in: Zeitschrift für Unternehmensgeschichte, Beiheft 33, 1985
Radzio, Heiner: Das Revier darf nicht sterben – Pioniere, Probleme und ein Plädoyer, Düsseldorf 1984
Reif, Heinz: »Ein seltener Kreis von Freunden« – Arbeitsprozesse und Arbeitserfahrungen bei Krupp 1840–1914, in: Klaus Tenfelde (Hrsg.): Arbeit und Arbeitserfahrung in der Geschichte, Göttingen 1986
Rother, Thomas: Die Krupps – durch fünf Generationen Stahl, Frankfurt/M. 2001
Sandkühler, Thomas: »Endlösung« in Galizien – Der Judenmord in Ostpolen und die Rettungsinitiativen von Berthold Beitz, 1941–1944, Bonn 1996
Schmalhausen, Bernd: Berthold Beitz im Dritten Reich – Mensch in unmenschlicher Zeit, Essen 1991
Schmidt, Ernst: Lichter in der Finsternis – Widerstand und Verfolgung in Essen 1933–1945, Band 2, Essen 1988
Schröder, Ernst: Krupp – Geschichte einer Unternehmerfamilie, 3. Auflage, Göttingen 1984
Schütz, Erhard (Hrsg.): Die Ruhrprovinz – das Land der Städte, Köln 1987
Schwerindustrie, Katalog des Landschaftsverbandes Rheinland, Rheinisches Industriemuseum Oberhausen, Schriften, Band 13
Seebold, Gustav-Hermann: Ein Stahlkonzern im Dritten Reich – Der Bochumer Verein 1927–1945, Wuppertal 1981
Stercken, Vera/Lahr, Reinhard: Erfolgsbeteiligung und Vermögensbildung der Arbeitnehmer bei Krupp, in: Zeitschrift für Unternehmensgeschichte, Beiheft 71, 1992
Stremmel, Ralf: Margarethe Krupp (1854–1931) – eine verhinderte Unternehmerin? in: Schriften zur rheinisch-westfälischen Wirtschaftsgeschichte, Band 44, Köln 2003
—: 100 Jahre Historisches Archiv Krupp – Entwicklungen, Aufgaben, Bestände, München/Berlin 2005
—: Von der »Treue« zum »Vertrauen«? Friedrich Alfred Krupp und seine Beschäftigten (1887–1902), in: Zeitschrift für Unternehmensgeschichte, 51. Jg., Nr. 1/2006
—: Kaiser Wilhelm II. und sein Idealbild vom Unternehmer, in: Feldenkirchen, Hilger, Rennert (Hrsg.): Geschichte – Unternehmen – Archive, Essen 2008

Taylor, Telford: Die Nürnberger Prozesse – Hintergründe, Analysen und Erkenntnisse aus heutiger Sicht, München 1994
Tenfelde, Klaus: Krupp – der Aufstieg eines deutschen Weltkonzerns, in: Klaus Tenfelde (Hrsg.): Bilder von Krupp – Fotografie und Geschichte im Industriezeitalter, München 1994
—: »Krupp bleibt doch Krupp« – Ein Jahrhundertfest – das Jubiläum der Firma Fried. Krupp AG in Essen 1912, Essen 2005
Turner, Henry A.: Faschismus und Kapitalismus in Deutschland, Göttingen 1972
—: Die Großunternehmen und der Aufstieg Hitlers, Berlin 1985
van der Kerkhof, Stefanie: Von der Friedens- zur Kriegswirtschaft – Unternehmensstrategien der deutschen Eisen- und Stahlindustrie vom Kaiserreich bis zum Ende des Ersten Weltkriegs, Essen 2006
Wehler, Hans-Ulrich: Deutsche Gesellschaftsgeschichte, 3. Band, München 1995
Wellhöner, Volker: Großbanken und Großindustrie im Kaiserreich, Göttingen 1989
Wengenroth, Ulrich: Unternehmensstrategien und technischer Fortschritt – Die deutsche und die britische Stahlindustrie 1865–1895, Göttingen o. J.
Wiel, Paul: Wirtschaftsgeschichte des Ruhrgebiets, Essen 1970
Wilmowsky, Tilo Freiherr von: »Rückblickend möchte ich sagen …«, Oldenburg 1961
—: Warum wurde Krupp verurteilt? – Legende und Justizirrtum, Düsseldorf 1962
Wisotzky, Klaus: Der »blutige Karsamstag« 1923 bei Krupp, in: Krumeich/Schröder (Hrsg): Der Schatten des Weltkriegs – die Ruhrbesetzung 1923, Essen 2004
Wixforth, Harald: Banken und Schwerindustrie in der Weimarer Republik, Köln 1995
Wohlfahrtseinrichtungen der Gussstahlfabrik von Fried. Krupp, 3 Bände, Essen 1902
Wolbring, Barbara: Krupp und die Öffentlichkeit im 19. Jahrhundert, in: Schriftenreihe zur Zeitschrift für Unternehmensgeschichte, Band 6, München 2000
—: Die Krupps. In: Deutsche Familien – Historische Porträts von Bismarck bis Weizsäcker, hrsg. von Volker Reinhardt, München 2005
Zur Hundertjahrfeier der Firma Krupp 1812–1912, Sonderausgabe der Kruppschen Mitteilungen, Essen 1912

Personenregister